古籍

圖録

《江蘇第六批國家珍貴古籍名録圖録》
編輯委員會成員單位

江蘇省文化和旅游廳
江蘇省古籍保護中心（南京圖書館）
南通市圖書館
蘇州圖書館
無錫市圖書館
泰州市圖書館
鎮江市圖書館
南京大學圖書館
江蘇省委黨校圖書館
鎮江博物館

江蘇第六批國家珍貴古籍名録圖録

江蘇省文化和旅游廳　江蘇省古籍保護中心　編

主　　編　楊樹發　全　勤
副 主 編　宋偉敏　陳　立
執行主編　陳曉明
編　　輯　陳曉明　李　姣　李猛元
（按姓氏筆劃排）

鳳凰出版社

圖書在版編目（CIP）數據

江蘇第六批國家珍貴古籍名録圖録 / 江蘇省文化和旅游廳，江蘇省古籍保護中心編. -- 南京 : 鳳凰出版社，2022.6
ISBN 978-7-5506-3692-7

Ⅰ. ①江… Ⅱ. ①江… ②江… Ⅲ. ①古籍－圖書館目録－江蘇 Ⅳ. ①Z838

中國版本圖書館CIP數據核字(2022)第081650號

書　　名	江蘇第六批國家珍貴古籍名録圖録
編　　者	江蘇省文化和旅游廳　江蘇省古籍保護中心
責任編輯	郭馨馨
美術編輯	姜　嵩
出版發行	鳳凰出版社(原江蘇古籍出版社) 發行部電話025-83223462
出版社地址	南京市中央路165號，郵編：210009
出版社網址	http://www.fhcbs.com
照　　排	南京新華豐製版有限公司
印　　刷	南京新世紀聯盟印務有限公司 南京市建鄴區南湖路27號春曉大厦5樓，郵編：210017
開　　本	889×1194毫米 1/16
印　　張	12
版　　次	2022年6月第1版
印　　次	2022年6月第1次印刷
標準書號	ISBN 978-7-5506-3692-7
定　　價	300.00圓

(本書凡印裝錯誤可向承印廠調换，電話025-68566588)

江蘇一地，人文淵藪，歷來有着深厚的文化積澱和歷史底蘊，獨特的人文地理環境，給江蘇留存下豐厚的文獻典籍。自2007年國家正式啓動“中華古籍保護計劃”以來，江蘇省古籍保護工作就開始有序推進，持續發展，十餘年間，在全省古籍工作從業者的共同努力下，江蘇省古籍保護工作在古籍普查、人才培養、古籍修復、整理出版、古籍數字化、古籍宣傳保護等方面均取得了階段性的重大進展，多項成果在全國處於領先地位，尤其在古籍普查工作方面，取得了引人矚目的成績。在之前國務院公佈的一至五批《國家珍貴古籍名録》的12274部珍貴古籍中，江蘇省共有1295部珍貴古籍入選，其中南京圖書館入選524部，分別達到全國總量的10.6%和4.3%。第一批《國家珍貴古籍名録》中，有23家古籍收藏单位入選294部，第二批有31家及1位個人入選480部，第三批26家入選248部，第四批20家入選191部，第五批8家入選82部。

在新近公示的第六批《國家珍貴古籍名録》中，全國共有752部珍貴古籍入選推薦名單，江蘇省此次共有9家單位報送的127部珍貴古籍入選，其中南京圖書館107部、蘇州圖書館5部、無錫市圖書館3部、鎮江市圖書館4部、泰州市圖書館4部、南京大學圖書館1部、江蘇省委黨校圖書館1部、鎮江博物館1部、南通市圖書館1部。南京圖書館入選珍貴古籍數量占第六批全部入選古籍總量的14.2%，成爲該批次繼國圖之後，第二家入選珍貴古籍最多的公共圖書館。此次南圖入選的107部古籍中，版本形式多樣：唐寫本、宋刻本、宋刻元明遞修本、元刻明修本、明刻本、明抄本、套印本、稿本、南三閣四庫全書本、四庫底本等等精彩紛呈。

全部一至六批次的國家珍貴古籍中，全國共入選13026部，江蘇省入選1422部，南圖入選631部，分別達到全國總量的10.9%和4.8%。

江蘇省省級公共圖書館——南京圖書館，其前身爲江南圖書館和國立中央圖書館，現有歷史文獻230萬册，其中古籍160萬册，包括善本1.2萬餘部14萬册。南圖館藏古籍的主體來源於浙江丁氏“八千卷樓”舊藏，此外范氏木樨香館、陳群澤存書庫、朱希祖酈亭和顧氏過雲樓等私家藏書也是南京圖書館現存古籍的重要組成部分。南京圖書館歷來重視歷史文獻原本的收集入藏工作，在已有館藏的基礎上，近幾年來，在古籍專場拍賣會上成功競拍歷史文獻原本20餘種，其中不乏國寶級的古籍珍本。從藏書規模看，目前南京圖書館以160萬册的古籍藏量位列亞洲第四、全國第三，爲國家一級圖書館，首批全國古籍重點保護單位。

歷次國家珍貴古籍名録的評選都會反映古籍普查工作的重要發現，一些孤本秘笈藉此進入公衆視野。如南京圖書館藏宋刻本《龍川略志六卷龍川别志四卷》（宋蘇轍撰曹元忠跋，一批名録編號00767），該書曾爲曹雪芹祖父曹寅所藏，是唯一一套兩志合刻的宋刊宋印本，每册正文首葉均鈐有“楝亭曹氏藏書”朱文印記。

而在這次第六批的名録評選中，南圖入選的北宋刻本《禮部韻略》，於2013年通過競拍入藏該館，爲南圖又一鎮館之寶。在傳世宋本寥若晨星的背景下，該書的出現被譽爲古籍界的重大發現。是書爲科舉考試用工具書，功能相當於今天的《新華字典》。經專家研究鑒定，該書刊刻時間在北宋仁宗景祐四年（1037）至英宗治平三年（1066）之間，爲海内外孤本，亦爲現存《禮部韻略》最早刻本。

除南圖外，江蘇省其他古籍收藏單位也在古籍普查工作過程中取得了令人欣喜的重大成果。比如徐州圖書館在普查中發現的宋刻本《四書章句集注二十八卷》（四批名録編號09934），版心下題刻工及書中避諱字表明是書爲南宋刻本，書中鈐“席鑒之印”“席氏玉照”“别字萸山”“趙宋本”等印記，表明該書曾爲清初常熟藏書家席鑒珍藏，書中影宋抄配亦出自席氏之手，極爲珍貴。該書也是2011年第四批國家珍貴古籍名録評選中的重大發現。

這些古籍珍本的發現、保護、鑒定、入藏背後的故事，堪稱中華古籍保護計劃實施過程的一個縮影，生動詮釋了古籍保護計劃在傳承與弘揚中所發揮的積極作用，所取得的矚目成績，也充分説明江蘇古籍普查工作在量和質方面的雙重影響力。

江蘇之所以能够在全國古籍普查工作中取得一系列豐碩的成果，源自江蘇得天獨厚的文化底藴。從古籍藏量看，江蘇古籍收藏單位集中，古籍數量位列全國之首。據普查統計，江蘇共有古籍450多萬册，分佈在156家收藏單位，其中420萬册古籍集中收藏在省内21家圖書館、博物館，其他30萬册古籍則零星分佈在其餘10多家收藏單位。從古籍收藏的地區來看，位於省會南京市的南京圖書館、南京大學圖書館、南京博物院、南京師範大學、南京中醫藥大學、金陵圖書館等多家單位的藏量已達240萬册，占全省藏量的53%以上。全省古籍重點保護單位達到22家，全省古籍收藏單位26家。

目前全省156家單位已完成古籍普查工作，上交古籍普查資料25萬多條，古籍普查工作完成量達到98%。江蘇省古籍保護中心組織專家對全省上交的古籍普查資料進行審核校對，審核合格的資料交予國家圖書館出版社出版。目前，已有22家單位的普查目録正式出版，

“十四五”期間將完成全部普查目録出版工作。

在積極申報全國珍貴古籍名録評審工作的同時，江蘇省古籍保護中心也先後組織開展了五批省珍貴古籍名録圖録的申報遴選工作，是全國同級範圍内開展次數最多的省份。目前全省共有2806部入選省珍貴古籍名録。對於江蘇省每批入選國家珍貴古籍名録的古籍，省古籍保護中心專門投入古籍保護專項經費，並以圖録的形式公諸於世，以饗社會。

2016年3月，國務院發佈《中華人民共和國國民經濟和社會發展第十三個五年規劃綱要》，將“中華古籍保護計劃”列入文化重大工程，從而把古籍保護推上新的歷史高度，一直以來，江蘇省古籍保護中心堅持習總書記提出的“保護爲主、搶救第一、合理利用、加强管理”的工作方針，以一種歷史自覺和文化自信，進一步推進全省古籍保護和利用工作，大力增强古籍資源整理開發能力，推動古籍資源分享，促進全社會提高古籍保護意識，讓古籍更直觀更便捷地走近大衆，散發中華傳統文化的魅力，在社會主義精神文明建設中真正地“活”起來。

江蘇省古籍保護中心主任　全勤

二〇二〇年十二月

前　言

目録

隋唐時期

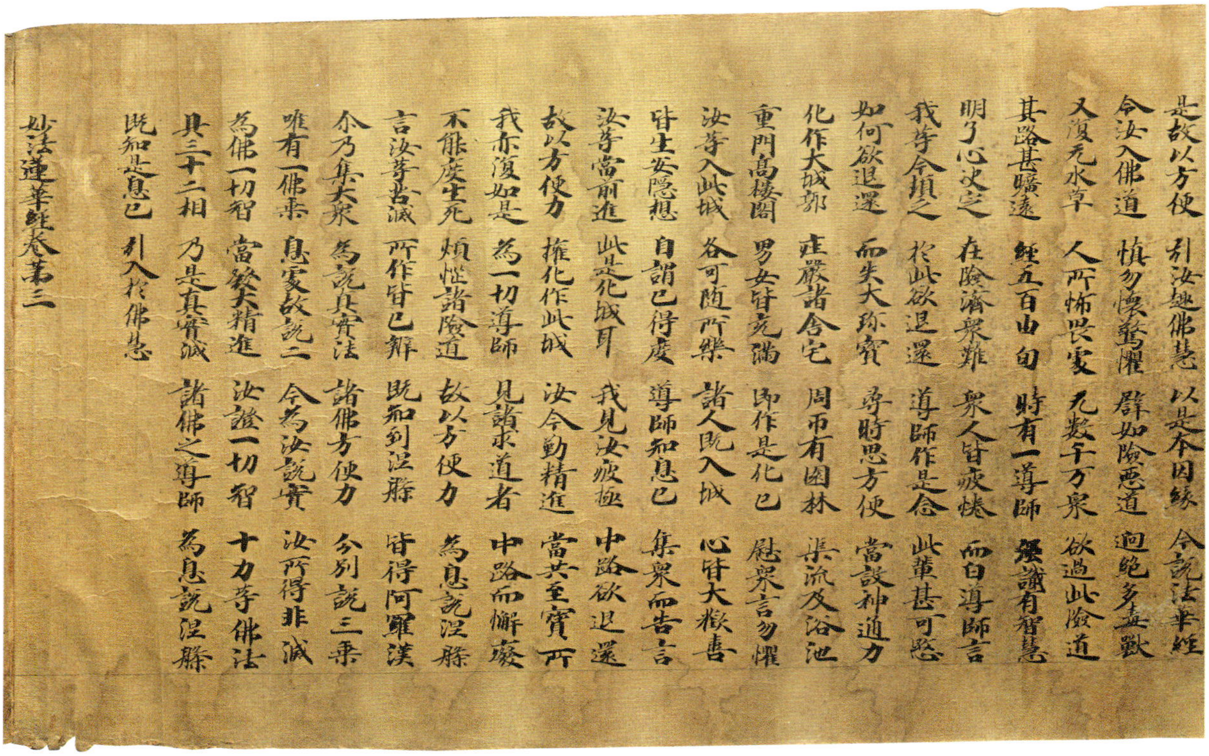

妙法蓮華經卷第三　後秦釋鳩摩羅什譯

唐寫本。卷軸裝。高 26.5 厘米，長 1004.6 厘米。存 21 紙，548 行。烏絲欄。南京圖書館藏。國家名録號 12306。

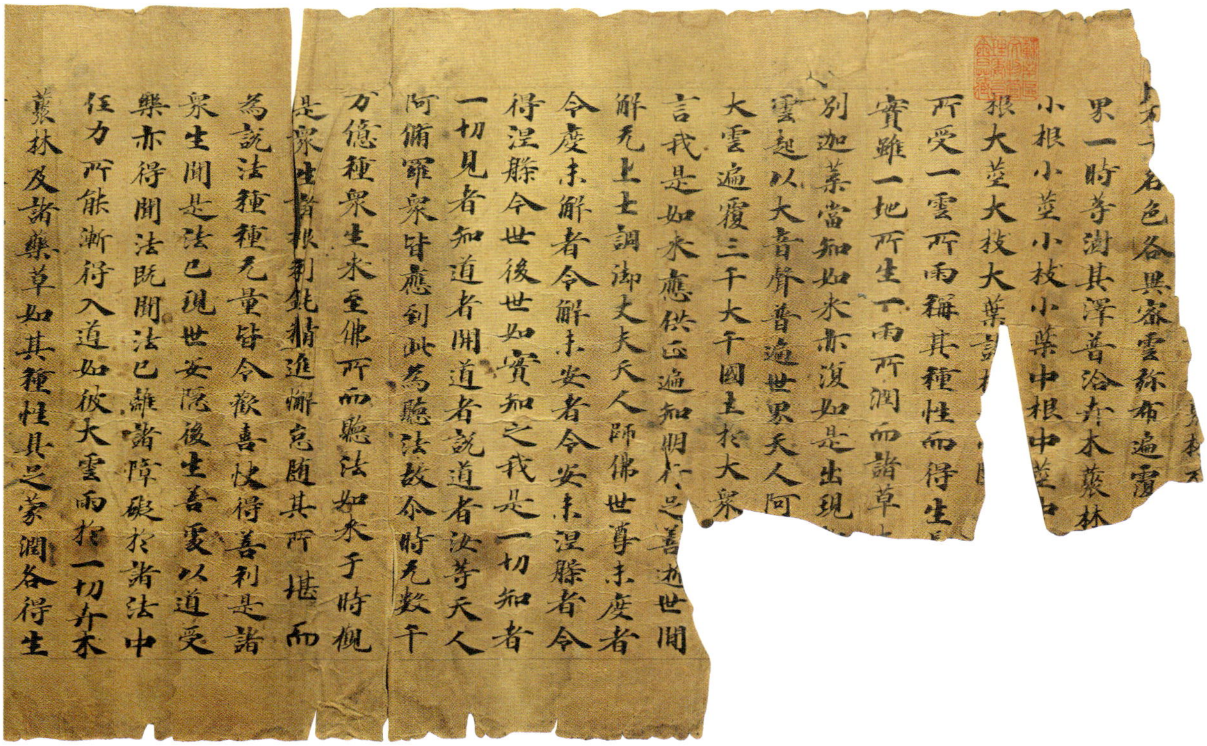
若干名色各異密雲弥布遍覆
界一時等澍其澤普洽卉木藂林
小根小莖小枝小葉中根中莖中
根大莖大枝大葉諸
所受一雲所雨稱其種性而得生
實雖一地所生一雨所潤而諸草
別迦葉當知如來亦復如是出現
雲起以大音聲普遍世界天人阿
大雲遍覆三千大千國土於大衆
言我是如來應供正遍知明行足善逝世間
解无上士調御丈夫天人師佛世尊未度者
令度未解者令解未安者令安未涅槃者令
得涅槃今世後世如實知之我是一切知者
一切見者知道者開道者說道者汝等天人
阿脩羅衆皆應到此為聽法故尒時无數千
万億種衆生來至佛所而聽法如來于時觀
是衆生諸根利鈍精進懈怠隨其所堪而
為說法種種无量皆令歡喜快得善利是諸
衆生聞是法已現世安隱後生善處以道受
樂亦得聞法既聞法已離諸障礙於諸法中
任力所能漸得入道如彼大雲雨於一切卉木
藂林及諸藥草如其種性具足蒙潤各得生

宋元時期

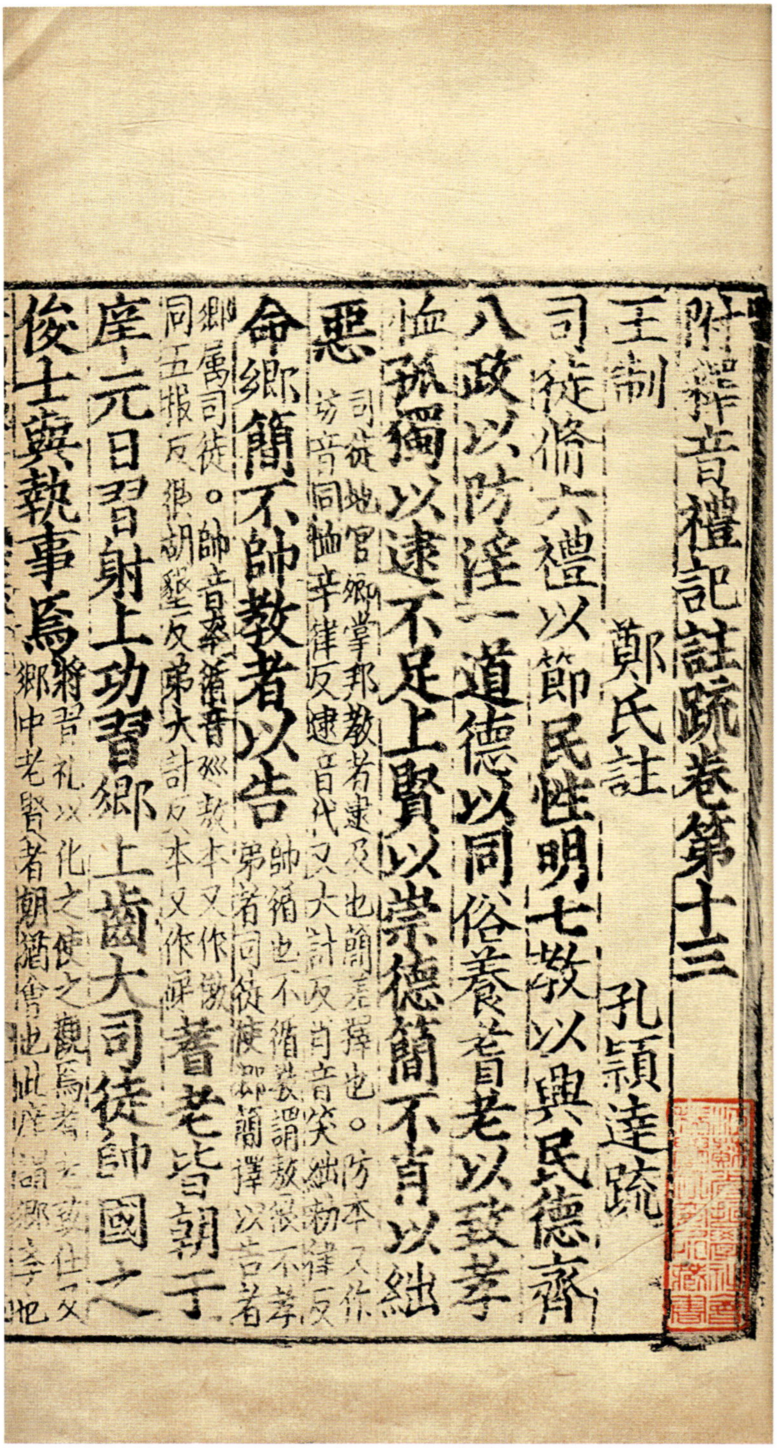
附釋音禮記註疏卷第十三
王制　鄭氏註　孔穎達疏
司徒脩六禮以節民性明七教以興民德齊八政以防淫一道德以同俗養耆老以致孝恤孤獨以逮不足上賢以崇德簡不肖以絀惡司徒地官卿掌邦教者逮及也簡差擇也。防本又作坊音同恤辛律反逮音代又大計反肖音笑絀勅律反命鄉簡不帥教者以告帥循也不循教謂敖很不孝弟者同從徒鄉簡擇以告者鄉屬司徒。帥音率循音巡敖本又作傲同五報反很胡墾反弟大計反本又作悌耆老皆朝于庠元日習射上功習鄉上齒大司徒帥國之俊士與執事焉將習禮以化之使之觀焉耆老鄉中老賢者朝猶會也庠鄉學也

附釋音禮記注疏六十三卷　漢鄭玄注　唐孔穎達疏　唐陸德明釋文

元刻明修本。存三十五卷：十三至十九、二十七至三十五、四十五至六十三。半葉 10 行，行 17 字，小字雙行，行 23 字，黑口，左右雙邊。框高 19.2 厘米，寬 13 厘米。中共江蘇省委黨校圖書館藏。國家名録號 12340。

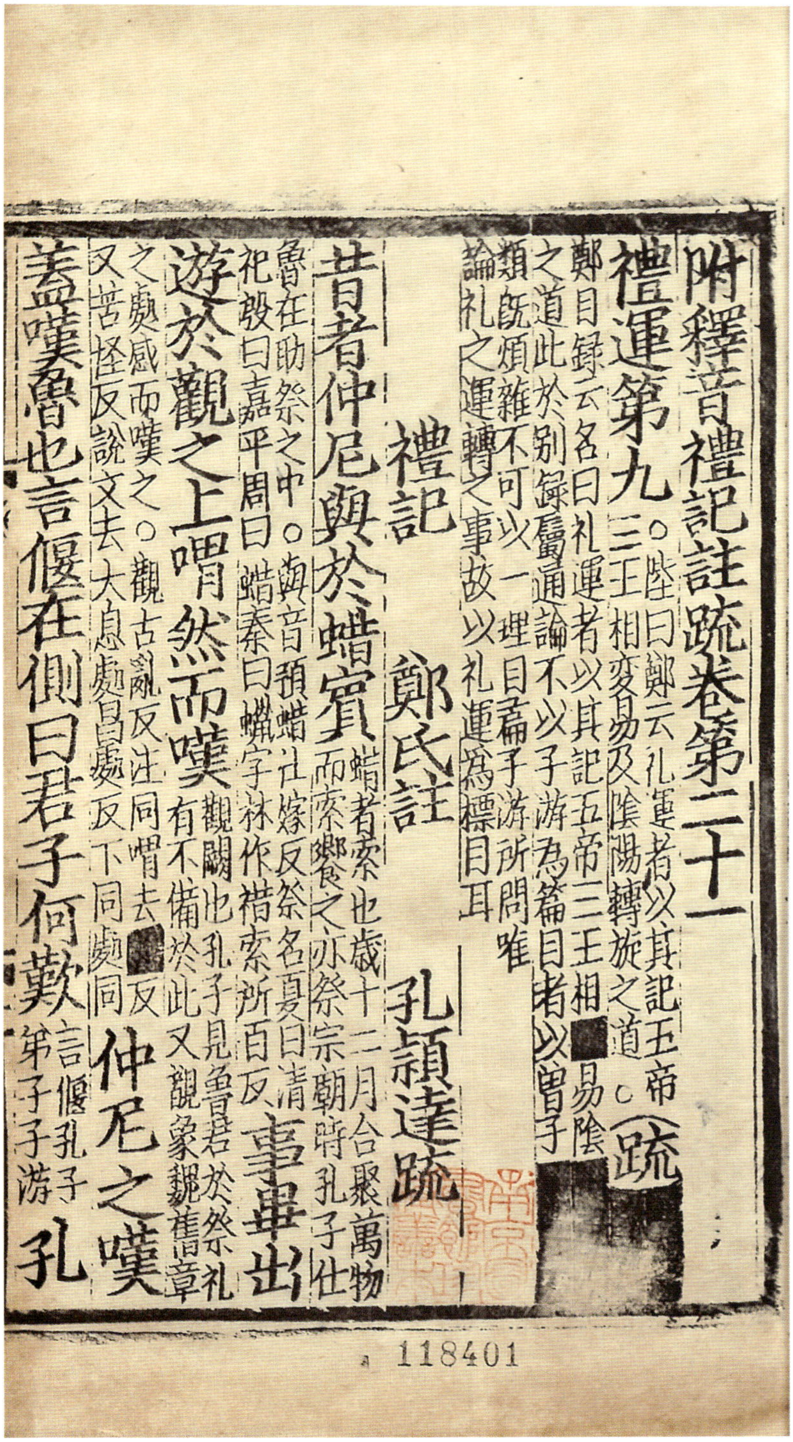
附釋音禮記註疏卷第二十一

禮運第九 ○陸曰鄭云孔運者以其記五帝三王相變易及陰陽轉旋之道 ○（疏 鄭目録云名曰礼運者以其記五帝三王相[illegible]易陰陽之道此於別録屬通論不以子游為篇目者以曾子類既煩雜不可以一理目篇子游所問唯論礼之運轉之事故以礼運為標目耳

禮記　鄭氏註　孔穎達疏

昔者仲尼與於蜡賓 蜡者索也歲十二月合聚萬物而索饗之亦祭宗廟時孔子仕魯在助祭之中 ○與音預蜡仕詐反祭名夏曰清祀殷曰嘉平周曰蜡秦曰臘字林作䄍索所百反 事畢出遊於觀之上喟然而嘆 觀闕也孔子見魯君於祭礼有不備於此又覩象魏舊章之處感而嘆之 ○觀古亂反注同喟去[illegible]反又苦怪反說文太息也處昌慮反下同處同 仲尼之嘆蓋嘆魯也言偃在側曰君子何歎 言偃孔子弟子子游 孔

118401

附釋音禮記注疏六十三卷　漢鄭玄注　唐孔穎達疏　唐陸德明釋文

元刻明修本。存十六卷：二十至二十六、三十六至四十四。半葉 10 行，行 17 字，小字雙行，行 23 字，白口或黑口，左右雙邊。框高 19.5 厘米，寬 13.5 厘米。南京圖書館藏。國家名録號 12341。

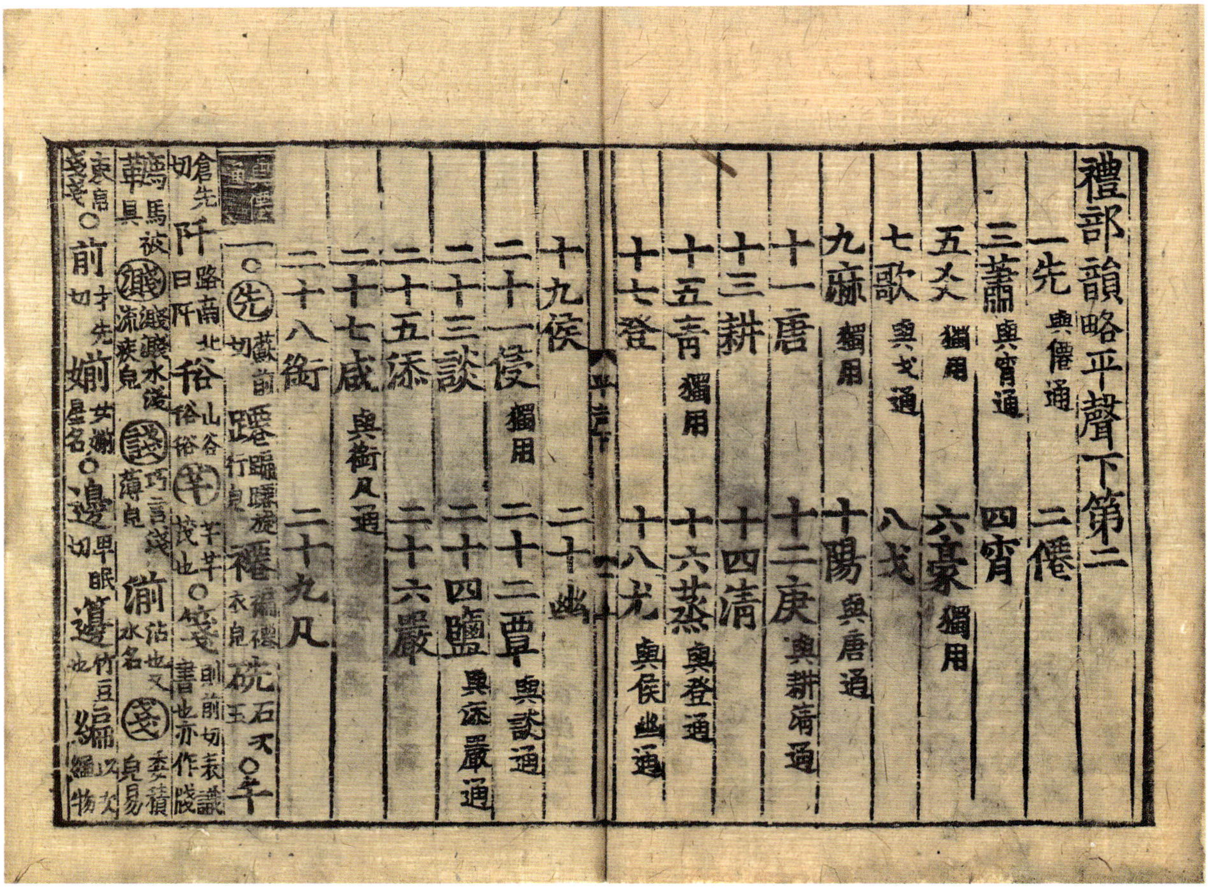

禮部韻略五卷　宋丁度等撰

北宋刻本（卷一、五有缺葉）。半葉10行，字數不等，小字雙行，字數亦不等，白口，左右雙邊。框高16.4厘米，寬12.7厘米。南京圖書館藏。國家名録號12355。

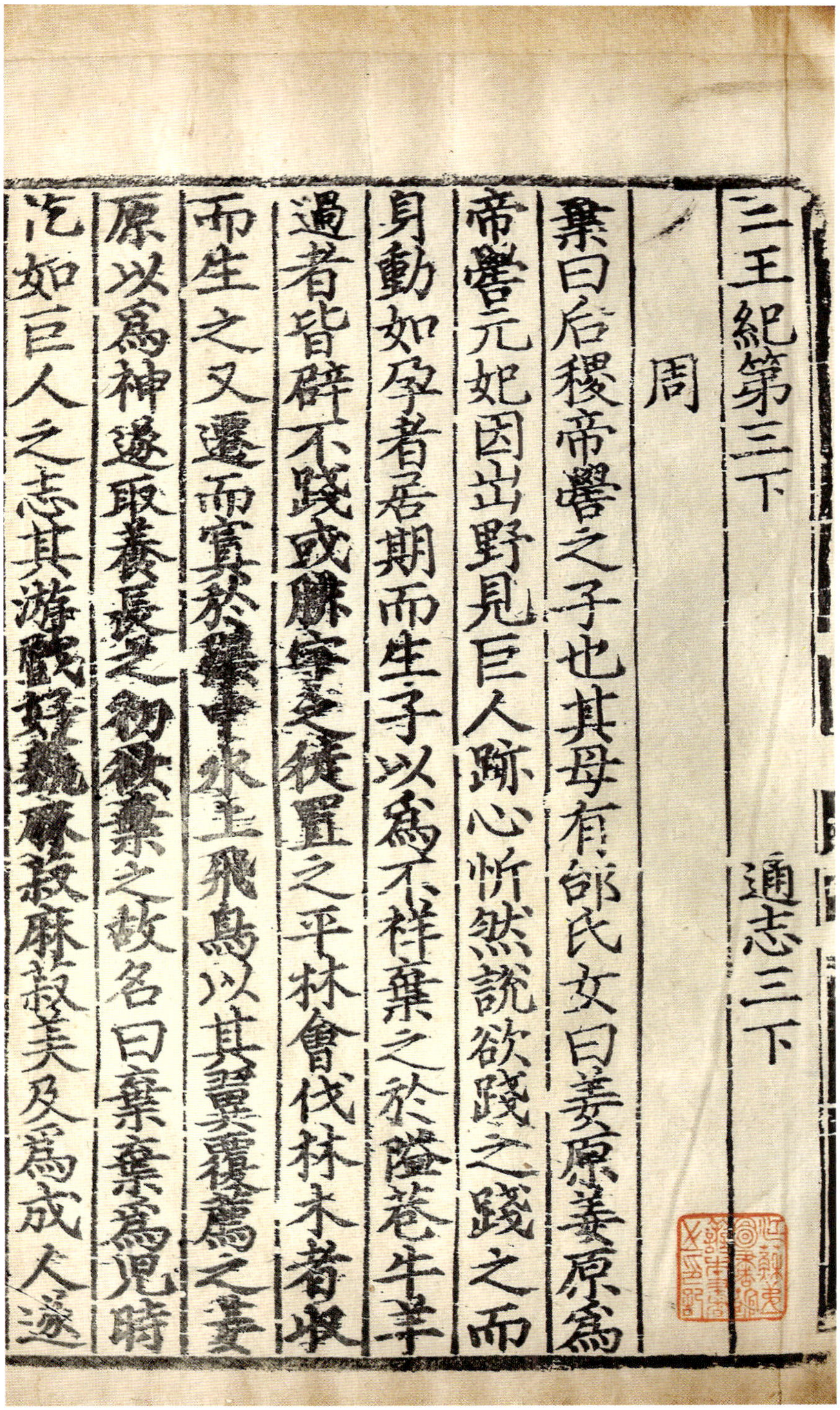

三王紀第三下　通志三下

周

棄曰后稷帝嚳之子也其母有邰氏女曰姜原姜原為
帝嚳元妃因出野見巨人跡心忻然說欲踐之踐之而
身動如孕者居期而生子以為不祥棄之於隘巷牛羊
過者皆辟不踐或腓字之徙置之平林會伐林木者收
而生之又遷而寘於渠中冰上飛鳥以其翼覆薦之姜
原以為神遂取養長之初欲棄之故名曰棄棄為兒時
屹如巨人之志其游戲好種樹麻菽麻菽美及為成人遂

通志二百卷　宋鄭樵撰

元大德三山郡庠刻元明遞修本。丁丙跋。半葉 9 行，行 21 字，小字雙行，字數同，白口，左右雙邊。框高 29.7 厘米，寬 20.9 厘米。南京圖書館藏。國家名録號 12358。

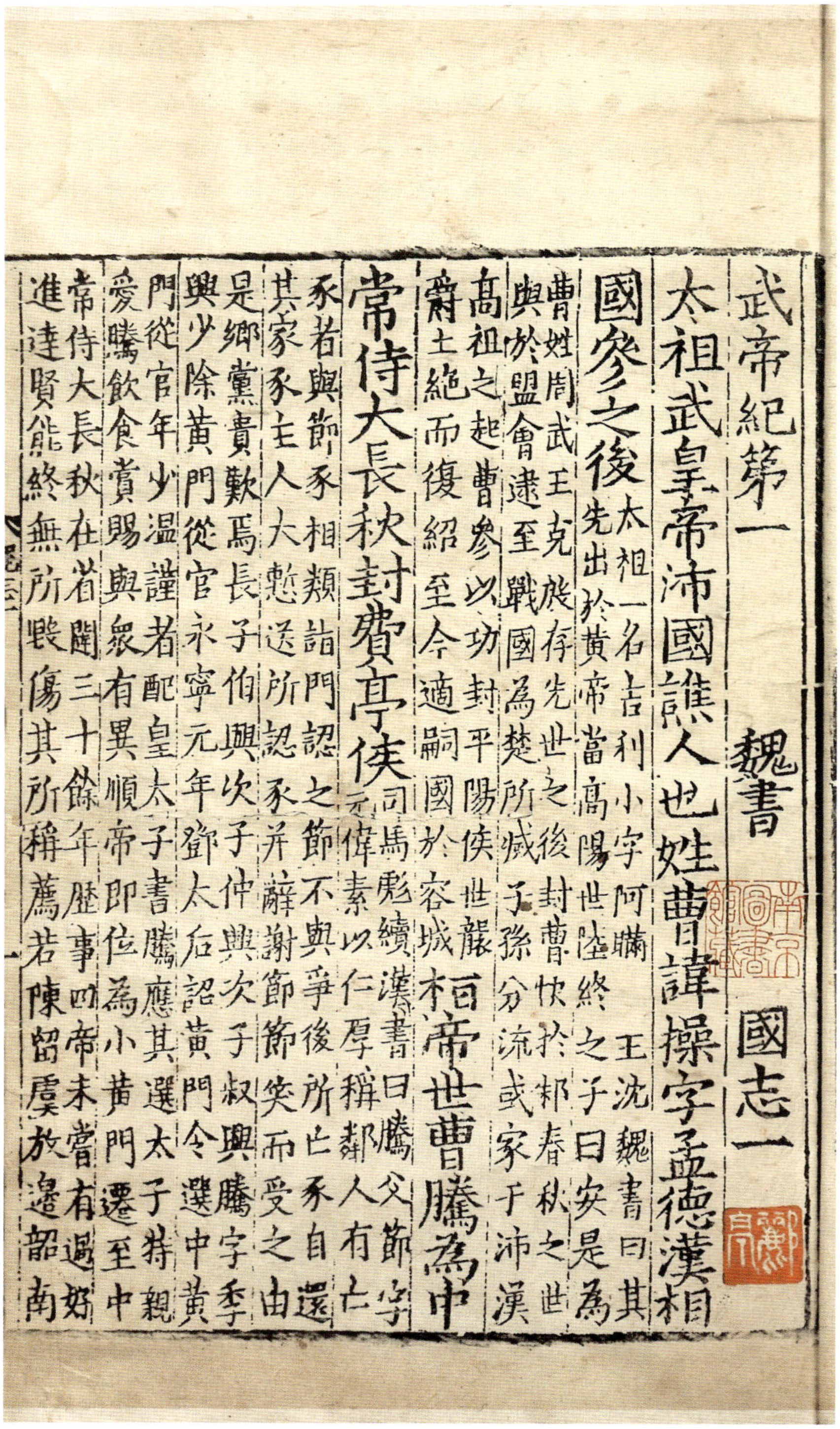
武帝紀第一　魏書　國志一
太祖武皇帝沛國譙人也姓曹諱操字孟德漢相
國參之後太祖一名吉利小字阿瞞王沈魏書曰其先出於黃帝當高陽世陸終之子曰安是為
曹姓周武王克殷存先世之後封曹俠於邾春秋之世
與於盟會逮至戰國為楚所滅子孫分流或家于沛漢
高祖之起曹參以功封平陽侯世襲
爵土絶而復紹至今適嗣國於容城桓帝世曹騰為中
常侍大長秋封費亭侯司馬彪續漢書曰騰父節字元偉素以仁厚稱鄰人有亡
豕者與節豕相類詣門認之節不與爭後所亡豕自還
其家豕主人大慙送所認豕并辭謝節節笑而受之由
是鄉黨貴歎焉長子伯興次子仲興次子叔興騰字季
興少除黃門從官永寧元年鄧太后詔黃門令選中黃
門從官年少溫謹者配皇太子書騰應其選太子特親
愛騰飲食賞賜與衆有異順帝即位為小黃門遷至中
常侍大長秋在省闥三十餘年歷事四帝未嘗有過好
進達賢能終無所毀傷其所稱薦若陳留虞放邊韶南

三國志六十五卷　晉陳壽撰　南朝宋裴松之注

宋衢州州学刻元明遞修本。半葉 10 行，行 19 字，小字雙行，行 21 字，白口，左右雙邊。框高 20.8 厘米，寬 15.4 厘米。南京圖書館藏。國家名録號 12363。

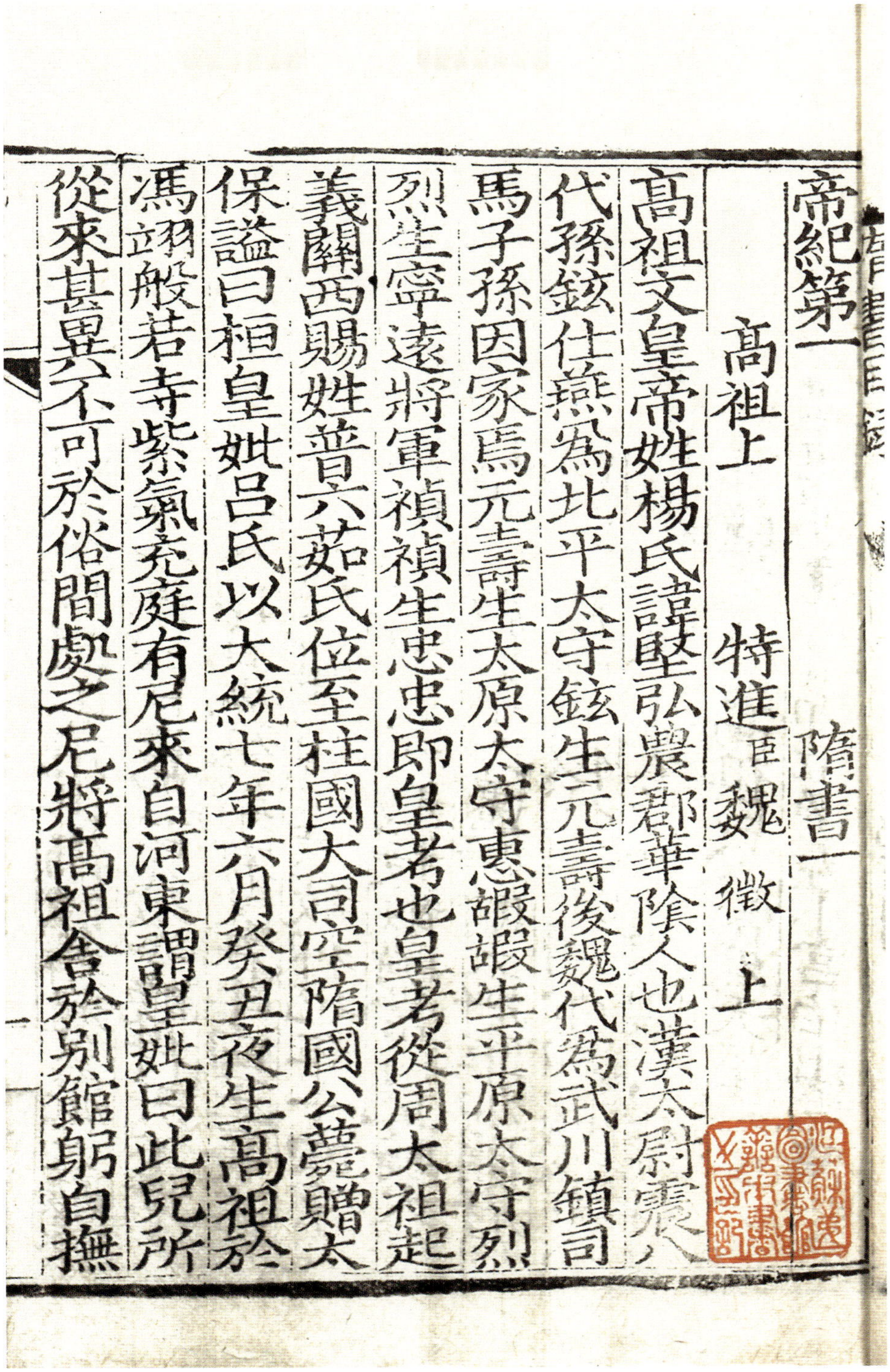
帝紀第一　　隋書一
高祖上　　特進臣魏徵上
高祖文皇帝姓楊氏諱堅弘農郡華陰人也漢太尉震八
代孫鉉仕燕爲北平太守鉉生元壽後魏代爲武川鎮司
馬子孫因家焉元壽生太原太守惠嘏嘏生平原太守烈
烈生寧遠將軍禎禎生忠忠即皇考也皇考從周太祖起
義關西賜姓普六茹氏位至柱國大司空隋國公薨贈太
保謚曰桓皇妣呂氏以大統七年六月癸丑夜生高祖於
馮翊般若寺紫氣充庭有尼來自河東謂皇妣曰此兒所
從來甚異不可於俗間處之尼將高祖舍於別館躬自撫

隋書八十五卷　唐魏徵等撰

元大德饒州路儒學刻明正德十年（1515）重修本。丁丙跋。半葉 10 行，行 22 字，綫黑口四周雙邊或左右雙邊，框高 22 厘米，寬 16.4 厘米。南京圖書館藏。國家名録號 12364。

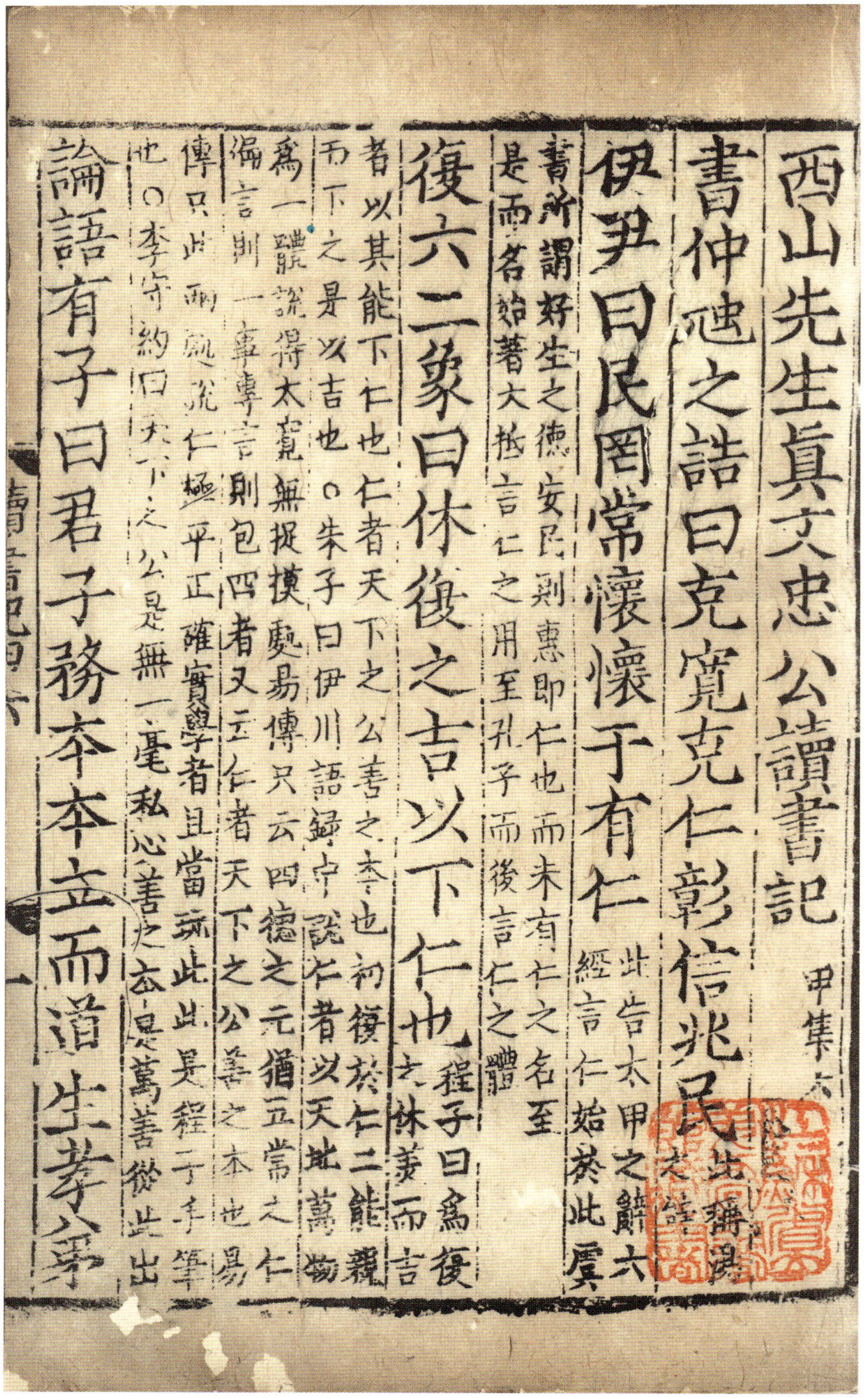
西山先生眞文忠公讀書記　甲集六
書仲虺之誥曰克寬克仁彰信兆民此仲虺稱湯之德
伊尹曰民罔常懷懷于有仁此告太甲之辭六經言仁始於此矣
書所謂好生之德安民則惠即仁也而未有仁之名至是而名始著大抵言仁之用至孔子而後言仁之體
復六二象曰休復之吉以下仁也程子曰爲復之休美而言
者以其能下仁也仁者天下之公善之本也初復於仁二能親而下之是以吉也○朱子曰伊川語録中說仁者以天地萬物
爲一體說得太寬無捉摸易傳只云四德之元猶五常之仁偏言則一事專言則包四者又云仁者天下之公善之本也易
傳只此兩處說仁極平正確實學者且當玩此此是程子手筆也○李守約曰天下之公是無一毫私心善之本是萬善從此出
論語有子曰君子務本本立而道生孝弟

西山先生真文忠公讀書記　甲集三十七卷　丁集二卷　宋真德秀撰　宋福州學官刻元修本　乙集下二十二卷　宋真德秀撰　宋開慶元年（1259）福州官刻元修本

存五十九卷：甲集全（甲集卷一至二配清抄本）、乙集下全。甲集半葉 9 行，行 16 字，小字雙行，行 24 字，白口，左右雙邊。乙集下半葉 9 行，行 17 字，小字雙行，字數同。框高 21.8 厘米，寬 15.7 厘米。南京圖書館藏。國家名録號 12372。

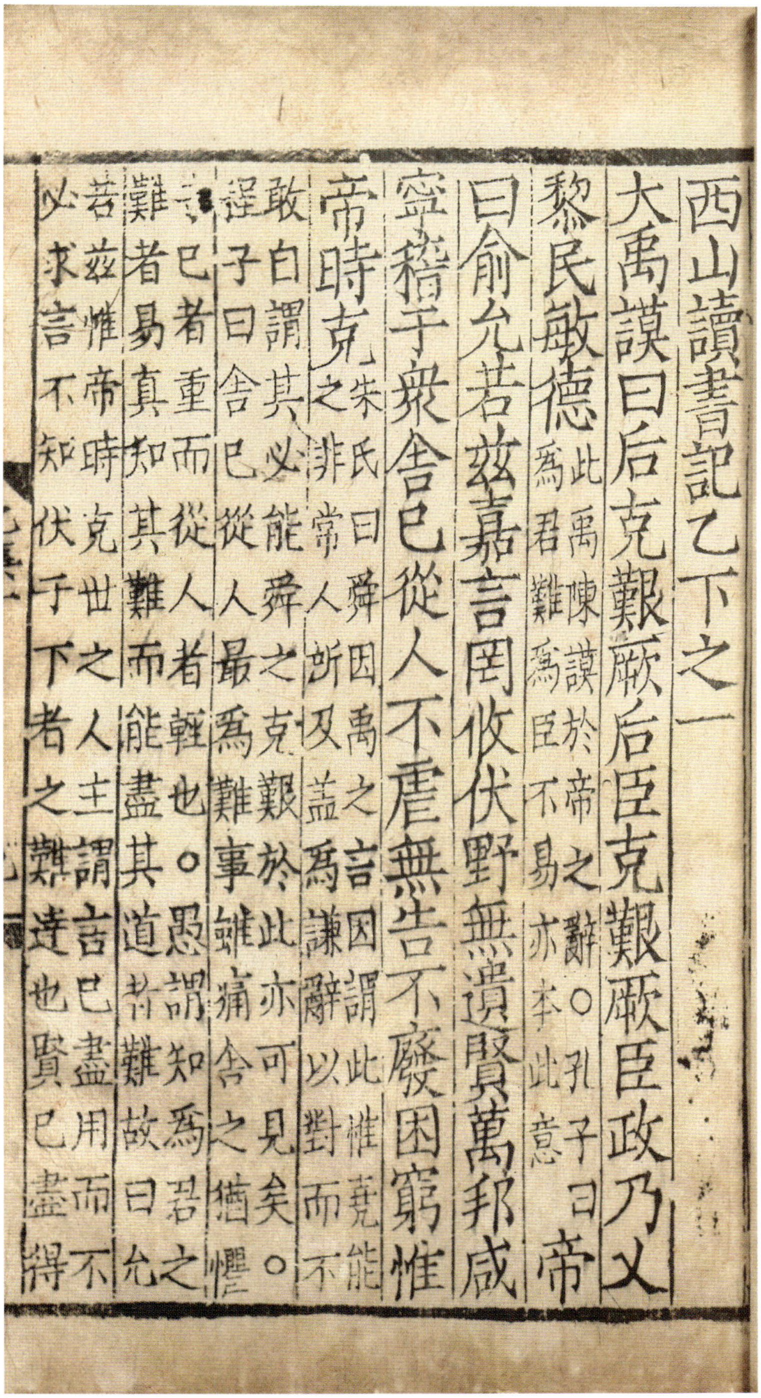

西山讀書記乙下之一

大禹謨曰后克艱厥后臣克艱厥臣政乃乂黎民敏德此禹陳謨於帝之辭○孔子曰爲君難爲臣不易亦本此意帝曰俞允若茲嘉言罔攸伏野無遺賢萬邦咸寧稽于衆舍己從人不虐無告不廢困窮惟帝時克朱氏曰舜因禹之言因謂此惟堯能之非常人所及蓋爲謙辭以對而不敢自謂其必能舜之克艱於此亦可見矣○程子曰舍己從人最爲難事雖痛舍之猶懼言己者重而從人者輕也○愚謂知爲君之難者易真知其難而能盡其道者難故曰允若茲惟帝時克世之人主謂言己盡用而不必求言不知伏于下者之難遽也賢己盡得

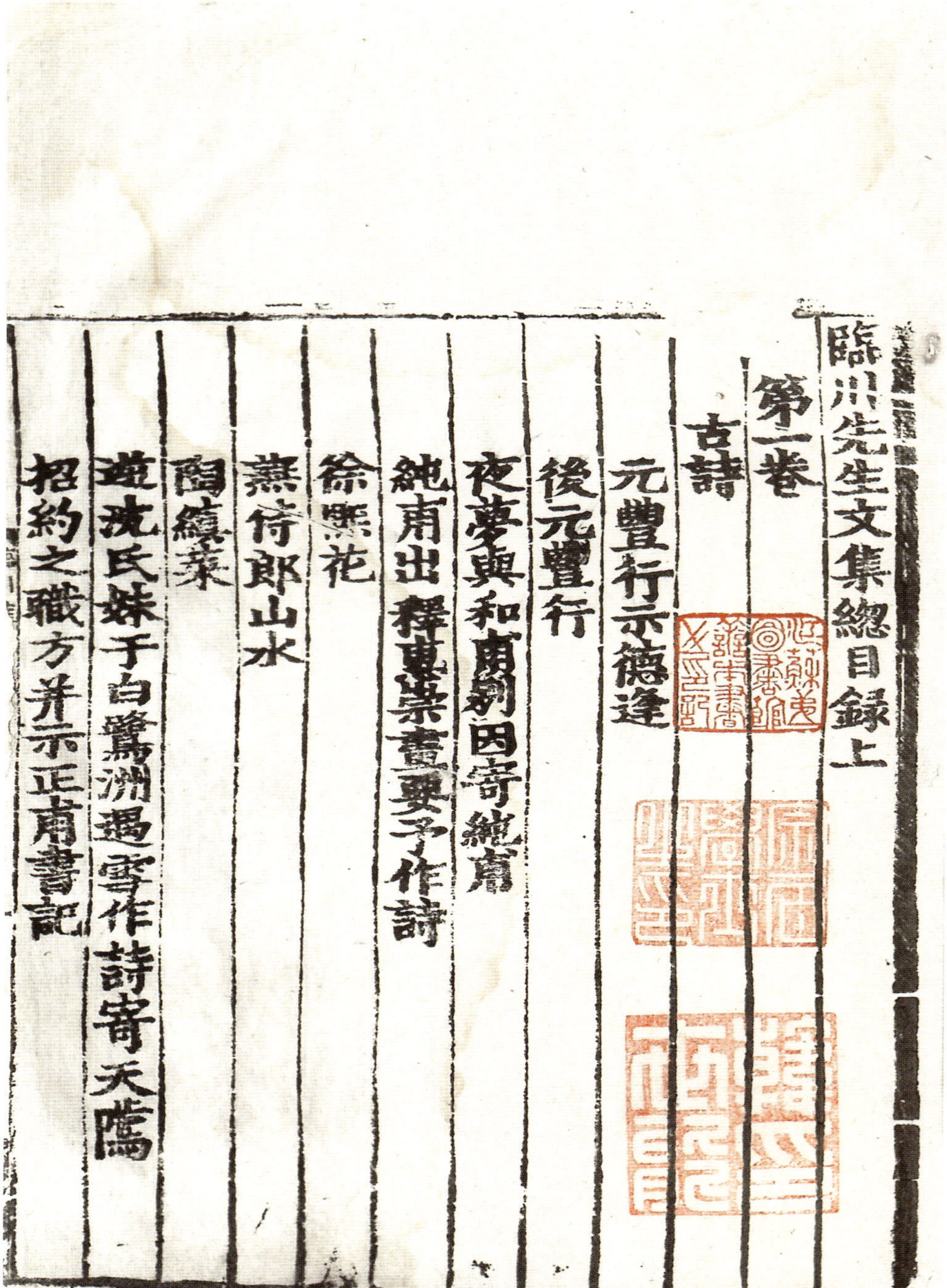
臨川先生文集總目録上
第一卷
古詩
元豐行示德逢
後元豐行
夜夢與和甫別因寄純甫
純甫出釋惠崇畫要予作詩
徐熙花
燕侍郎山水
陶縝菜
游沈氏妹于白鷺洲遇雪作詩寄天隲
招約之職方并示正甫書記

臨川先生文集一百卷目録二卷　宋王安石撰

宋紹興二十一年（1151）兩浙西路轉運司王珏刻元遞修本（卷四十四至五十二配清抄本）。丁丙跋。半葉12行，行20字，白口或黑口，左右雙邊。框高20.6厘米，寬16厘米。南京圖書館藏。國家名録號12395。

明清時期

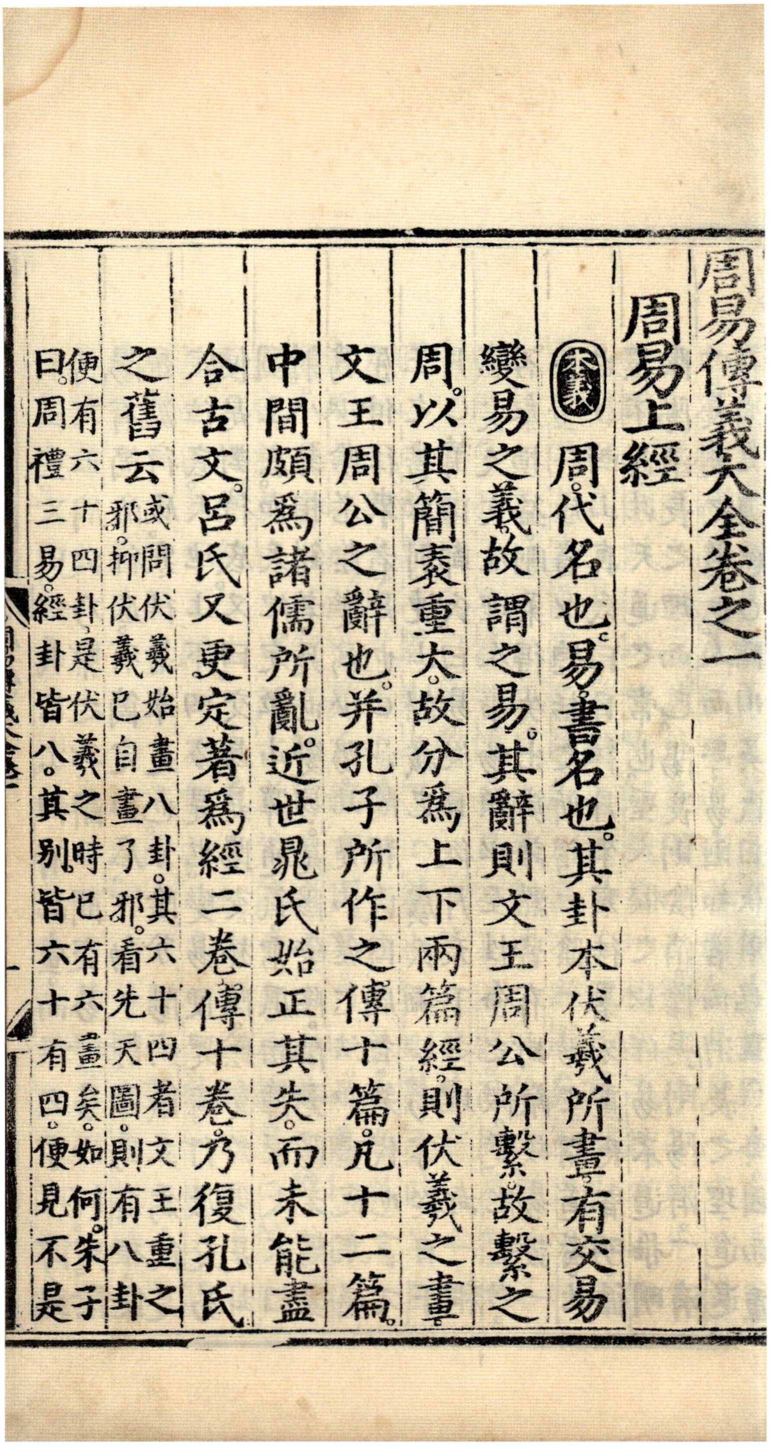
周易傳義大全卷之一

周易上經

本義 周代名也。易書名也。其卦本伏羲所畫有交易變易之義故謂之易。其辭則文王周公所繫故繫之周。以其簡袠重大故分爲上下兩篇。經則伏羲之畫文王周公之辭也。并孔子所作之傳十篇。凡十二篇中間頗爲諸儒所亂。近世晁氏始正其失。而未能盡合古文。呂氏又更定著爲經二卷傳十卷。乃復孔氏之舊云 或問伏羲始畫八卦。其六十四者文王重之耶。抑伏羲已自畫了耶。看先天圖。則有八卦便有六十四卦。是伏羲之時已有六畫矣。如何。朱子曰。周禮三易。經卦皆八。其別皆六十有四。便見不是

五經大全一百三十五卷　明胡廣等輯

明内府刻本。半葉 10 行，行 22 字，小字雙行，字數同，黑口，四周雙邊，框高 26.9 厘米，寬 17.9 厘米。南京圖書館藏。國家名録號 12419。

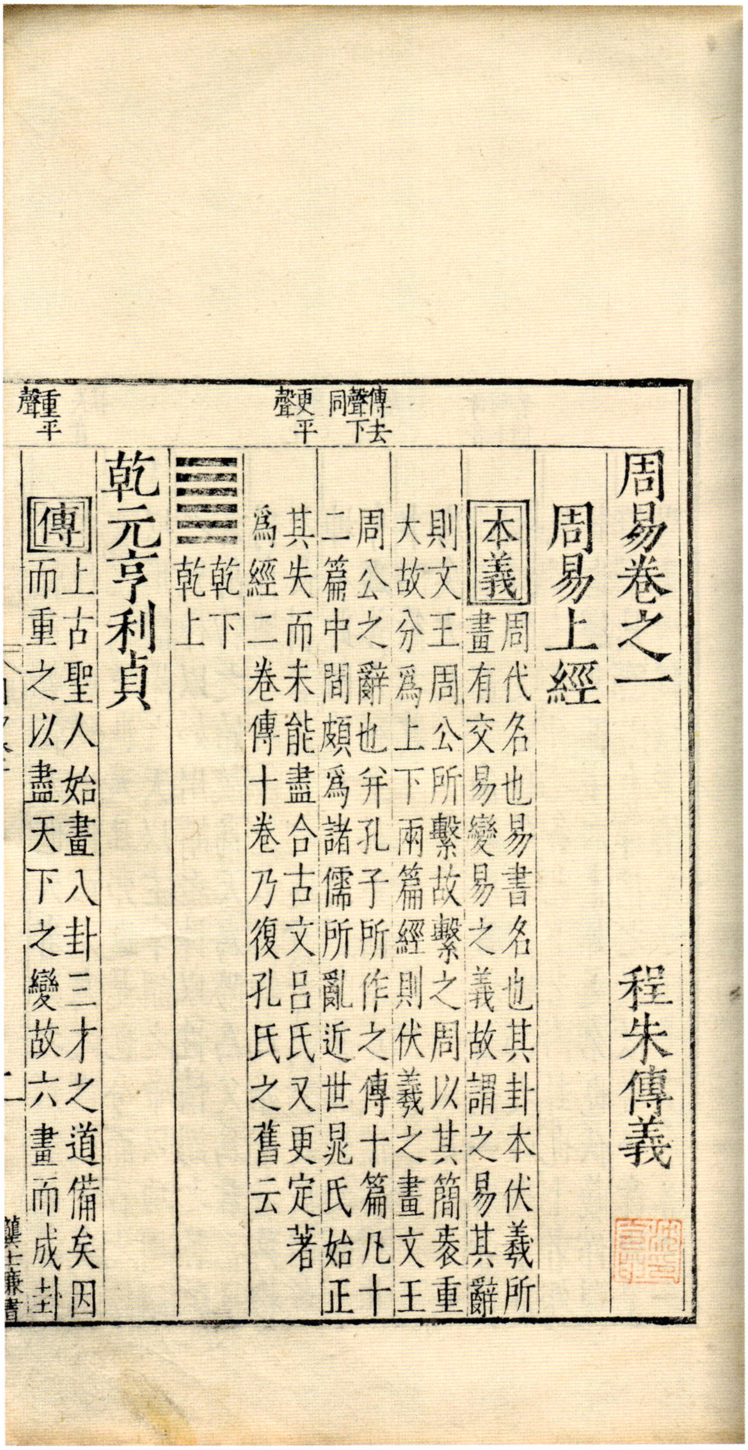
周易卷之一　程朱傳義

周易上經

本義 周代名也易書名也其卦本伏羲所畫有交易變易之義故謂之易其辭則文王周公所繫故繫之周以其簡袠重大故分爲上下兩篇經則伏羲之畫文王周公之辭也幷孔子所作之傳十篇凡十二篇中間頗爲諸儒所亂近世晁氏始正其失而未能盡合古文吕氏又更定著爲經二卷傳十卷乃復孔氏之舊云

傳去聲下同　更平聲

乾下乾上

乾元亨利貞

重平聲

傳 上古聖人始畫八卦三才之道備矣因而重之以盡天下之變故六畫而成卦

龔士廉書

周易程朱傳義二十四卷　宋程頤、朱熹撰　上下篇義一卷　宋程頤撰　朱子圖説一卷　周易五贊一卷　筮儀一卷　宋朱熹撰

明嘉靖吉澄刻本。半葉9行，行17字，小字雙行，字數同，白口，左右雙邊。框高20.2厘米，寬14.3厘米。鎮江市圖書館藏。國家名録號12425。

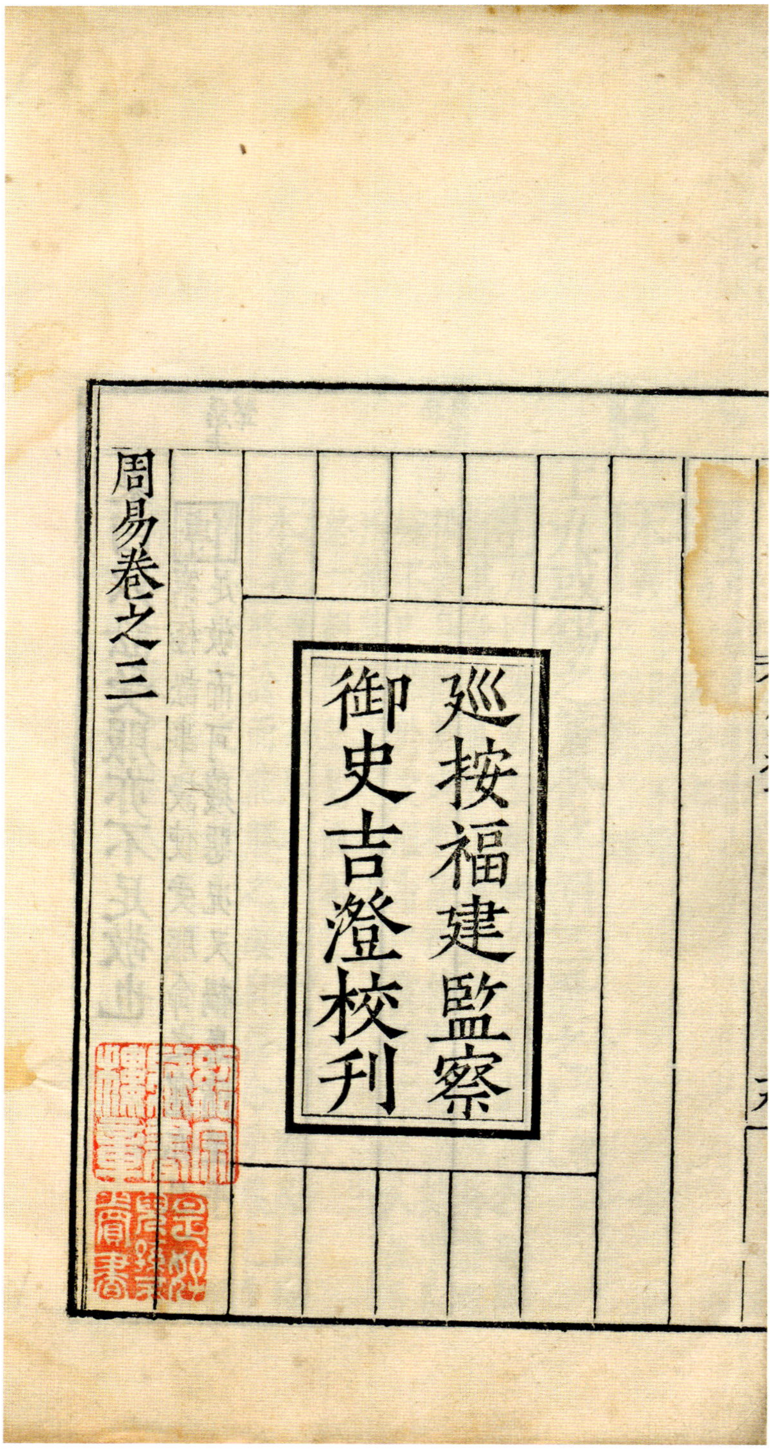
巡按福建監察
御史吉澄校刊
周易卷之三

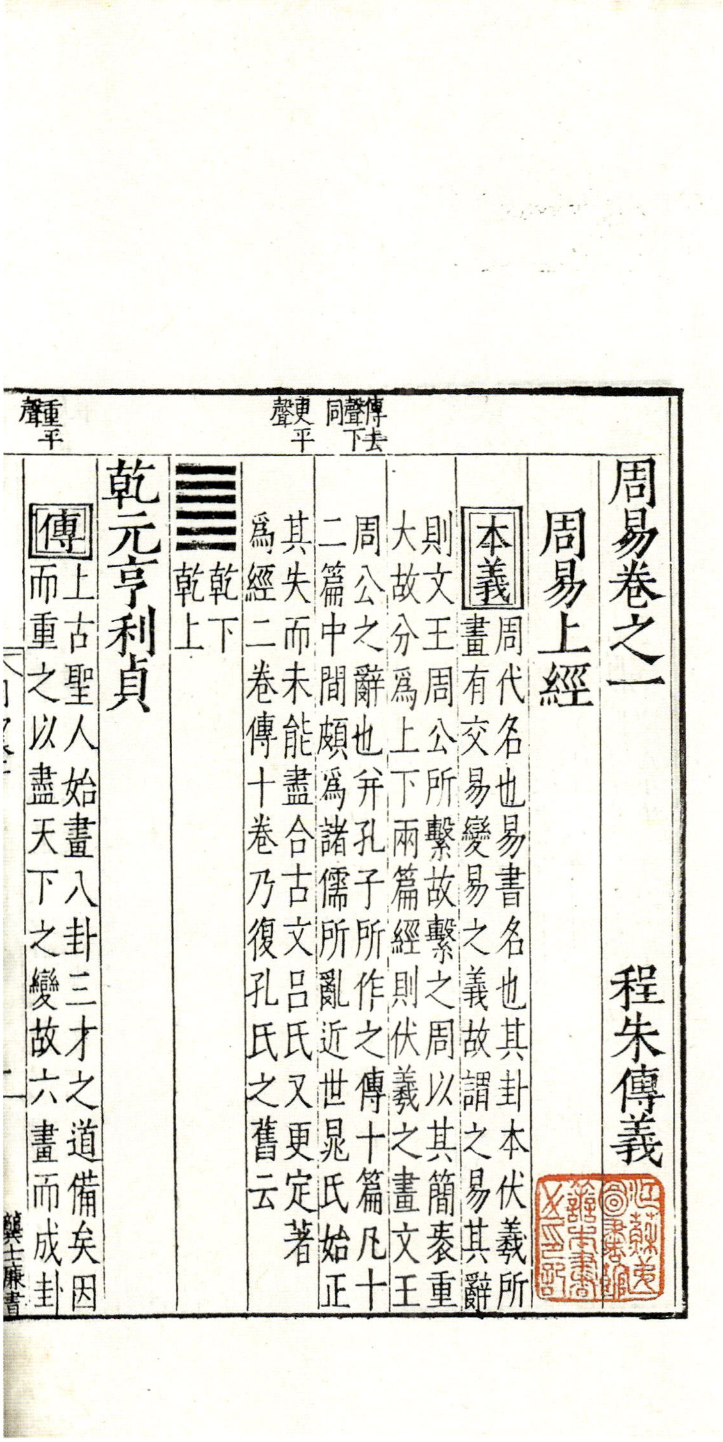

周易卷之一　　　程朱傳義

周易上經

本義　周代名也易書名也其卦本伏羲所畫有交易變易之義故謂之易其辭則文王周公所繫故繫之周以其簡袠重大故分爲上下兩篇經則伏羲之畫文王周公之辭也并孔子所作之傳十篇凡十二篇中間頗爲諸儒所亂近世晁氏始正其失而未能盡合古文呂氏又更定著爲經二卷傳十卷乃復孔氏之舊云

傳去聲下同　更平聲

乾下乾上

乾元亨利貞

重平聲

傳　上古聖人始畫八卦三才之道備矣因而重之以盡天下之變故六畫而成卦

龔士廉書

周易程朱傳義二十四卷　宋程頤、朱熹撰　上下篇義一卷　宋程頤撰　朱子圖説一卷　周易五贊一卷　筮儀一卷　宋朱熹撰

明嘉靖吉澄刻本。丁丙跋。半葉9行，行17字，小字雙行，字數同，白口，左右雙邊。框高20厘米，寬14.3厘米。南京圖書館藏。國家名録號12426。

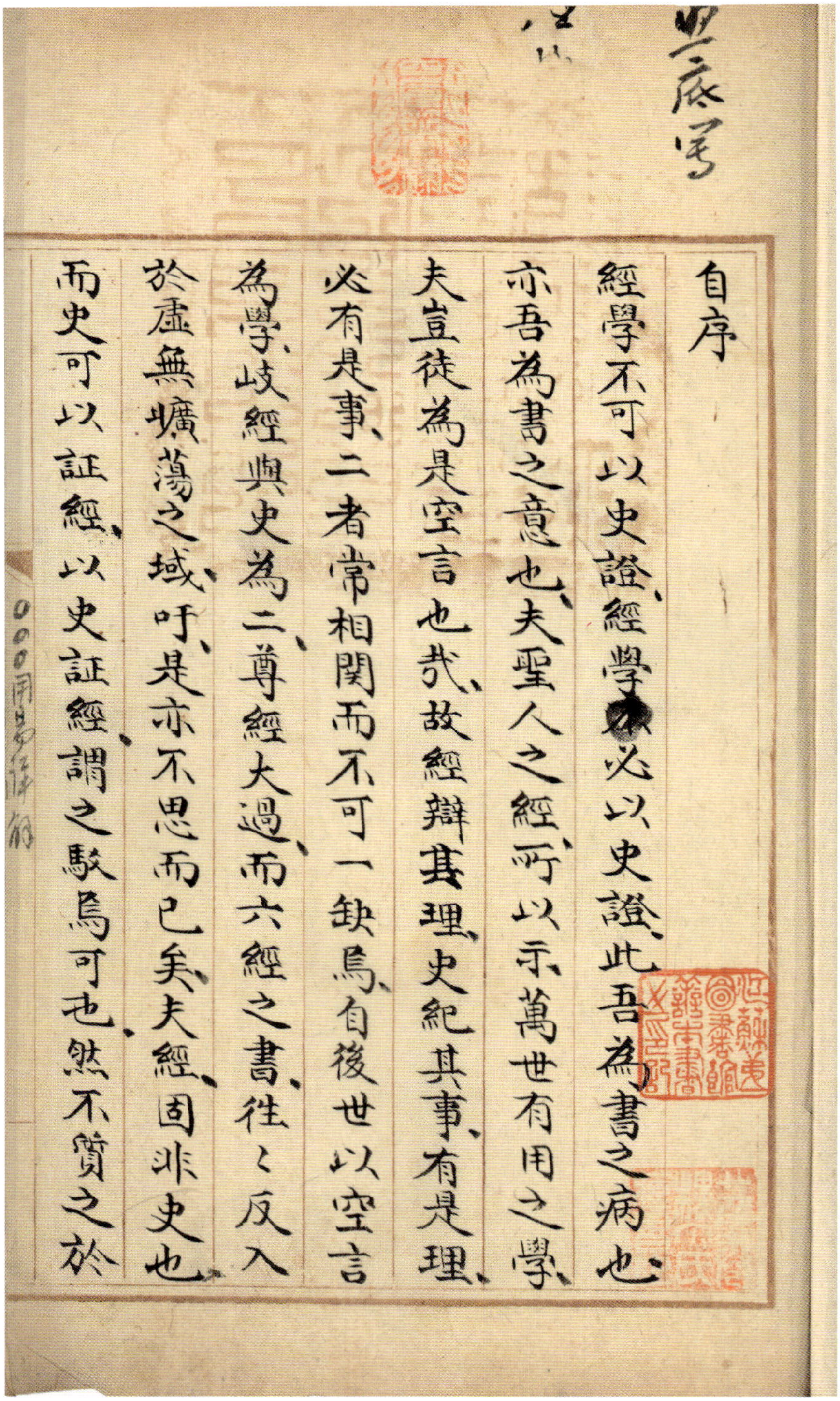
自序
經學不可以史證經學亦必以史證此吾為書之病也
亦吾為書之意也夫聖人之經所以示萬世有用之學
夫豈徒為是空言也哉故經辯其理史紀其事有是理
必有是事二者常相関而不可一缺焉自後世以空言
為學岐經與史為二尊經太過而六經之書往往反入
於虛無曠蕩之域吁是亦不思而已矣夫經固非史也
而史可以証經以史証經謂之駁焉可也然不質之於

周易詳解十六卷　宋李杞撰

清乾隆翰林院抄本（四庫底本）。丁丙跋。存十四卷：卷一至六、九至十六。半葉8行，行21字，小字雙行，字數同，白口，四周雙邊。框高22厘米，寬15.5厘米。南京圖書館藏。國家名録號12428。

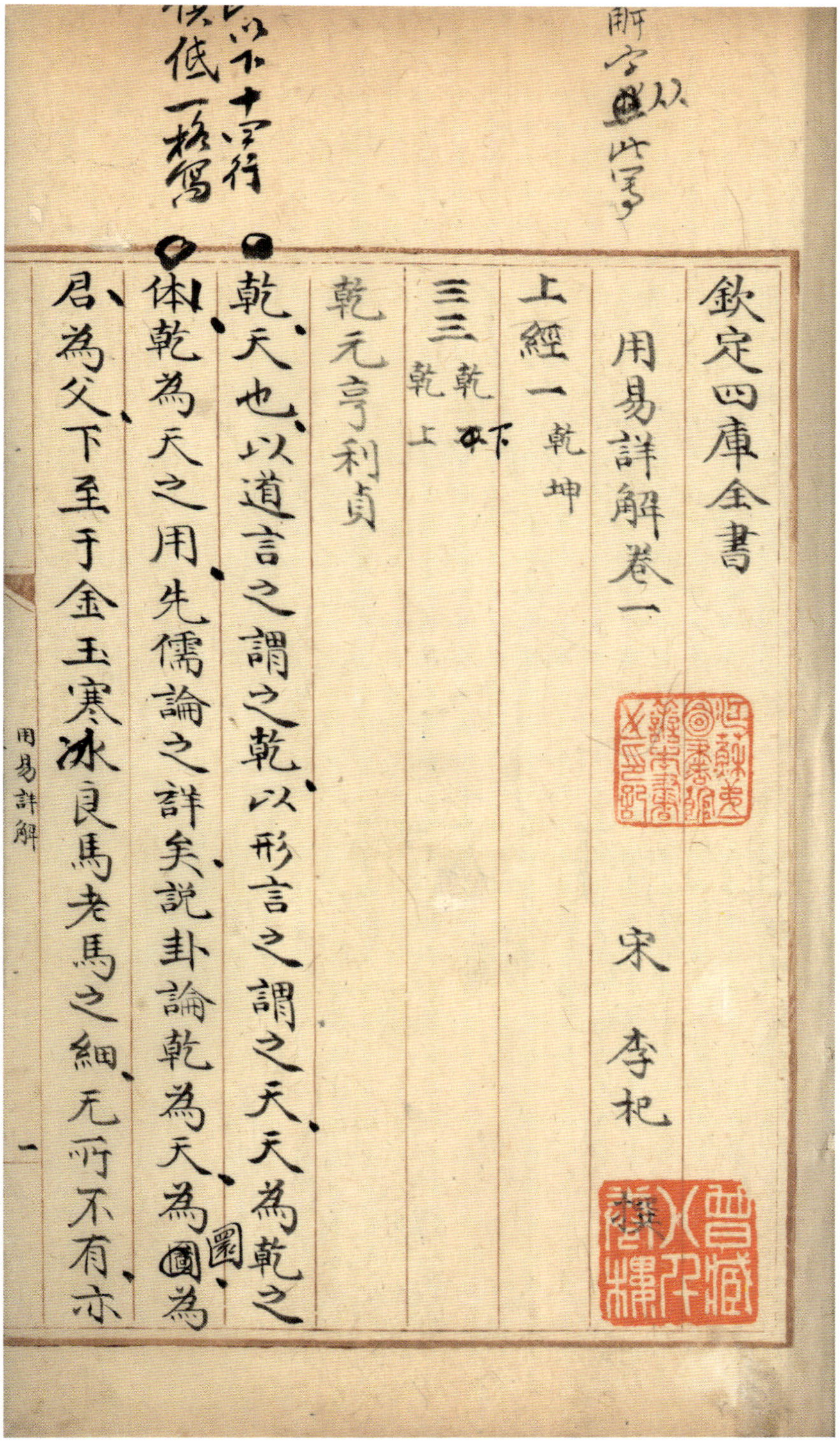
欽定四庫全書
用易詳解卷一　宋　李杞　撰
上經一　乾坤
☰☰ 乾下乾上
乾元亨利貞
乾，天也。以道言之謂之乾，以形言之謂之天。天為乾之
體，乾為天之用。先儒論之詳矣。說卦論乾為天為圜為
君，為父，下至于金玉寒冰良馬老馬之細，无所不有，亦
用易詳解　一

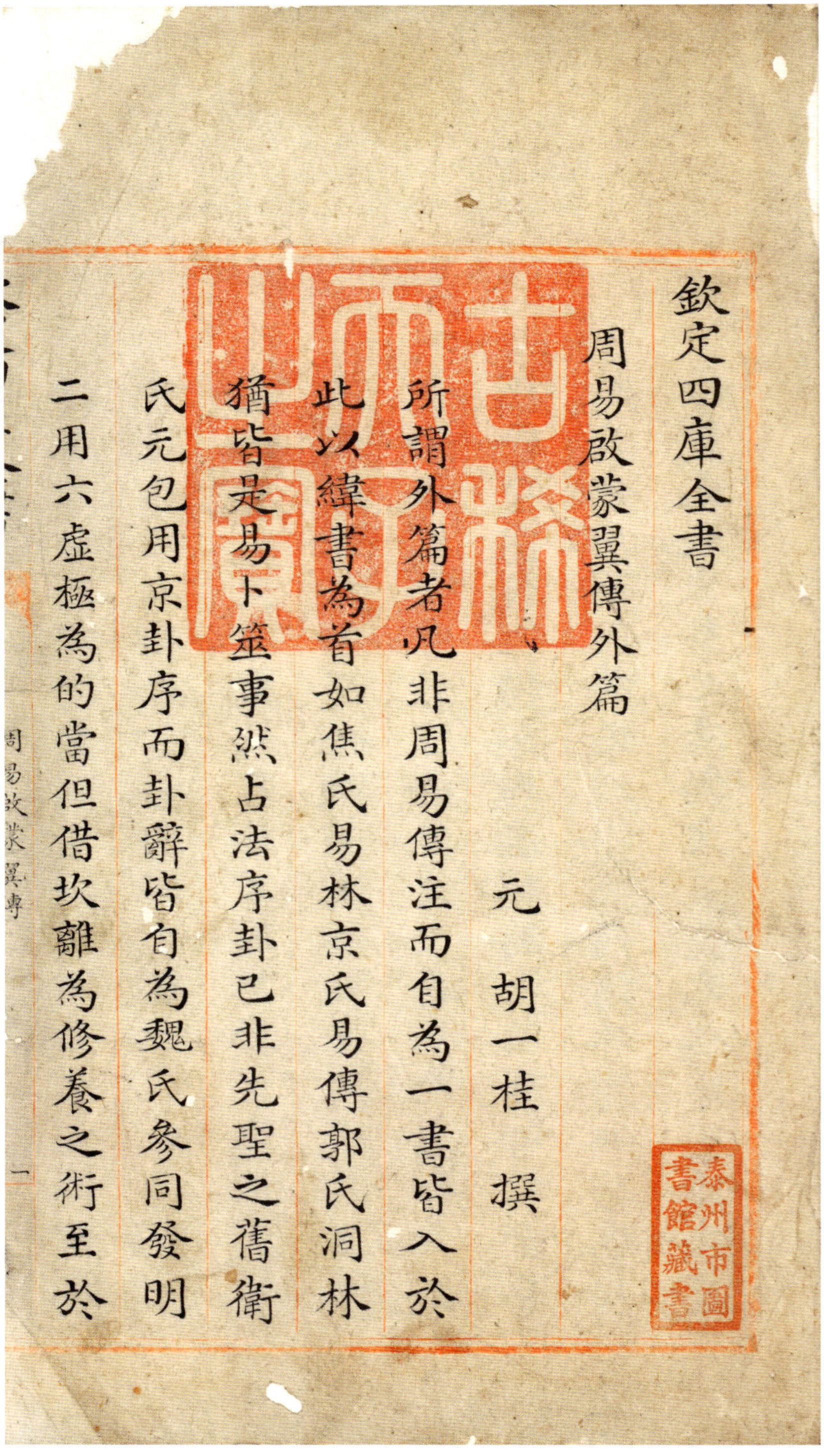
欽定四庫全書
周易啓蒙翼傳外篇
元 胡一桂 撰
所謂外篇者凡非周易傳注而自為一書皆入於
此以緯書為首如焦氏易林京氏易傳郭氏洞林
猶皆是易卜筮事然占法序卦已非先聖之舊衛
氏元包用京卦序而卦辭皆自為魏氏參同發明
二用六虚極為的當但借坎離為修養之術至於

周易啓蒙翼傳 一

周易啓蒙翼傳四卷　元胡一桂撰

清乾隆内府寫南三閣四庫全書本。存一卷：外篇。半葉 8 行，行 21 字，小字雙行，字數同，白口，四周雙邊。框高 21 厘米，寬 13.9 厘米。泰州市圖書館藏。國家名録號 12429。

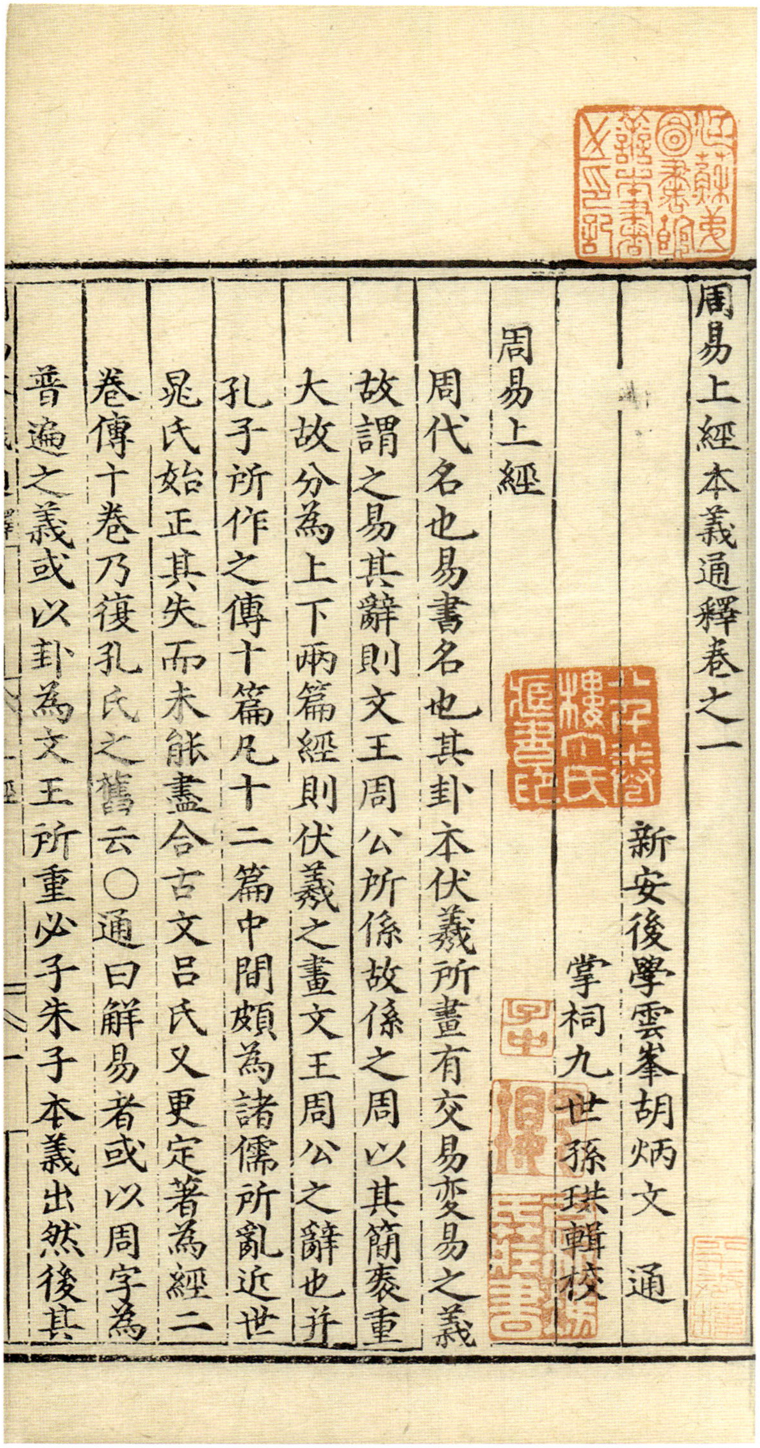
周易上經本義通釋卷之一
新安後學雲峯胡炳文　通
掌祠九世孫珙輯校
周易上經
周代名也易書名也其卦本伏羲所畫有交易變易之義故謂之易其辭則文王周公所係故係之周以其簡袠重大故分為上下兩篇經則伏羲之畫文王周公之辭也并孔子所作之傳十篇凡十二篇中間頗為諸儒所亂近世晁氏始正其失而未能盡合古文吕氏又更定著為經二卷傳十卷乃復孔氏之舊云○通曰解易者或以周字為普徧之義或以卦為文王所重必子朱子本義出然後其

周易本義通釋十二卷　輯録雲峰文集易義一卷　元胡炳文撰　明胡珙輯

明嘉靖元年（1522）潘旦、鄧杞刻本。丁丙跋。半葉 11 行，行 24 字，綫黑口，四周雙邊。框高 19.3 厘米，寬 12.7 厘米。南京圖書館藏。國家名録號 12430。

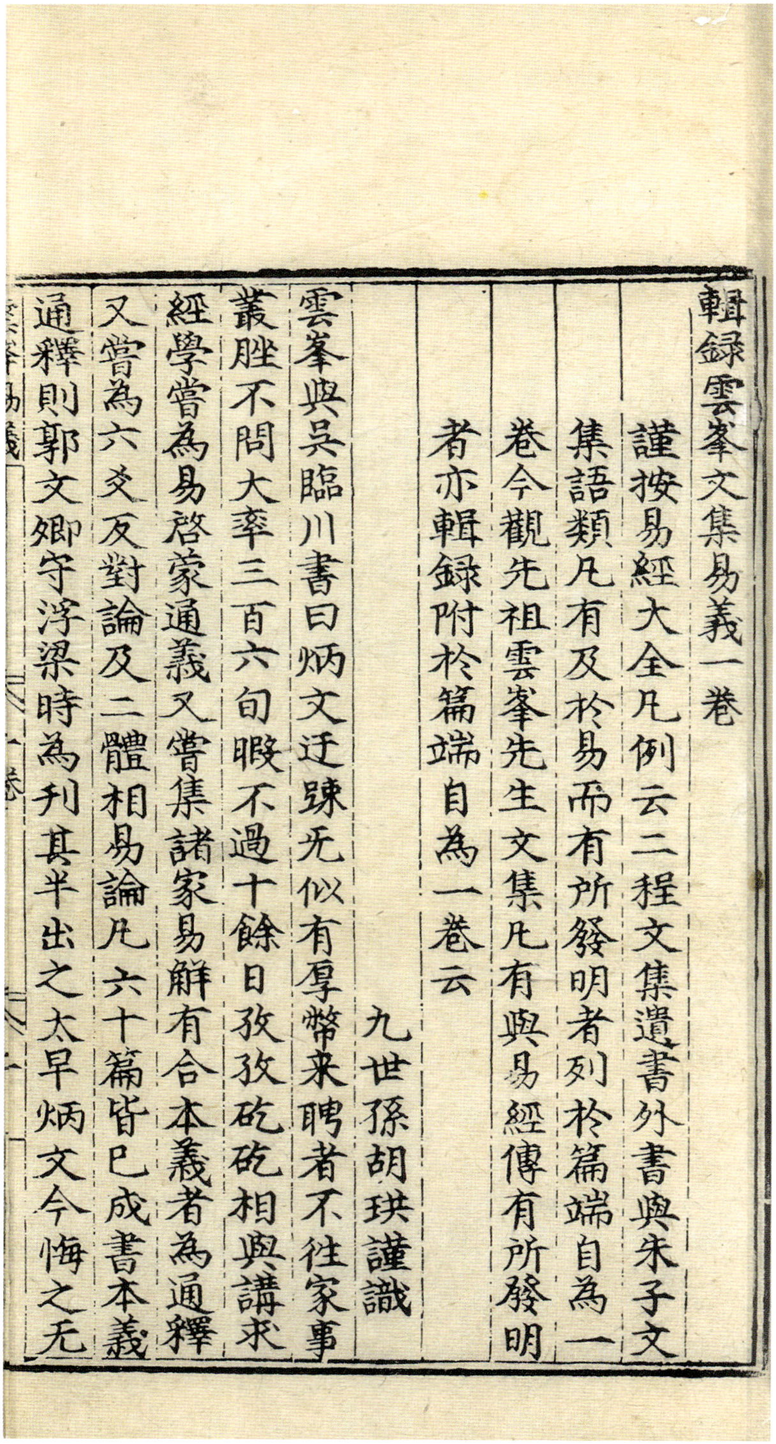

輯録雲峯文集易義一卷

謹按易經大全凡例云二程文集遺書外書與朱子文集語類凡有及於易而有所發明者列於篇端自為一卷今觀先祖雲峯先生文集凡有與易經傳有所發明者亦輯録附於篇端自為一卷云

九世孫胡珙謹識

雲峯與吳臨川書曰炳文迂踈无似有厚幣来聘者不往家事叢脞不問大率三百六旬暇不過十餘日孜孜矻矻相與講求經學嘗為易啓蒙通義又嘗集諸家易解有合本義者為通釋又嘗為六爻反對論及二體相易論凡六十篇皆已成書本義通釋則郭文卿守浮梁時為刋其半出之太早炳文今悔之无

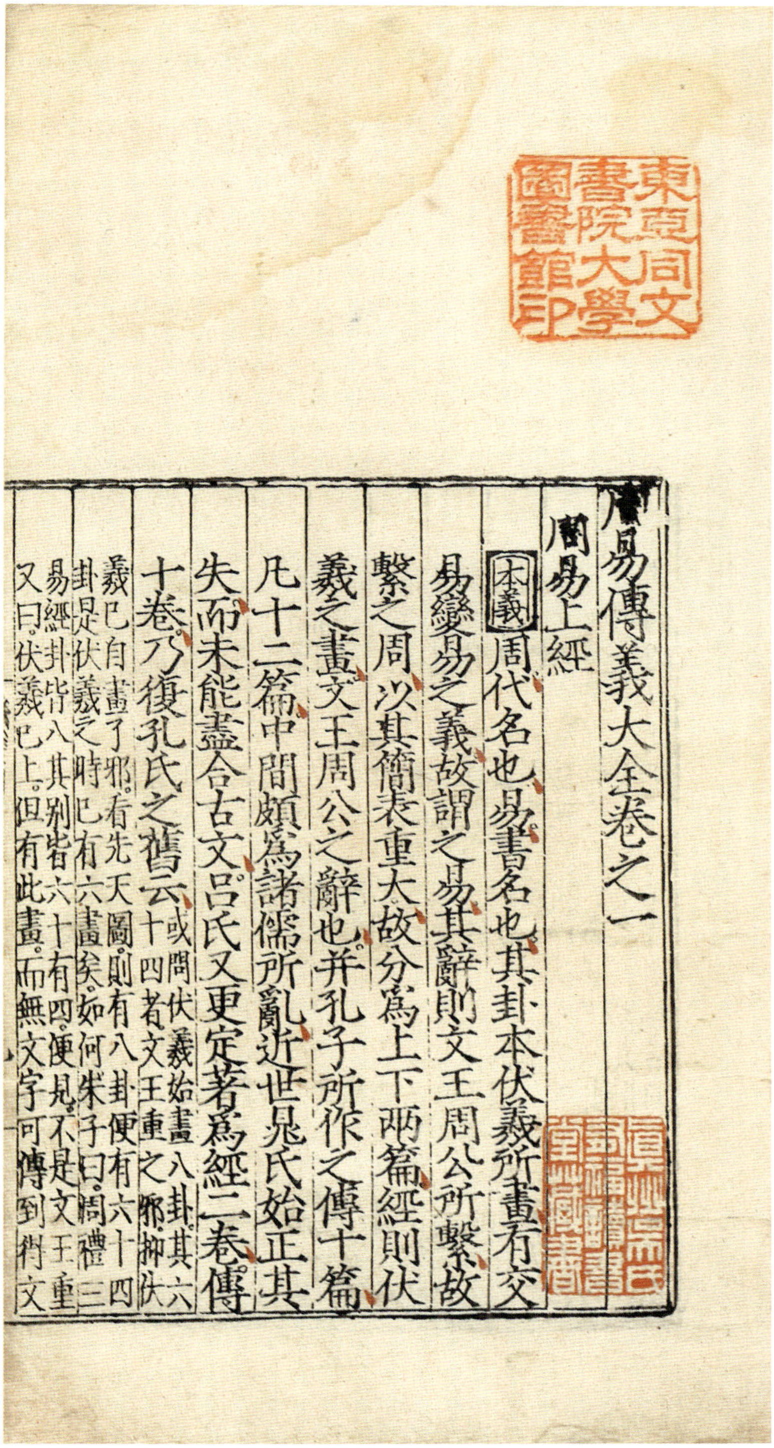

周易傳義大全卷之一

周易上經

本義 周代名也易書名也其卦本伏羲所畫有交易變易之義故謂之易其辭則文王周公所繫故繫之周以其簡袠重大故分爲上下兩篇經則伏羲之畫文王周公之辭也并孔子所作之傳十篇凡十二篇中間頗爲諸儒所亂近世晁氏始正其失而未能盡合古文呂氏又更定著爲經二卷傳十卷乃復孔氏之舊云 或問伏羲始畫八卦其六十四者文王重之耶抑伏羲已自畫了耶看先天圖則有八卦便有六十四卦是伏羲之時已有六畫矣如何朱子曰周禮三易經卦皆八其别皆六十有四便見不是文王重又曰伏羲已上但有此畫而無文字可傳到得文

周易傳義大全二十四卷　上下篇義一卷　朱子圖説一卷　周易五贊一卷　筮儀一卷　易説綱領一卷　明胡廣等輯

明嘉靖十五年（1536）作德堂刻本（卷二十三至二十四配另一明刻本）。半葉 11 行，行 21 字，小字雙行，字數同，白口，四周雙邊，框高 16.5 厘米，寬 12.3 厘米。南京圖書館藏。國家名録號 12431。

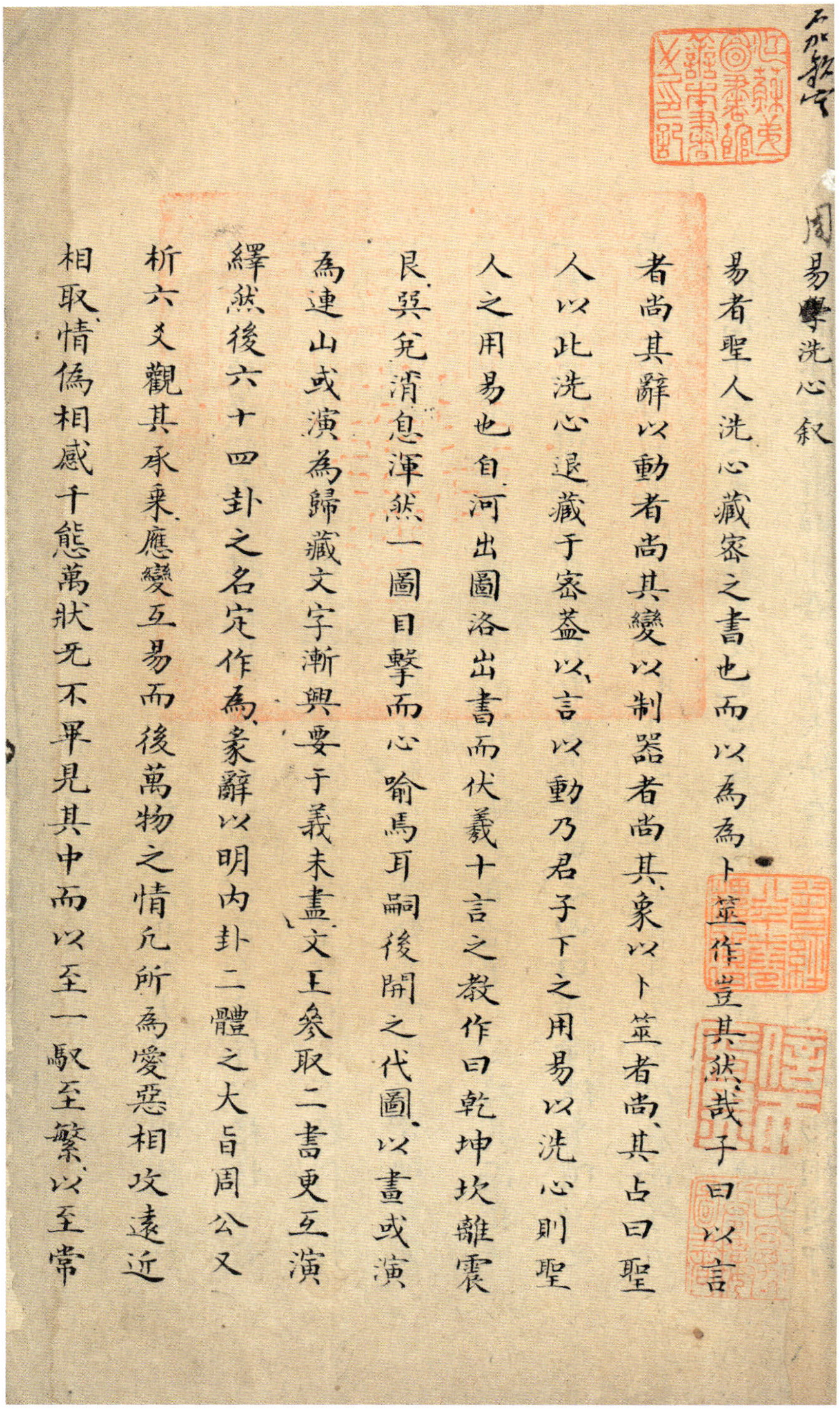
不分卷
周易學洗心叙
易者聖人洗心藏密之書也而以為為卜筮作豈其然哉子曰以言
者尚其辭以動者尚其變以制器者尚其象以卜筮者尚其占曰聖
人以此洗心退藏于密蓋以言以動乃君子下之用易以洗心則聖
人之用易也自河出圖洛出書而伏羲十言之教作曰乾坤坎離震
艮巽兑消息渾然一圖目擊而心喻焉耳嗣後開之代圖以畫或演
為連山或演為歸藏文字漸興要于義未盡文王參取二書更互演
繹然後六十四卦之名定作為彖辭以明内卦二體之大旨周公又
析六爻觀其承乘應變互易而後萬物之情凡所為愛惡相攻遠近
相取情偽相感千態萬狀无不畢見其中而以至一馭至繁以至常

周易洗心七卷首二卷　清任啓運撰

清抄本（四库底本）。丁丙跋。半葉10行，行26字，小字雙行，字數同。南京圖書館藏。國家名録號12432。

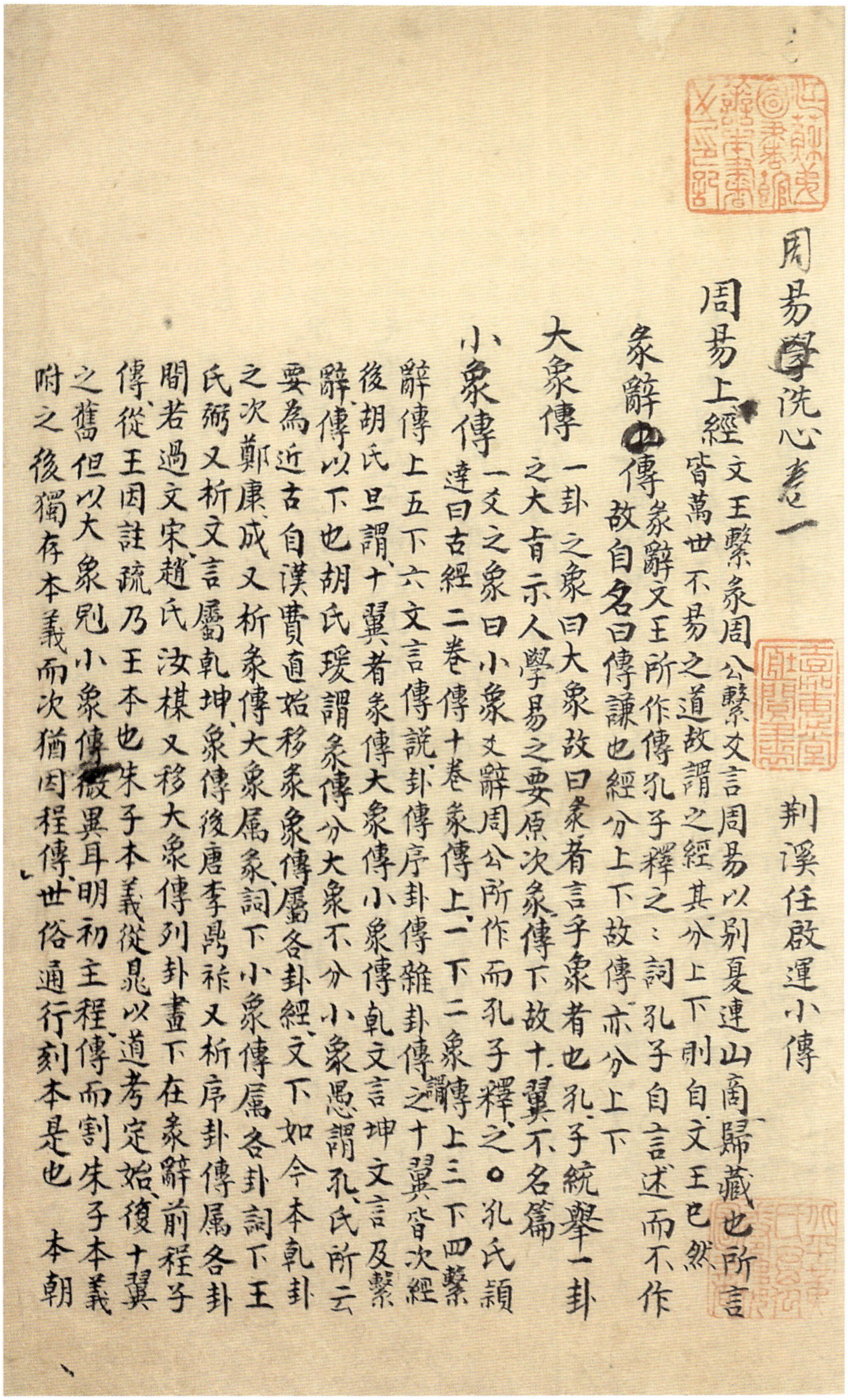

周易學洗心卷一　　荊溪任啟運小傳

周易上經 文王繫彖周公繫爻言周易以别夏連山商歸藏也所言
皆萬世不易之道故謂之經其分上下則自文王已然

彖辭上傳 彖辭文王所作傳孔子釋之之詞孔子自言述而不作
故自名曰傳謙也經分上下故傳亦分上下

大象傳 一卦之象曰大象故曰彖者言乎象者也孔子統舉一卦
之大旨示人學易之要原次彖傳下故十翼不名篇

小象傳 一爻之象曰小象 爻辭周公所作而孔子釋之○孔氏穎
達曰古經二卷傳十卷彖傳上一下二象傳上三下四繫
辭傳上五下六文言傳說卦傳序卦傳雜卦傳謂之十翼皆次經
後胡氏旦謂十翼者彖傳大象傳小象傳乾文言坤文言及繫
辭傳以下也胡氏瑗謂彖傳分大象不分小象愚謂孔氏所云
要爲近古自漢費直始移彖象傳屬各卦經文下如今本乾卦
之次鄭康成又析彖傳大象屬彖詞下小象傳屬各卦詞下王
氏弼又析文言屬乾坤彖傳後唐李鼎祚又析序卦傳屬各卦
閻若過文宋趙氏汝楳又移大象傳列卦畫下在彖辭前程子
傳從王因註疏乃王本也朱子本義從晁以道考定始復十翼
之舊但以大象冠小象傳微異耳明初主程傳而割朱子本義
附之後獨存本義而次猶因程傳世俗通行刻本是也 本朝

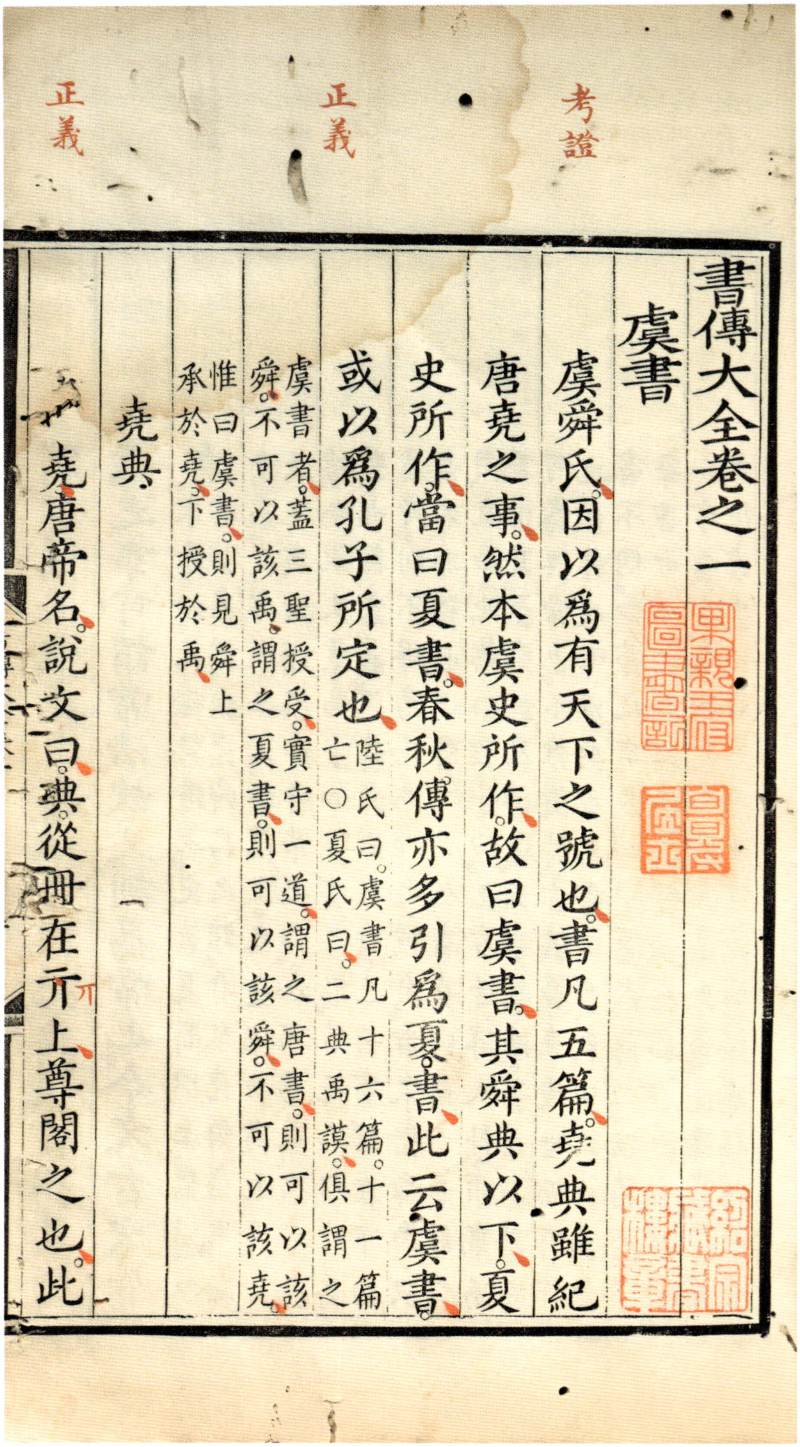
考證 正義 正義

書傳大全卷之一

虞書

虞舜氏因以爲有天下之號也書凡五篇堯典雖紀唐堯之事然本虞史所作故曰虞書其舜典以下夏史所作當曰夏書春秋傳亦多引爲夏書此云虞書或以爲孔子所定也陸氏曰虞書凡十六篇十一篇亡〇夏氏曰二典禹謨俱謂之虞書者蓋三聖授受實守一道謂之唐書則可以該舜不可以該禹謂之夏書則可以該舜不可以該堯惟曰虞書則見舜上承於堯下授於禹

堯典

堯唐帝名說文曰典從冊在丌上尊閣之也此

書傳大全十卷　圖一卷　綱領一卷　明胡廣等輯

明内府刻本。半葉十行，行22至23字不等，小字雙行，字數同，黑口，四周雙邊，框高26.5厘米，寬17.9厘米。鎮江市圖書館藏。國家名録號12435。

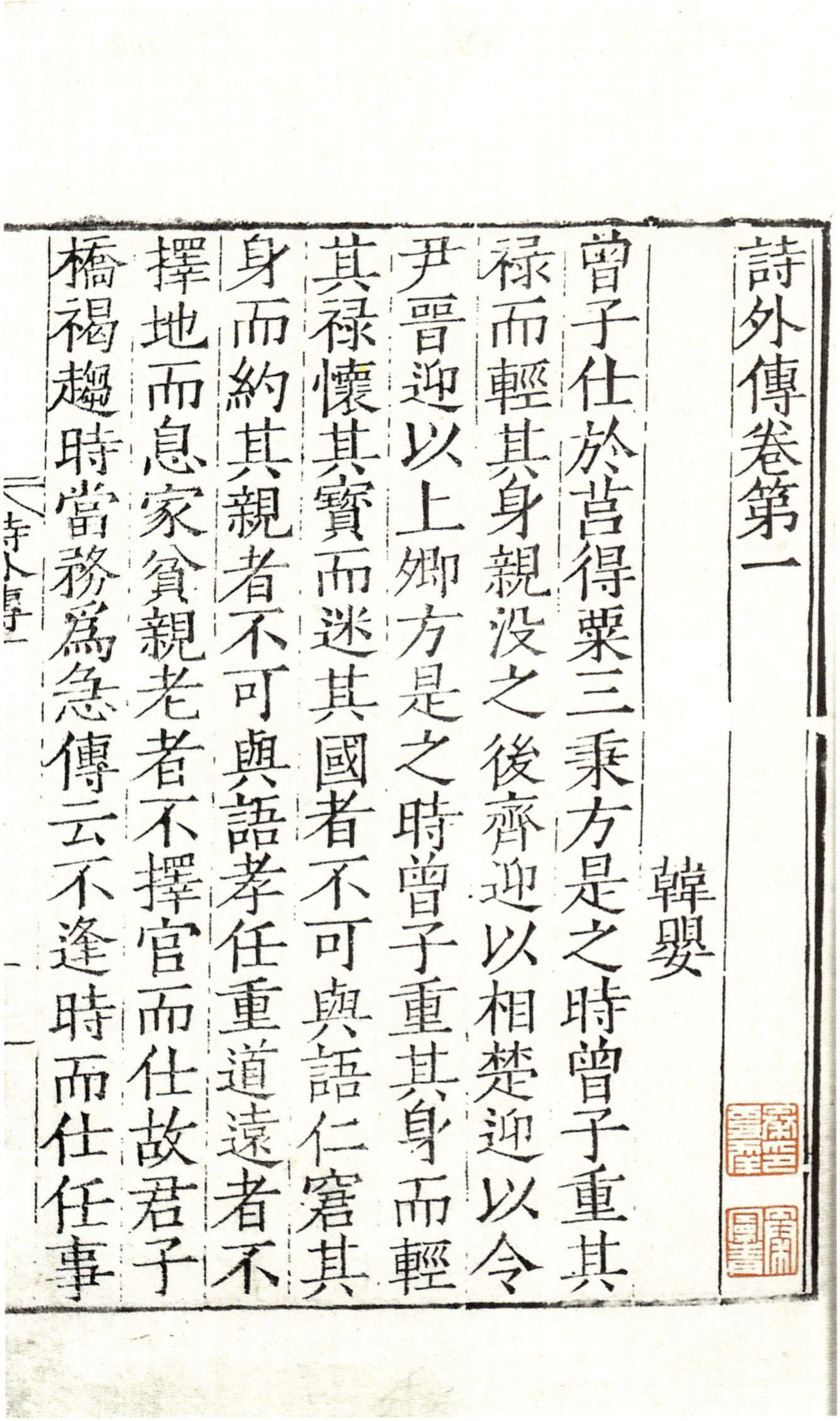

詩外傳卷第一

韓嬰

曾子仕於莒得粟三秉方是之時曾子重其祿而輕其身親沒之後齊迎以相楚迎以令尹晉迎以上卿方是之時曾子重其身而輕其祿懷其寶而迷其國者不可與語仁窘其身而約其親者不可與語孝任重道遠者不擇地而息家貧親老者不擇官而仕故君子橋褐趨時當務爲急傳云不逢時而仕任事

詩外傳一

詩外傳十卷　漢韓嬰撰

明嘉靖沈辨之野竹齋刻本。半葉 9 行，行 17 字，白口，左右雙邊，框高 20.1 厘米，寬 14.7 厘米。南京圖書館藏。國家名録號 12440。

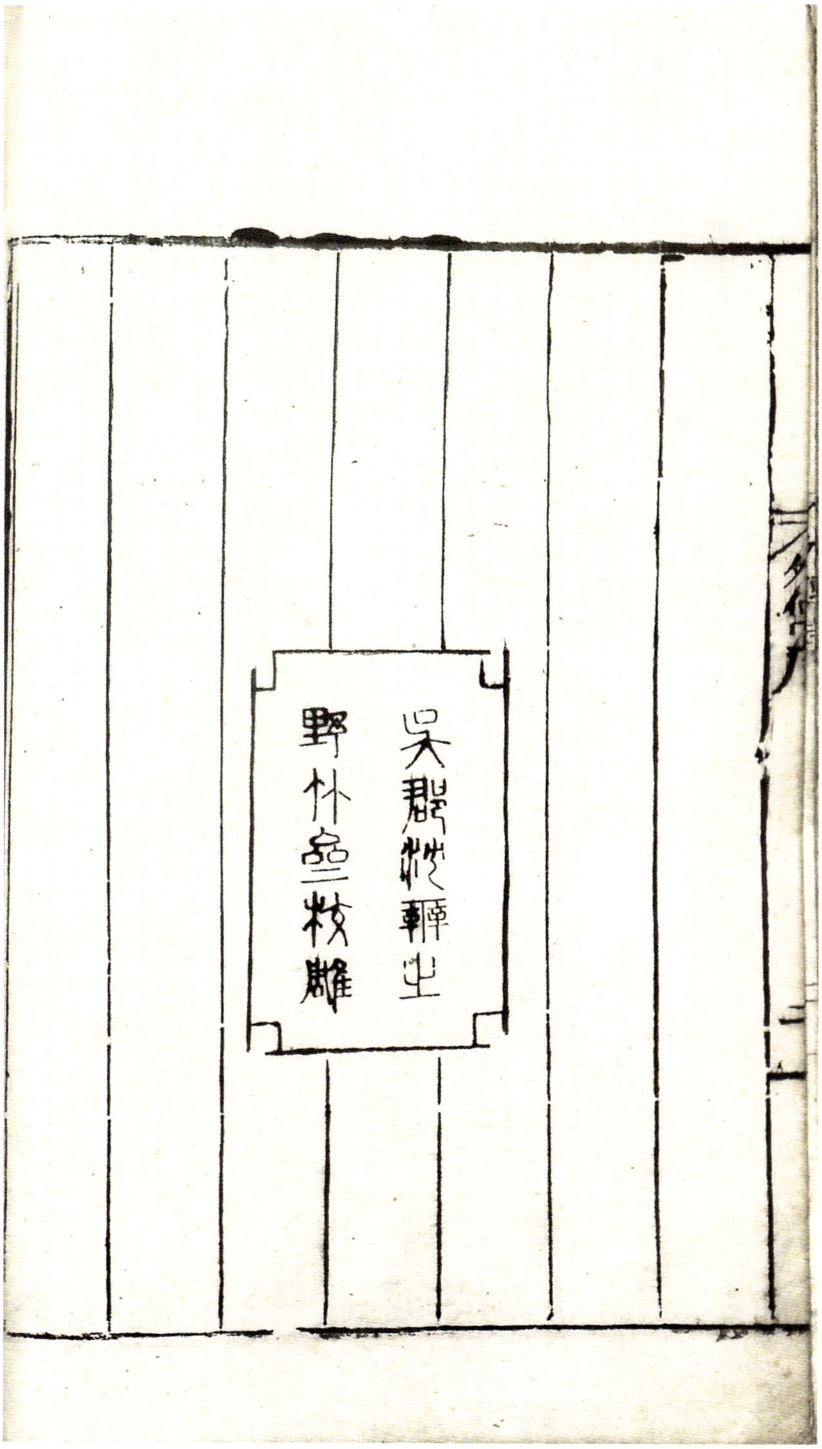
吳郡沈辨之
野竹齋校雕

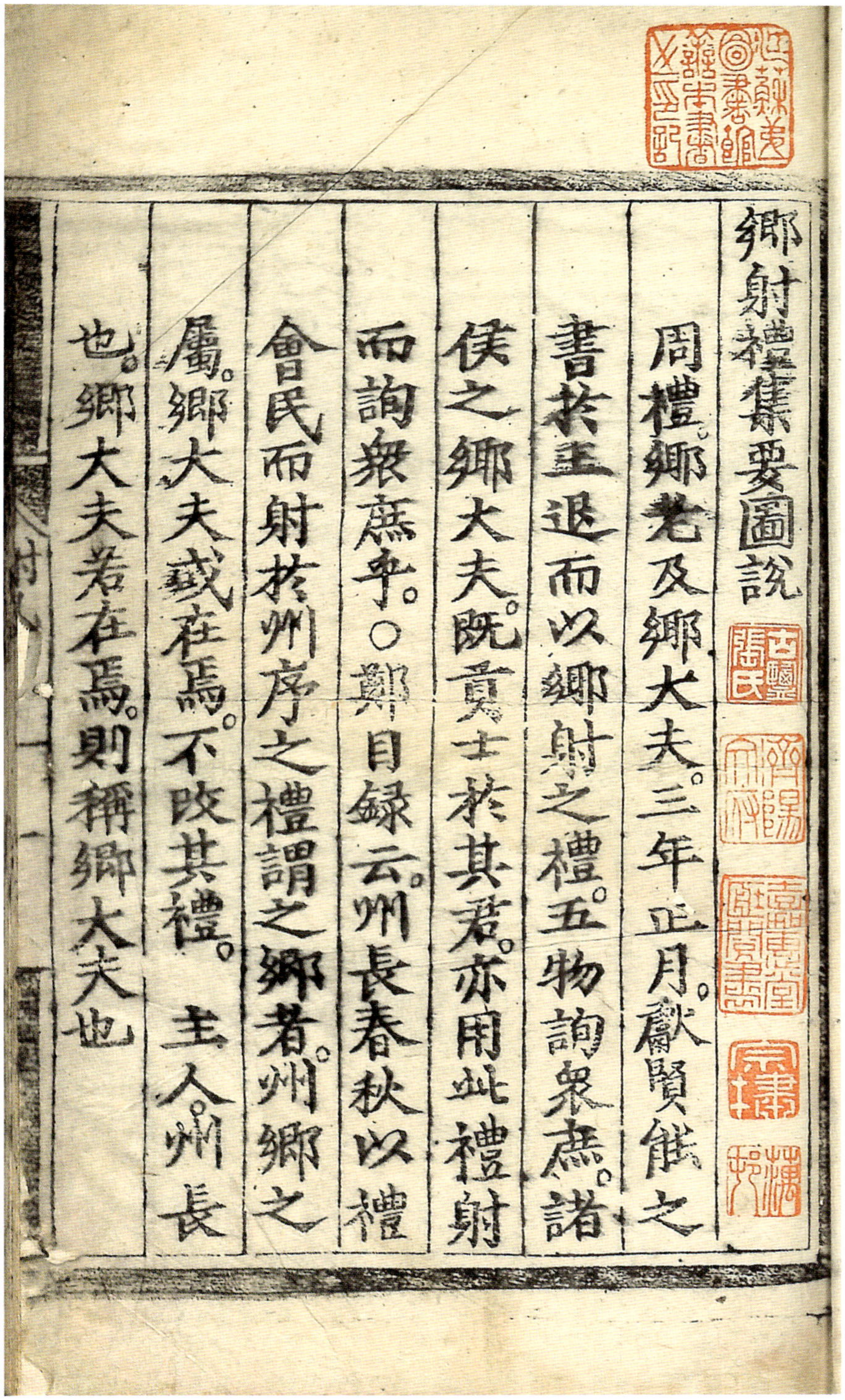

鄉射禮集要圖說

周禮。鄉老及鄉大夫。三年正月。獻賢能之書於王。退而以鄉射之禮。五物詢衆庶。諸侯之鄉大夫。既貢士於其君。亦用此禮射而詢衆庶乎。○鄭目録云。州長春秋以禮會民而射於州序之禮謂之鄉者。州鄉之屬。鄉大夫或在焉。不改其禮。　主人。州長也。鄉大夫若在焉。則稱鄉大夫也

鄉射禮集要圖說不分卷　明傅鼎撰

明弘治刻本。丁丙跋。半葉8行，行18字，小字雙行，字數同，黑口，四周雙邊，框高20.3厘米，寬14.8厘米。南京圖書館藏。國家名録號12445。

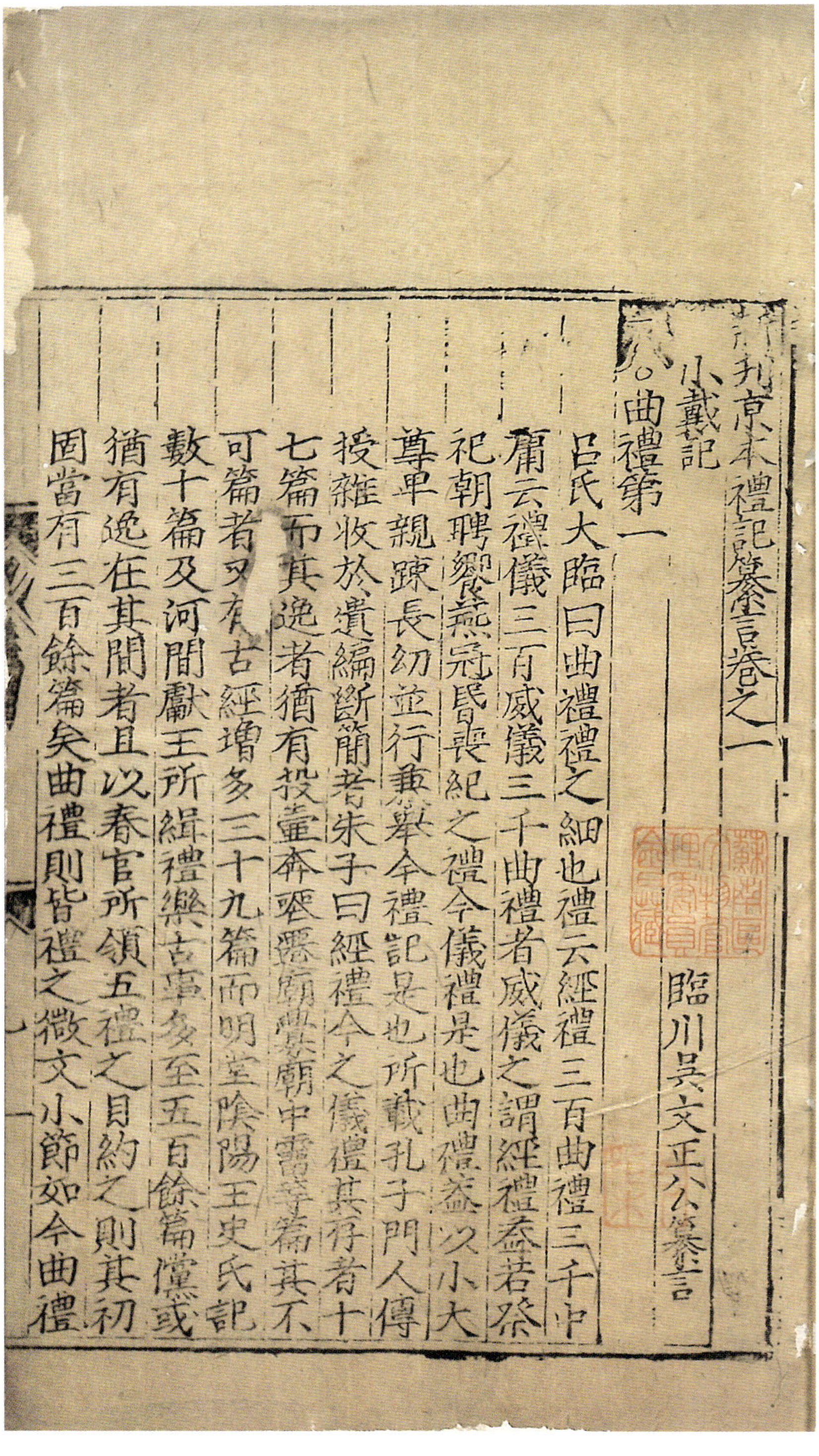

新刊京本禮記纂言三十六卷　元吴澄撰

明嘉靖九年（1530）安正書堂刻本。半葉13行，行25字，小字雙行，字數同，白口，四周雙邊，框高18.5厘米，寬13.2厘米。南京圖書館藏。國家名録號12446。

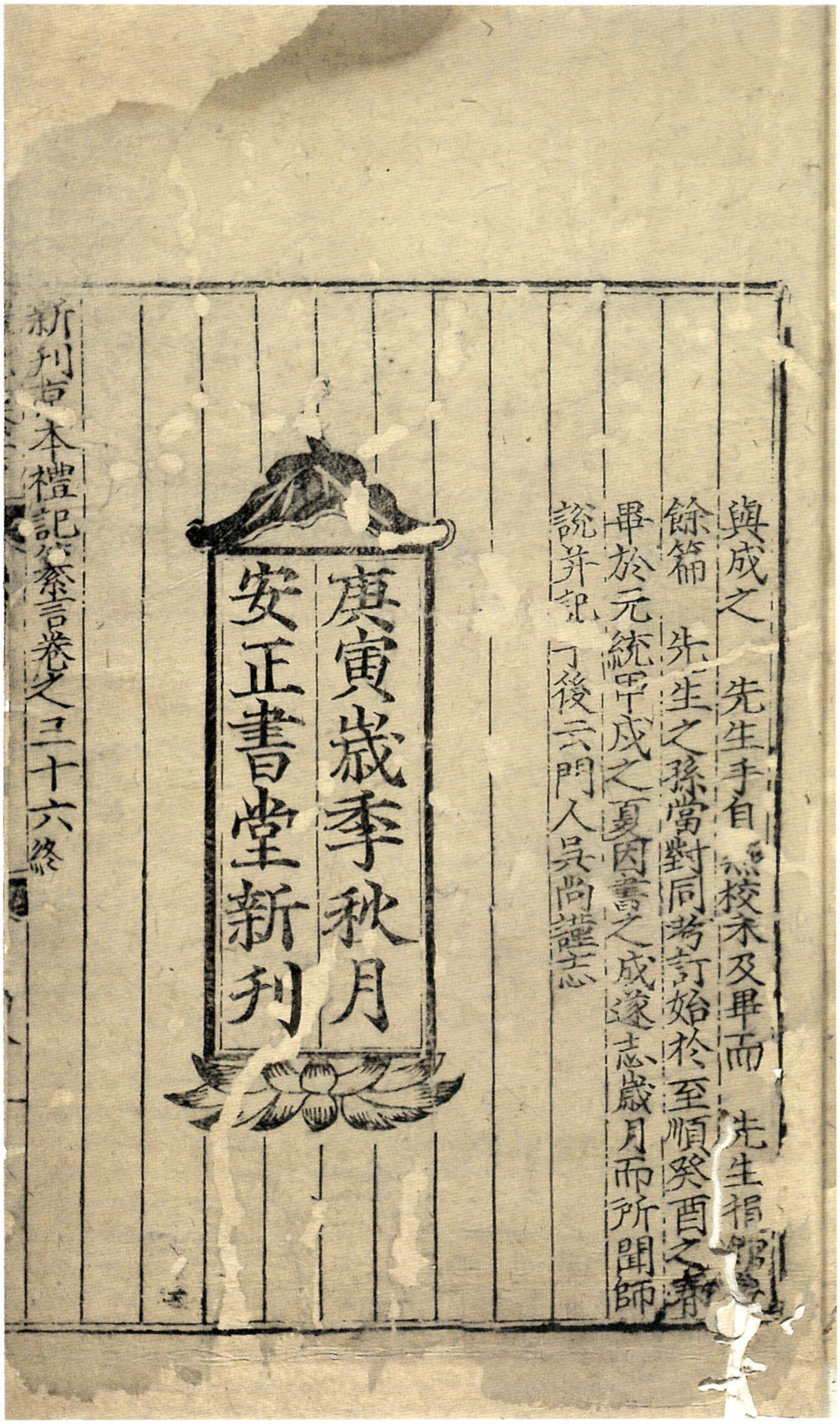
與成之　先生手自[illegible]校未及畢而　先生捐館[illegible]
餘篇　先生之孫當對同考訂始於至順癸酉之春
畢於元統甲戌之夏因書之成遂志歲月而所聞師
說并記于後云門人吳尚謹志
庚寅歲季秋月
安正書堂新刊
新刊古本禮記纂言卷之三十六終

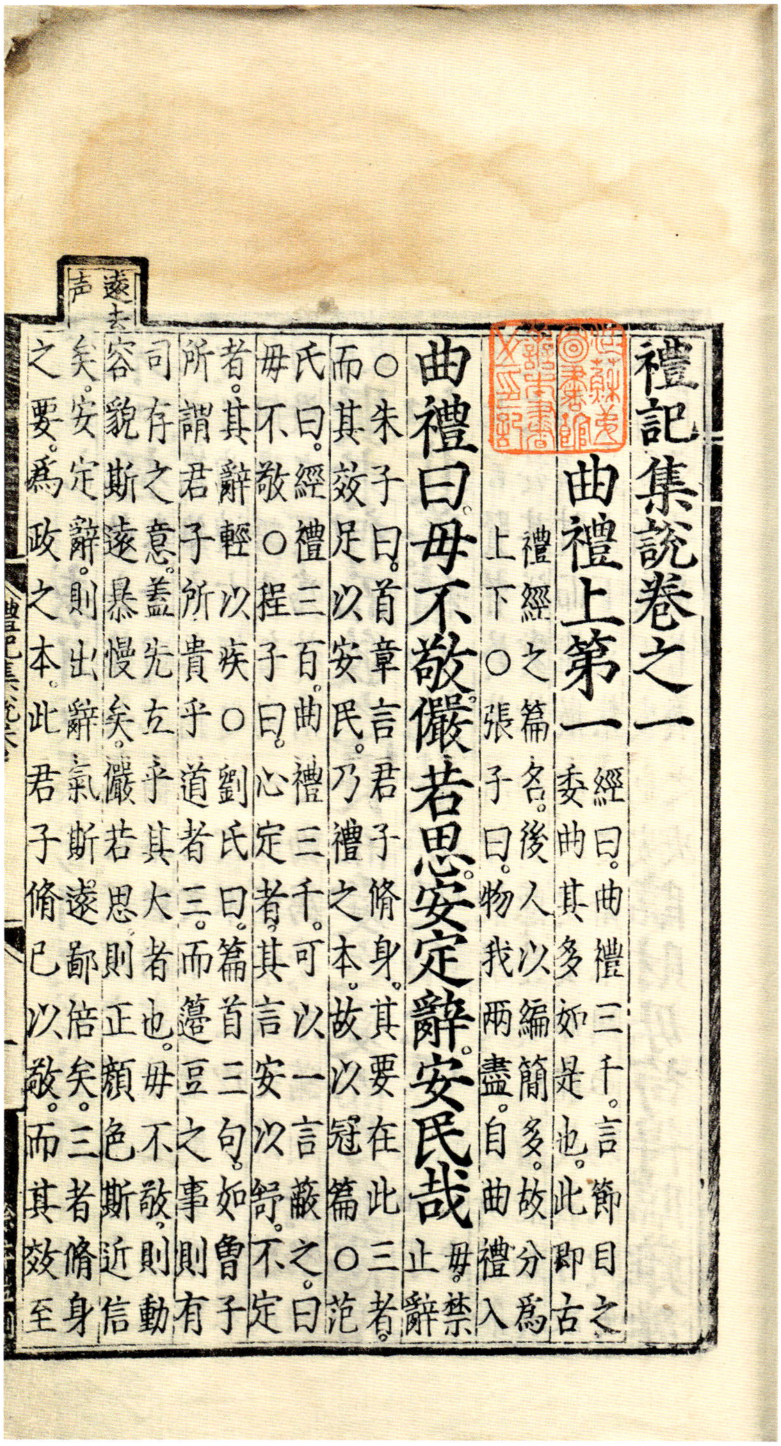
遠去声

禮記集說卷之一

曲禮上第一 經曰。曲禮三千。言節目之委曲其多如是也。此即古

禮經之篇名。後人以編簡多。故分爲上下○張子曰。物我兩盡。自曲禮入

曲禮曰毋不敬儼若思安定辭安民哉 毋禁止辭

○朱子曰。首章言君子脩身。其要在此三者。

而其效足以安民。乃禮之本。故以冠篇○范

氏曰。經禮三百。曲禮三千。可以一言蔽之。曰

毋不敬○程子曰。心定者其言安以舒。不定

者。其辭輕以疾○劉氏曰。篇首三句。如曾子

所謂君子所貴乎道者三。而籩豆之事則有

司存之意。蓋先立乎其大者也。毋不敬。則動

容貌斯遠暴慢矣。儼若思。則正顏色斯近信

矣。安定辭。則出辭氣斯遠鄙倍矣。三者脩身

之要。爲政之本。此君子脩己以敬。而其效至

禮記集説三十卷　元陳澔撰

明嘉靖十一年（1532）建寧府刻本。丁丙跋。半葉9行，行17字，小字雙行，字數同，黑口，四周雙邊，框高20.7厘米，寬13.9厘米。南京圖書館藏。國家名録號12449。

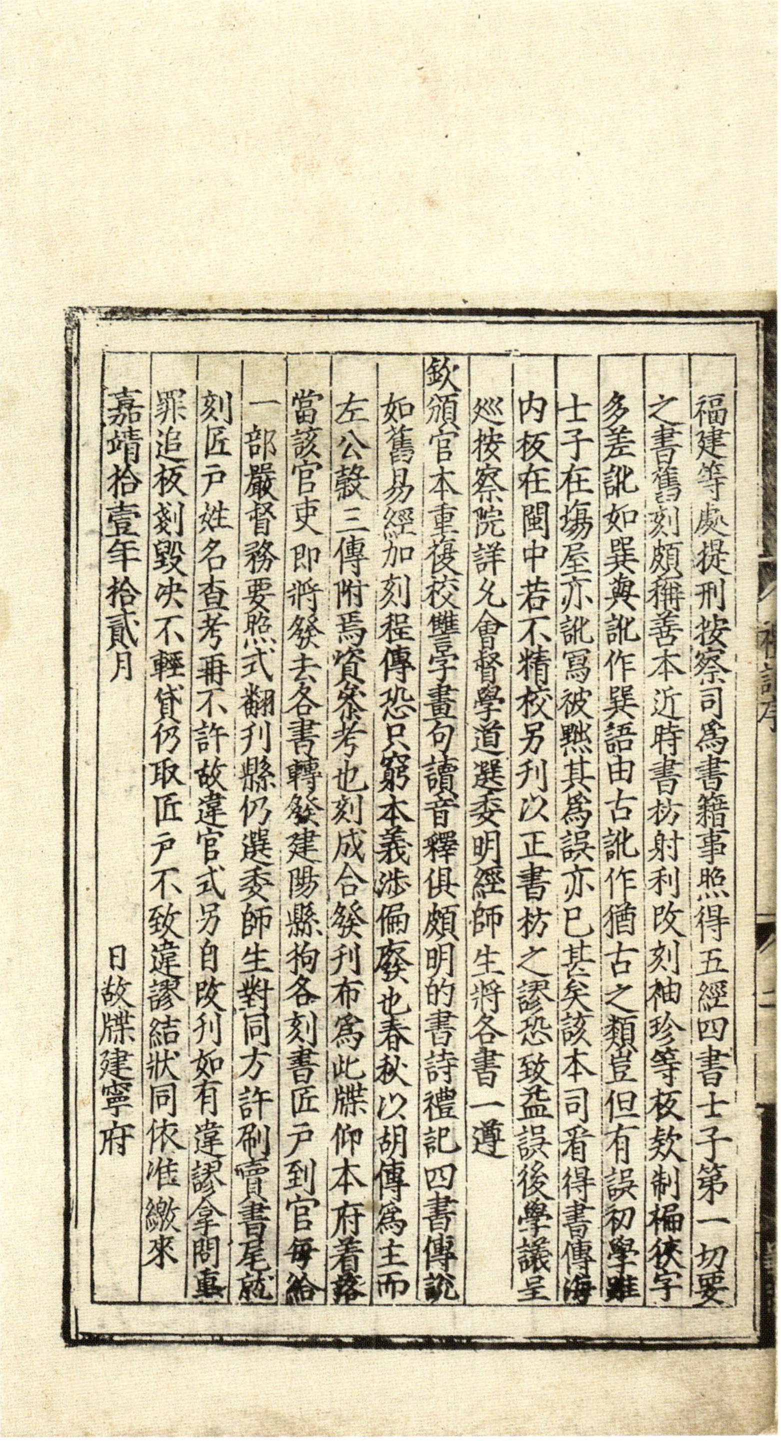

福建等處提刑按察司爲書籍事照得五經四書士子第一切要
之書舊刻頗稱善本近時書坊射利改刻袖珍等板欵制褊狭字
多差訛如巽與訛作巽語由古訛作猶古之類豈但有誤初學雖
士子在場屋亦訛寫被黜其爲誤亦已甚矣該本司看得書傳海
内板在閩中若不精校另刊以正書坊之謬恐致益誤後學議呈
巡按察院詳允會督學道選委明經師生將各書一遵
欽頒官本重複校讎字畫句讀音釋俱頗明的書詩禮記四書傳說
如舊易經加刻程傳恐只窮本義涉偏廢也春秋以胡傳爲主而
左公穀三傳附焉資參考也刻成合發刊布爲此牒仰本府着落
當該官吏即將發去各書轉發建陽縣拘各刻書匠户到官每給
一部嚴督務要照式翻刊縣仍選委師生對同方許刷賣書尾就
刻匠户姓名查考再不許故違官式另自改刊如有違謬拿問重
罪追板劃毀决不輕貸仍取匠户不致違謬結狀同依准繳來
嘉靖拾壹年拾貳月　　日故牒建寧府

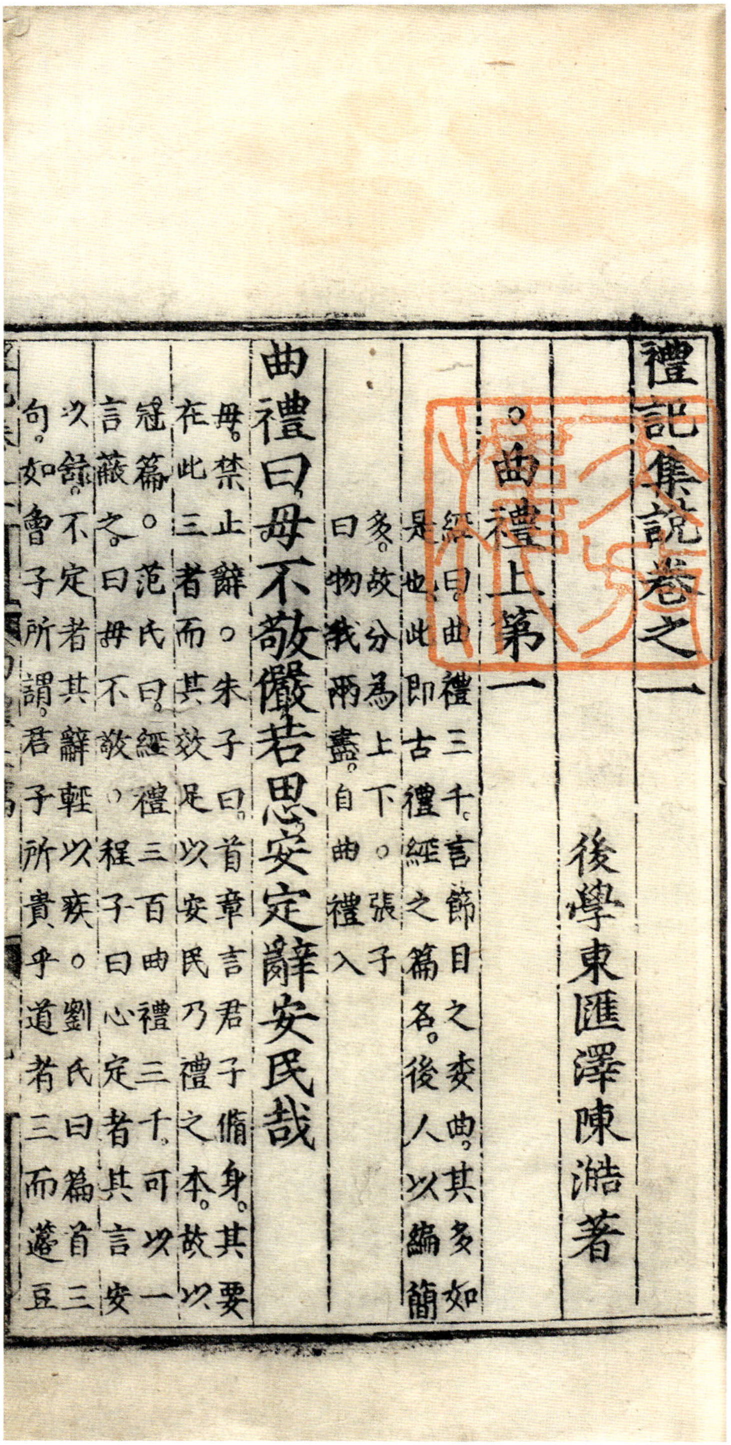

禮記集說卷之一

後學東匯澤陳澔著

曲禮上第一

經曰曲禮三千言節目之委曲其多如是也此即古禮經之篇名後人以編簡多故分爲上下張子曰物我兩盡自曲禮入

曲禮曰毋不敬儼若思安定辭安民哉

毋禁止辭朱子曰首章言君子脩身其要在此三者而其效足以安民乃禮之本故以冠篇范氏曰經禮三百曲禮三千可以一言蔽之曰毋不敬程子曰心定者其言安以舒不定者其辭輕以疾劉氏曰篇首三句如曾子所謂君子所貴乎道者三而籩豆

禮記集説十卷　元陳澔撰

明嘉靖楊銓刻本。半葉9行，行18字，小字雙行，字數同，下黑口，四周雙邊，框高19.3厘米，寬13.2厘米。南京圖書館藏。國家名録號12450。

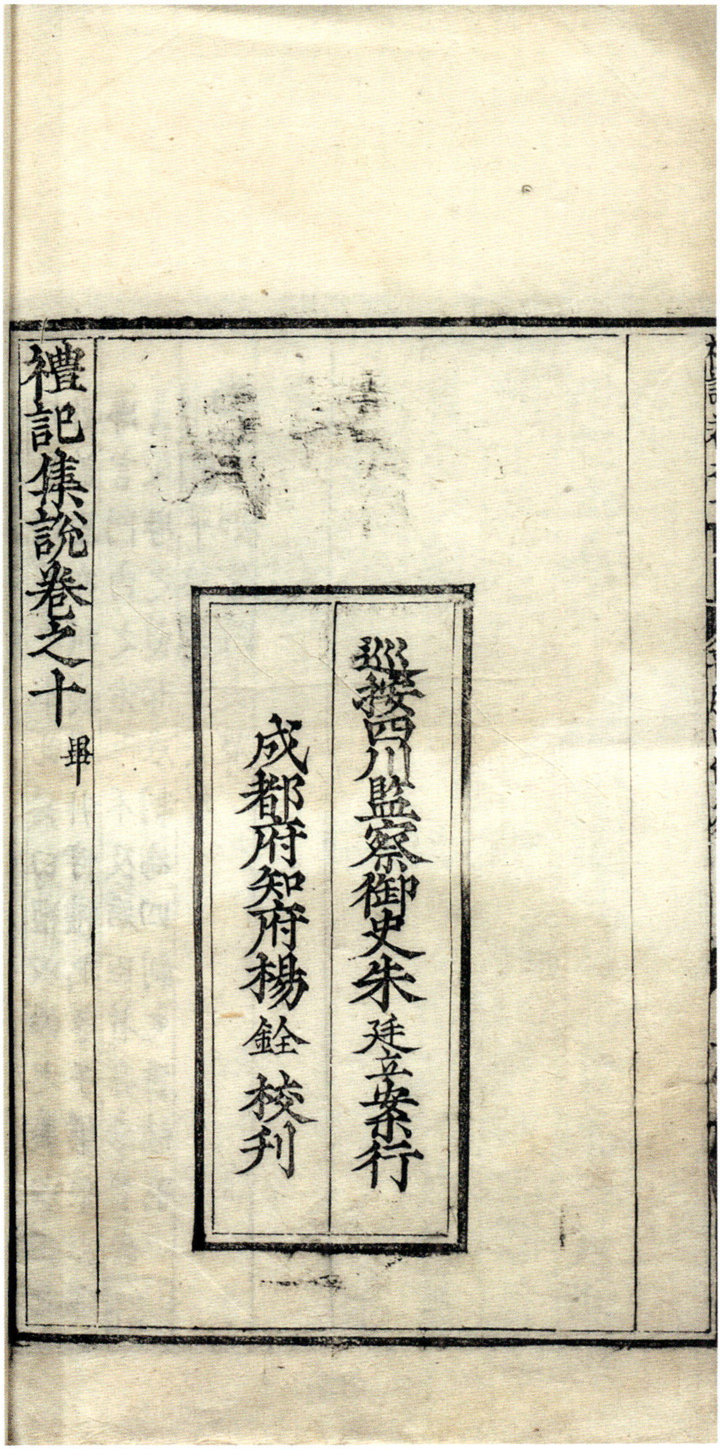
巡按四川監察御史朱廷立案行
成都府知府楊銓校刊

禮記集說卷之十　畢

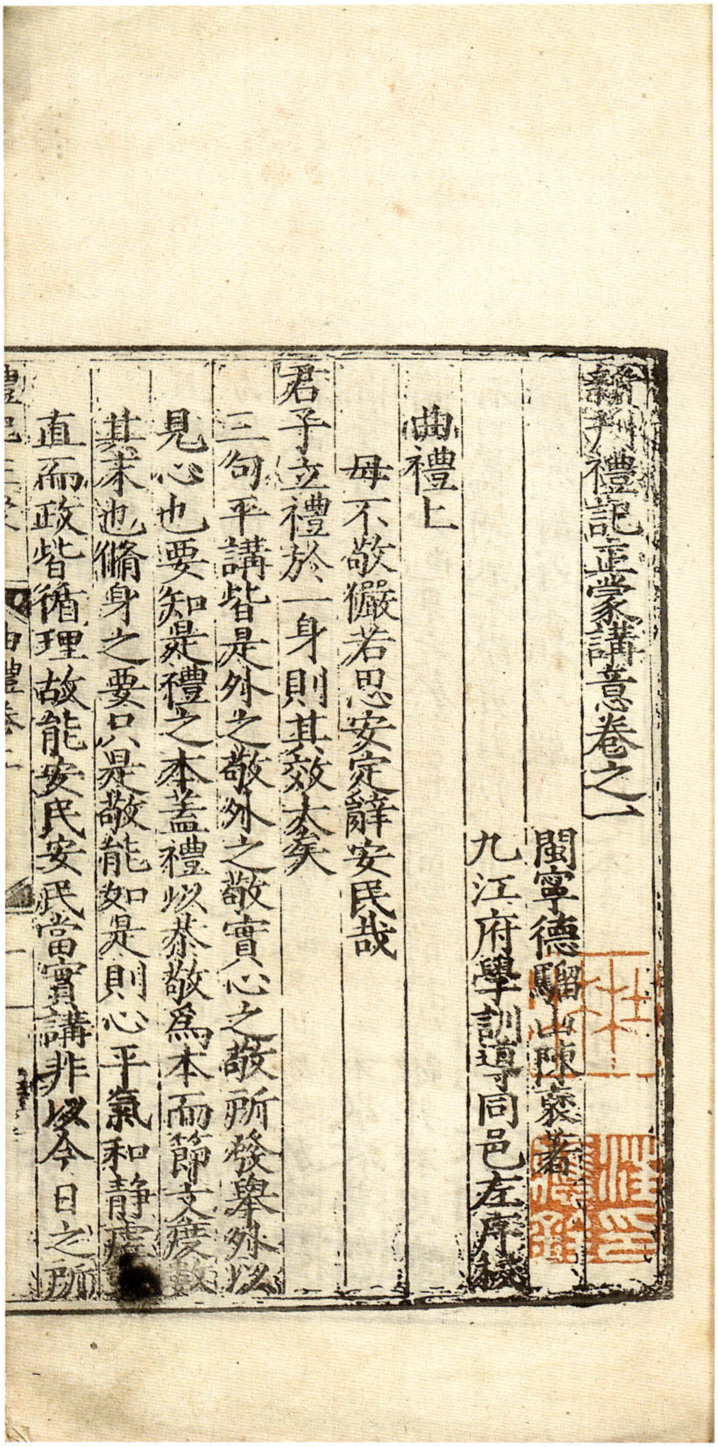

新刊禮記正蒙講意三十八卷　明陳褎撰

明嘉靖十六年（1537）左序刻本。半葉10行，行22字，白口，四周雙邊，框高19.1厘米，寬12.7厘米。南京圖書館藏。國家名録號12451。

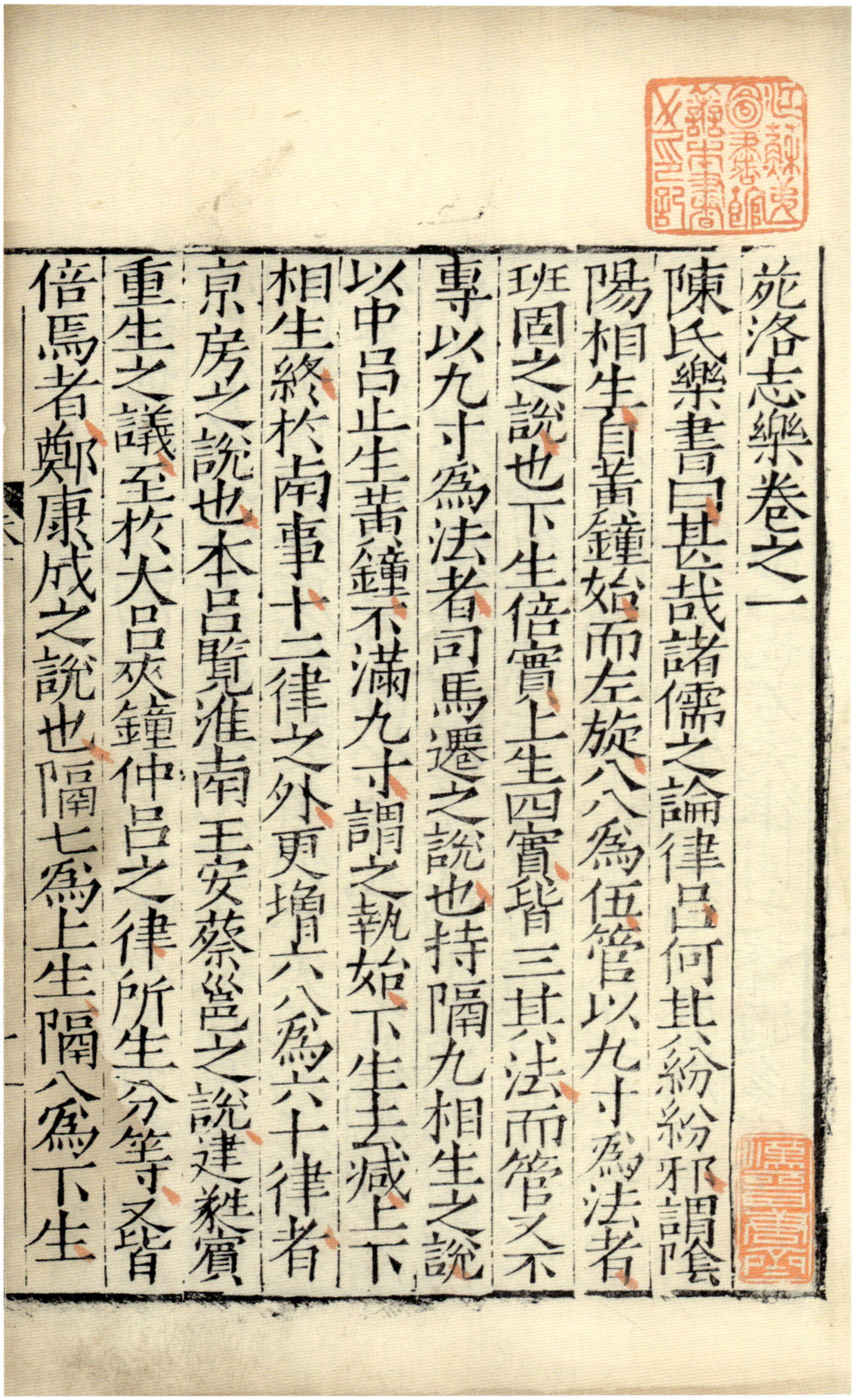
苑洛志樂卷之一
陳氏樂書曰甚哉諸儒之論律吕何其紛紛邪謂陰
陽相生自黄鐘始而左旋八八爲伍管以九寸爲法者
班固之説也下生倍實上生四實皆三其法而管又不
專以九寸爲法者司馬遷之説也持隔九相生之説
以中吕上生黄鐘不滿九寸謂之執始下生去滅上下
相生終於南事十二律之外更增六八爲六十律者
京房之説也本吕覽淮南王安蔡邕之説建蕤賓
重生之議至於大吕夾鐘仲吕之律所生分等又皆
倍焉者鄭康成之説也隔七爲上生隔八爲下生

苑洛志樂二十卷　明韓邦奇撰

明嘉靖二十八年（1549）王宏等刻本。丁丙跋。半葉 10 行，行 18 至 22 字，白口，四周單邊，框高 18.2 厘米，寬 13.4 厘米。南京圖書館藏。國家名録號 12453。

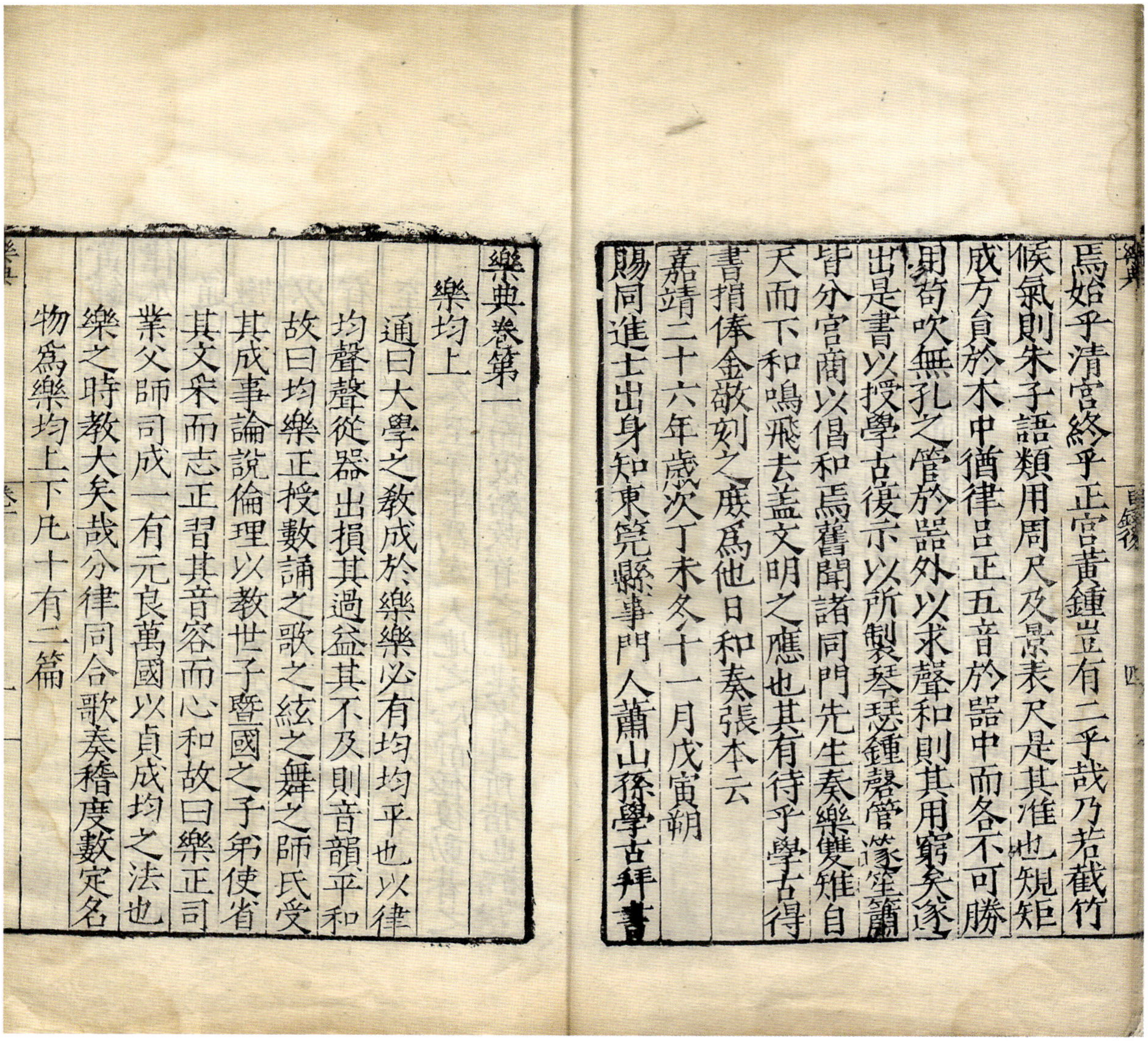

樂典三十六卷　明黄佐撰

明嘉靖二十六年（1547）孫學古刻本。半葉10行，行20字，小字雙行，字數同，白口，四周單邊，框高18.8厘米，寬13.7厘米。南京圖書館藏。國家名録號12454。

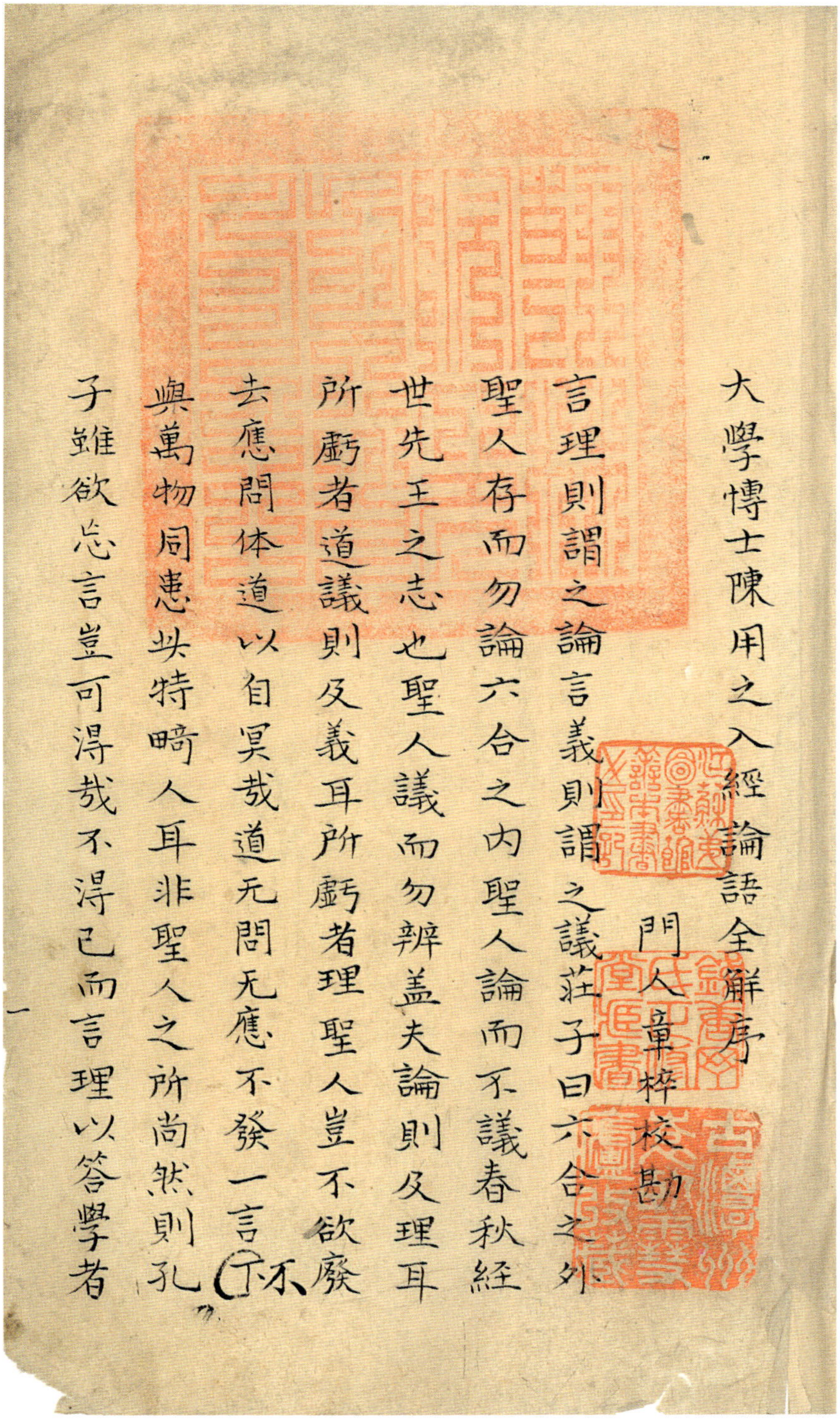

重廣陳用之真本入經論語全解義十卷　宋陳祥道撰

清抄本（四庫底本）。丁丙跋。半葉 9 行，行 19 字。南京圖書館藏。國家名録號 12461。

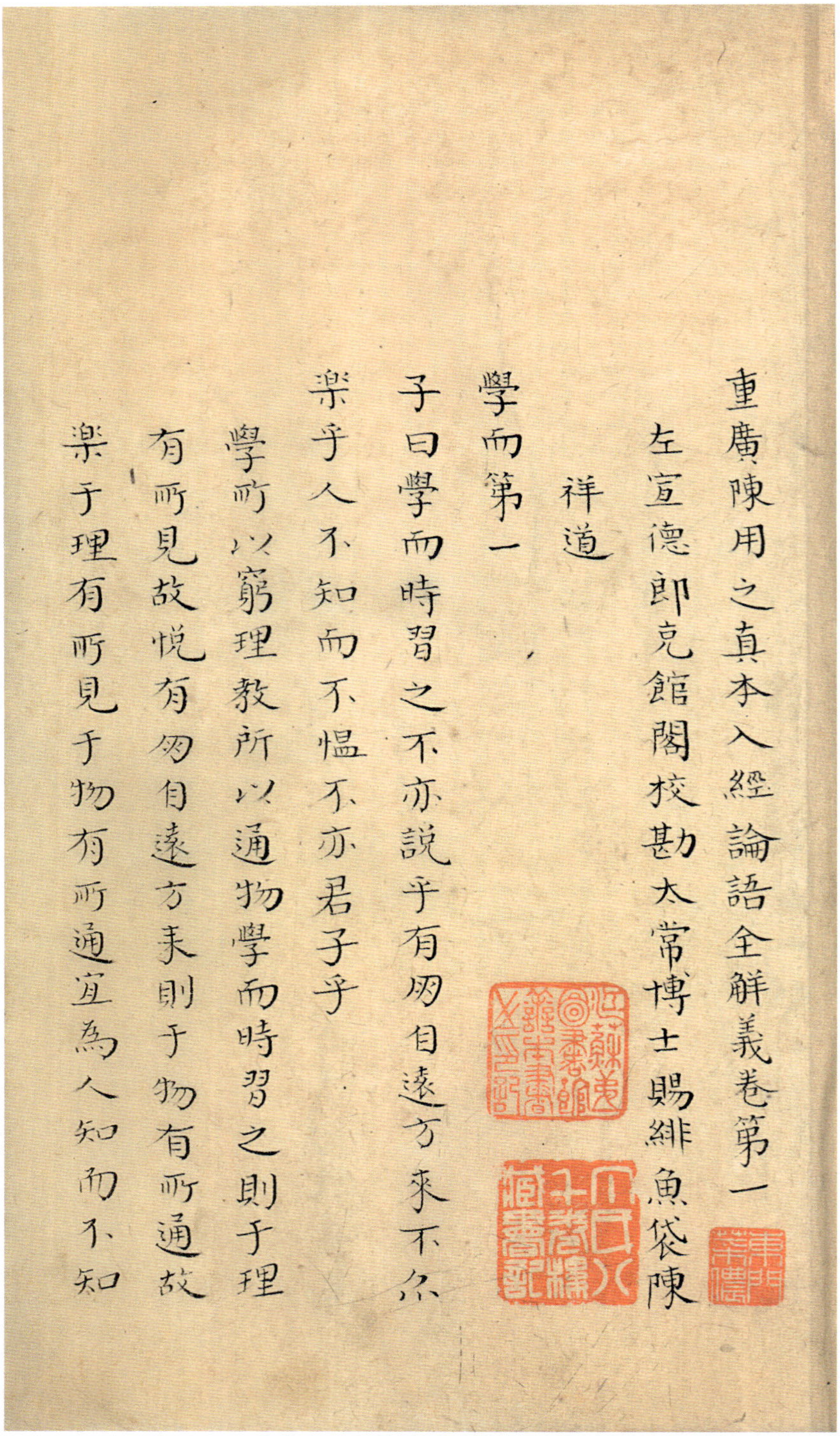
重廣陳用之真本入經論語全解義卷第一
左宣德郎充館閣校勘太常博士賜緋魚袋陳
祥道
學而第一
子曰學而時習之不亦説乎有朋自遠方來不亦
樂乎人不知而不愠不亦君子乎
學所以窮理教所以通物學而時習之則于理
有所見故悦有朋自遠方來則于物有所通故
樂于理有所見于物有所通宜為人知而不知

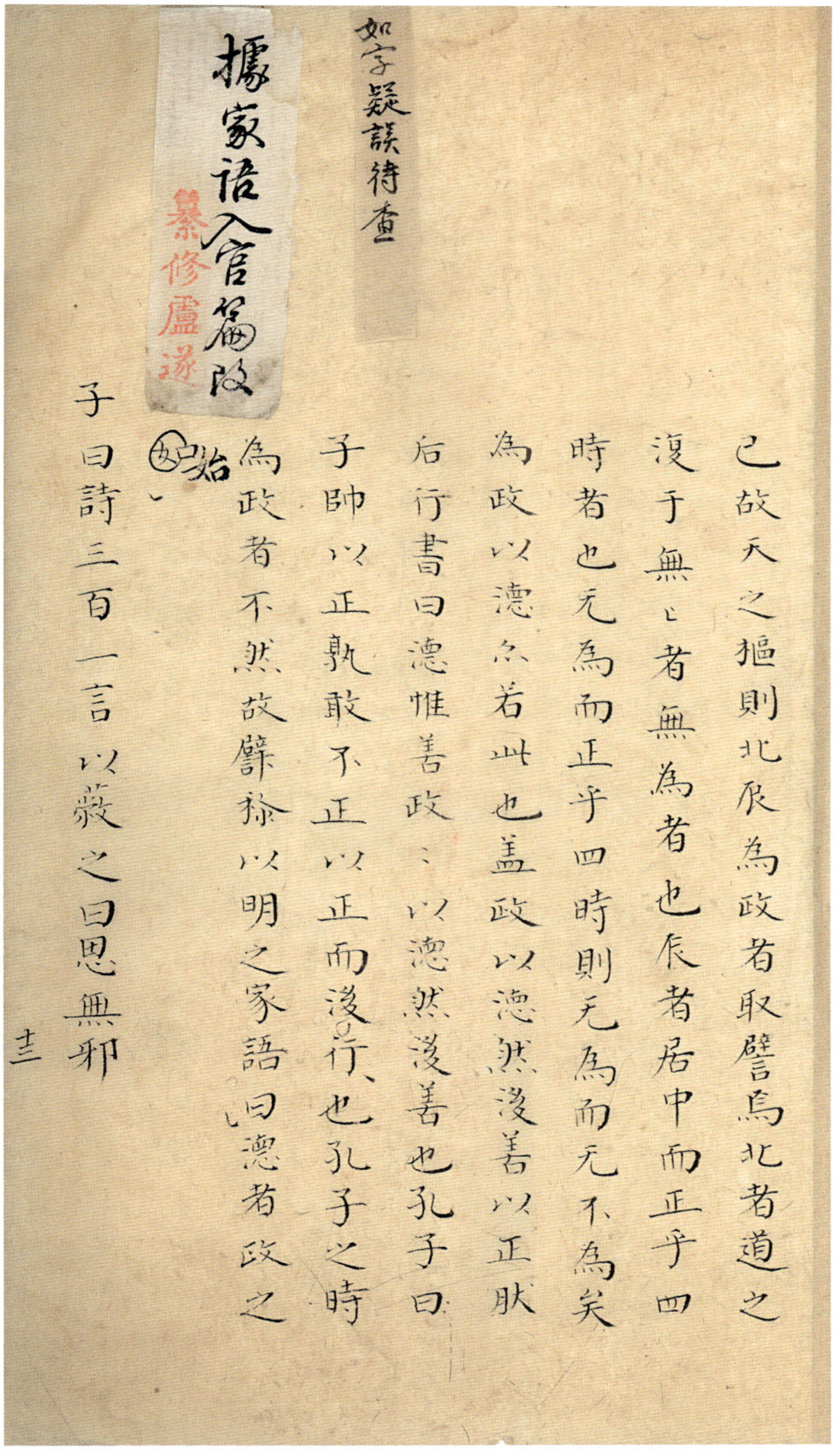
如字疑誤待查

據家語入官篇改

纂修盧遂

如始

已故天之樞則北辰為政者取譬焉北者道之
復于無〻者無為者也辰者居中而正乎四
時者也无為而正乎四時則无為而无不為矣
為政以德亦若此也蓋政以德然後善以正肰
后行書曰德惟善政〻以德然後善也孔子曰
子帥以正孰敢不正以正而後行〻也孔子之時
為政者不然故辟孫以明之家語曰德者政之

子曰詩三百一言以蔽之曰思無邪

十三

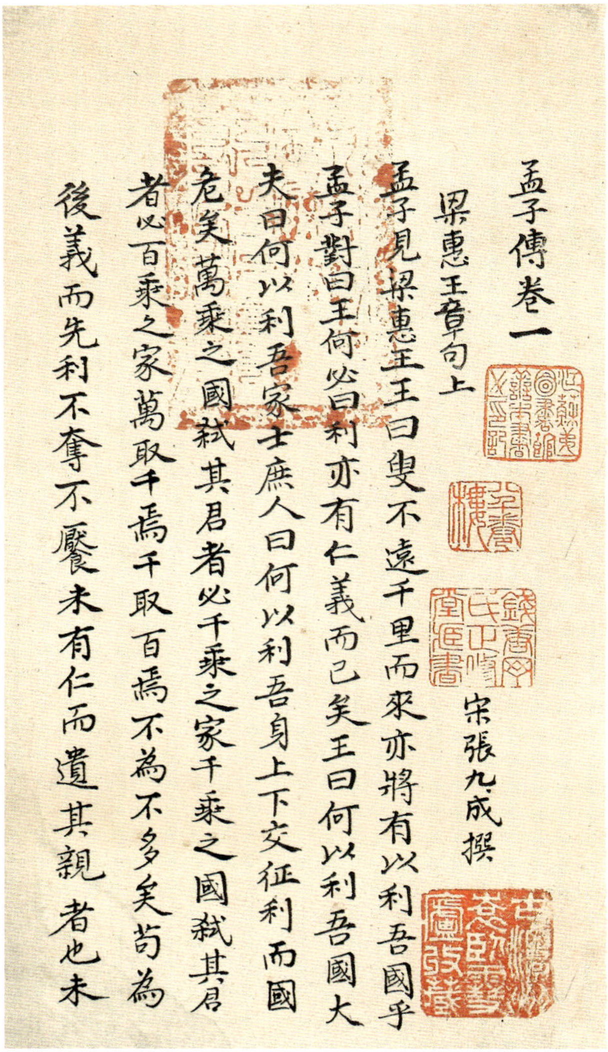

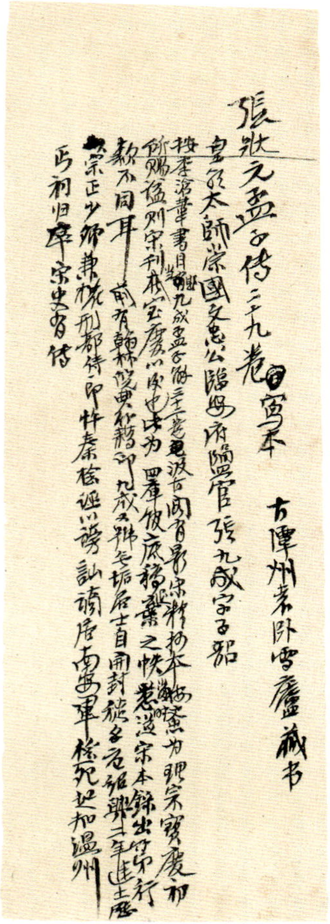

張狀元孟子傳二十九卷　宋張九成撰

清抄本（四庫底本）。丁丙跋。半葉9行，行19至24字不等，白口，四周雙邊，框高22.3厘米，寬15.6厘米。南京圖書館藏。國家名録號12462。

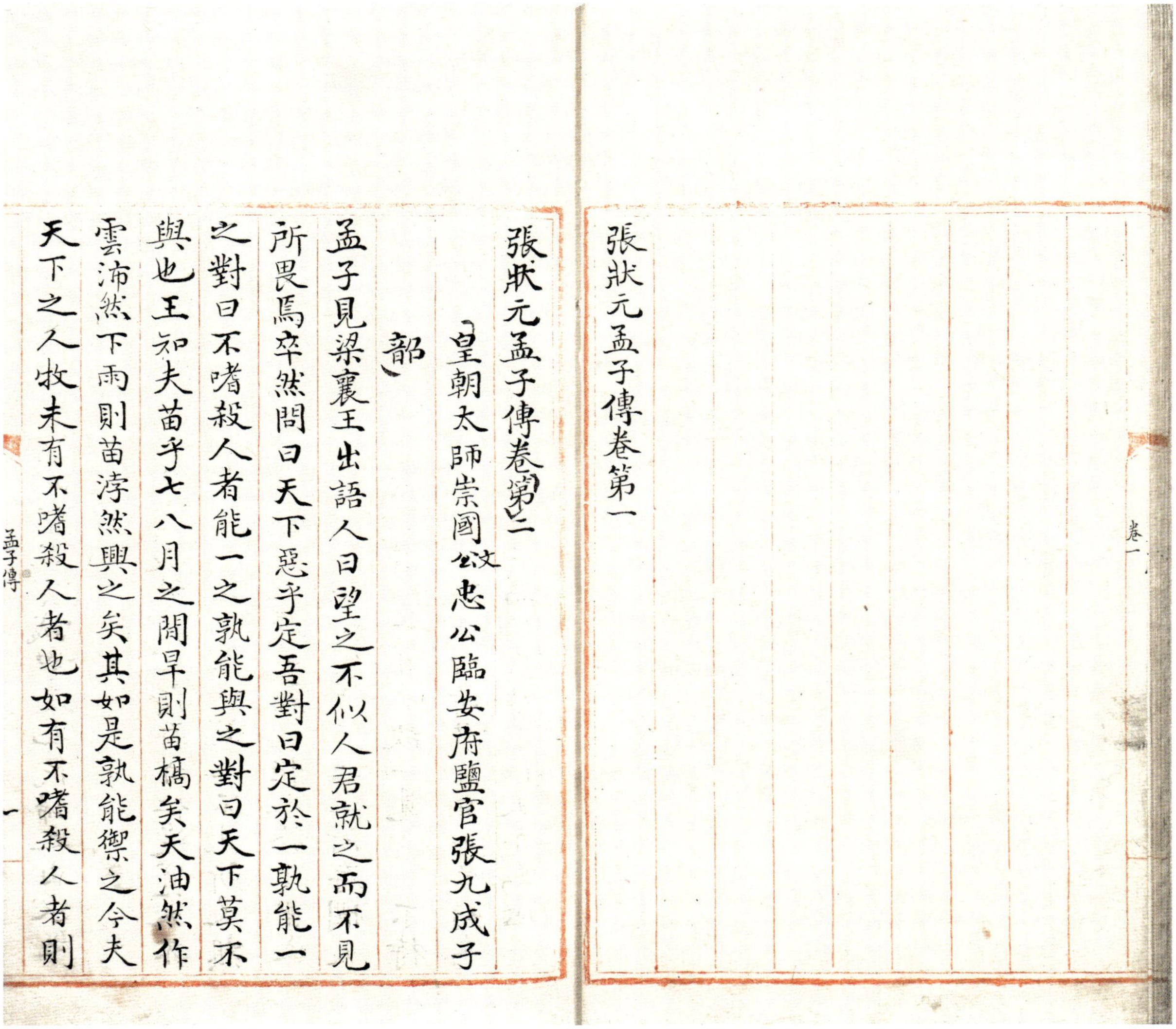

張狀元孟子傳卷第一

卷一

張狀元孟子傳卷第一

皇朝太師崇國公文忠公臨安府鹽官張九成子

韶

孟子見梁襄王出語人曰望之不似人君就之而不見
所畏焉卒然問曰天下惡乎定吾對曰定於一孰能一
之對曰不嗜殺人者能一之孰能與之對曰天下莫不
與也王知夫苗乎七八月之閒旱則苗槁矣天油然作
雲沛然下雨則苗浡然興之矣其如是孰能禦之今夫
天下之人牧未有不嗜殺人者也如有不嗜殺人者則

孟子傳　一

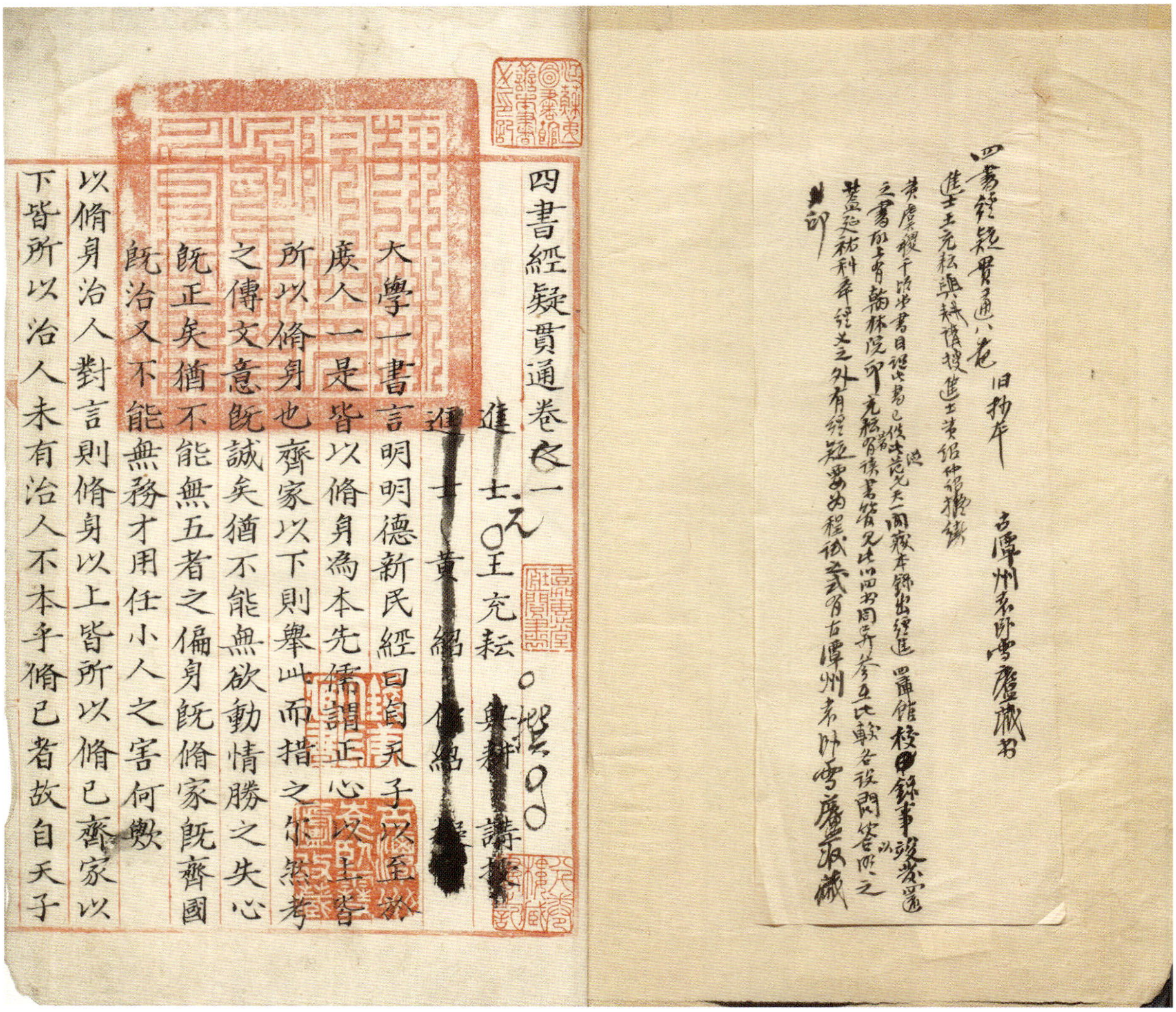

四書經疑貫通八卷　元王充耘撰

明抄本（四库底本）。丁丙跋。半葉11行，行20字，白口，四周單邊，框高22.8厘米，寬16.4厘米。南京圖書館藏。國家名録號12465。

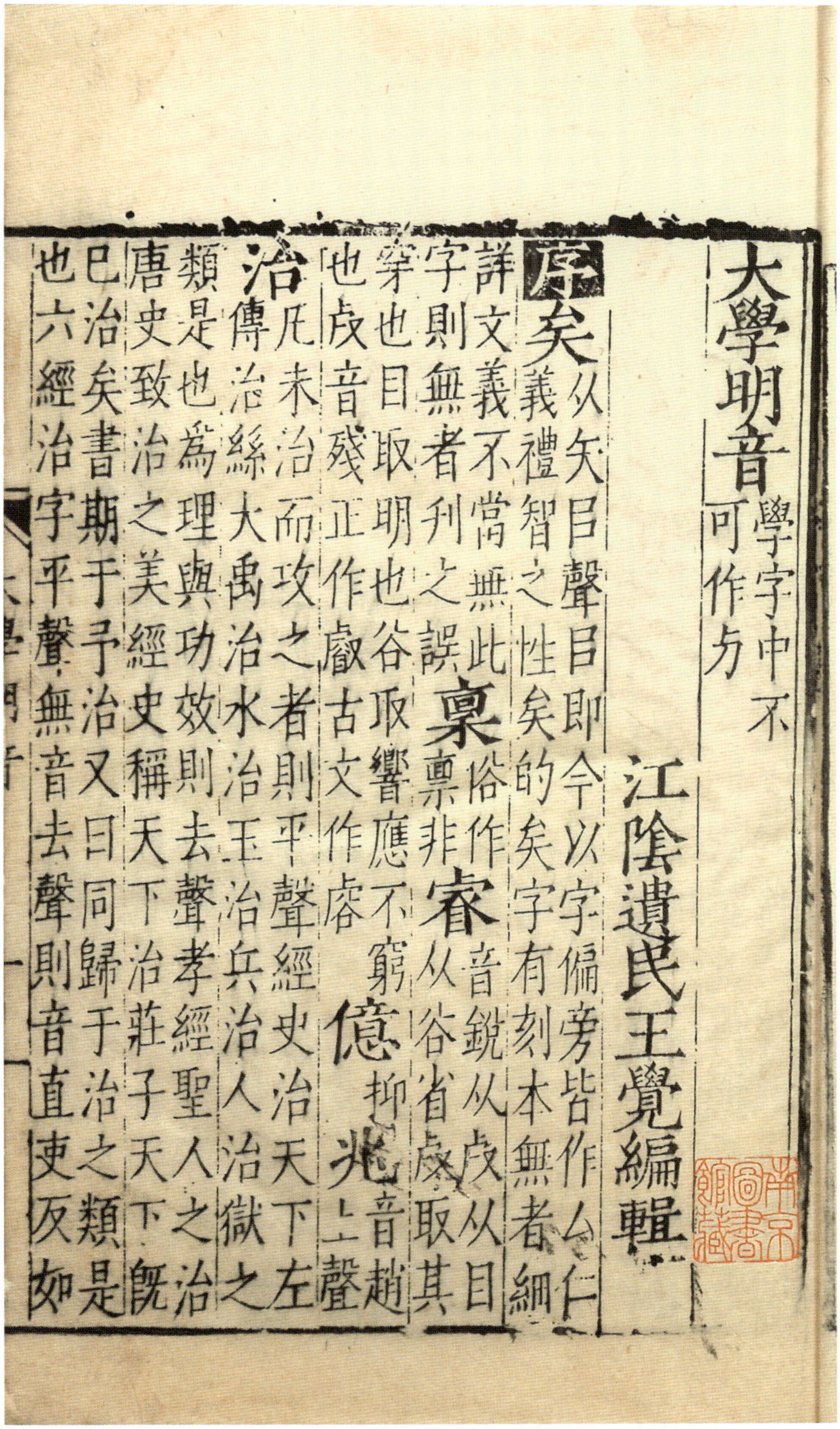
大學明音 學字中不可作方
江陰遺民王覺編輯
序 矣 从矢目聲目即今以字偏旁皆作厶仁義禮智之性矣的矣字有刻本無者細詳文義不當無此字則無者刊之誤 稟 俗作稟非 睿 音銳从歺从目从谷省歺取其穿也目取明也谷取響應不窮也歺音殘正作𣦵古文作𡕭 億 抑 兆 音趙上聲
治 凡未治而攻之者則平聲經史治天下左傳治絲大禹治水治玉治兵治人治獄之類是也爲理與功效則去聲孝經聖人之治唐史致治之美經史稱天下治莊子天下旣已治矣書期于予治又曰同歸于治之類是也六經治字平聲無音去聲則音直吏反如

四書五經明音十卷　明王覺撰

明嘉靖三十二年（1553）黄洪毗刻本。半葉8行，行17字，小字雙行，字數同，白口，左右雙邊，框高20厘米，寬14.1厘米。南京圖書館藏。國家名録號12467。

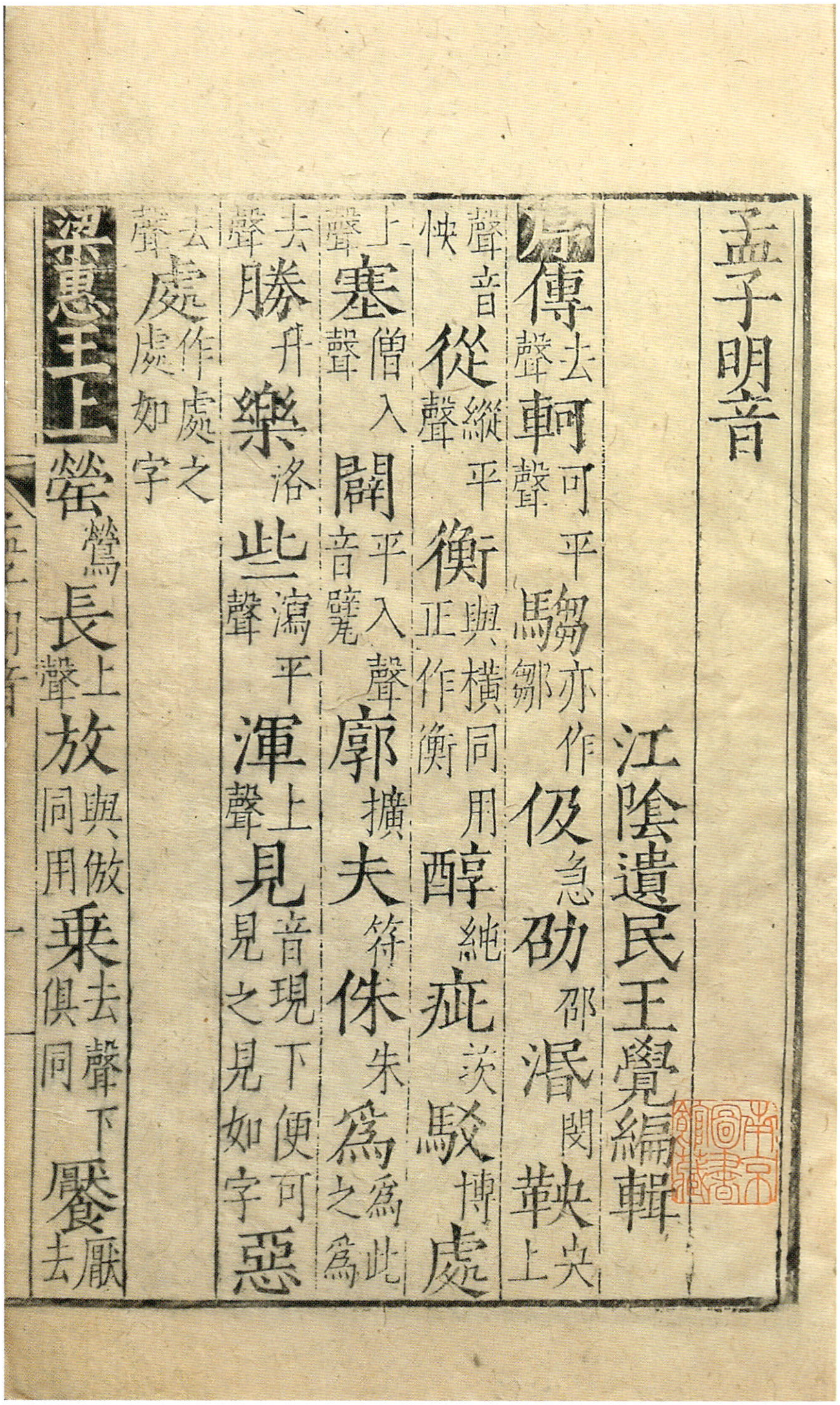

孟子明音

江陰遺民王覺編輯

序 傳去聲 軻可平聲 騶亦作鄒 伋急 劭邵 湣閔 鞅央上

聲音快 從縱平聲 衡與橫同用正作衡 醇純 疵茨 駁博 處

上聲 塞僧入聲 闢平入聲音甓 廓擴 夫符 侏朱 爲爲此之爲

去聲 勝升 樂洛 些瀉平聲 渾上聲 見音現下便可見之見如字 惡

去聲 處作處之處如字

梁惠王上 罃鶯 長上聲 放與倣同用 乘去聲下俱同 饜厭去

孟子明音 一

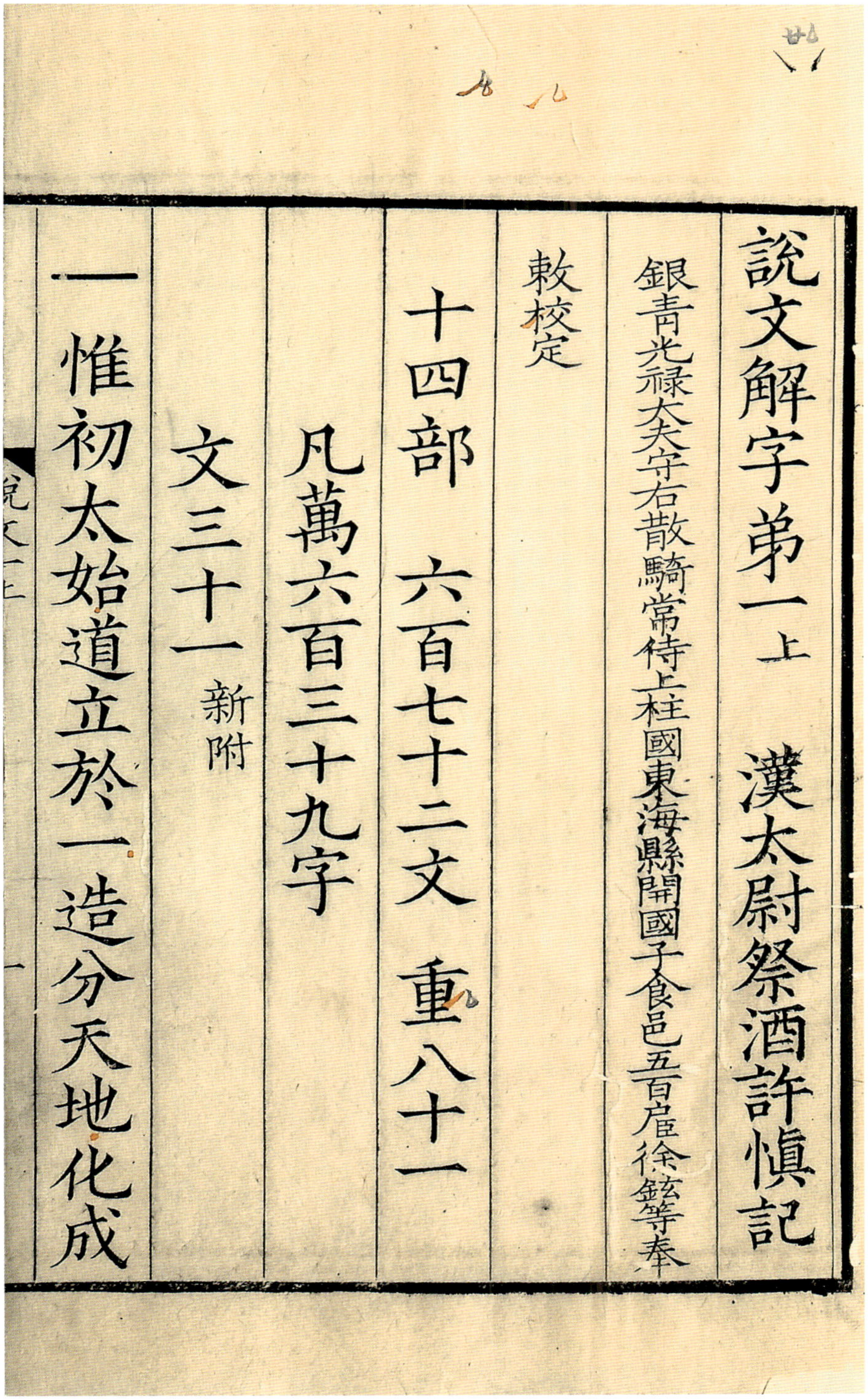

說文解字弟一上　漢太尉祭酒許慎記
銀青光祿大夫守右散騎常侍上柱國東海縣開國子食邑五百戶臣徐鉉等奉
敕校定
十四部　六百七十二文　重八十一
凡萬六百三十九字
文三十一　新附
一　惟初太始道立於一造分天地化成

說文解字十五卷　漢許慎撰

清初毛氏汲古閣刻本。毛扆校跋。顧葆龢跋。半葉7行，字數不定，小字雙行，行22字，白口，左右雙邊，框高21.3厘米，寬16厘米。南京圖書館藏。國家名録號12473。

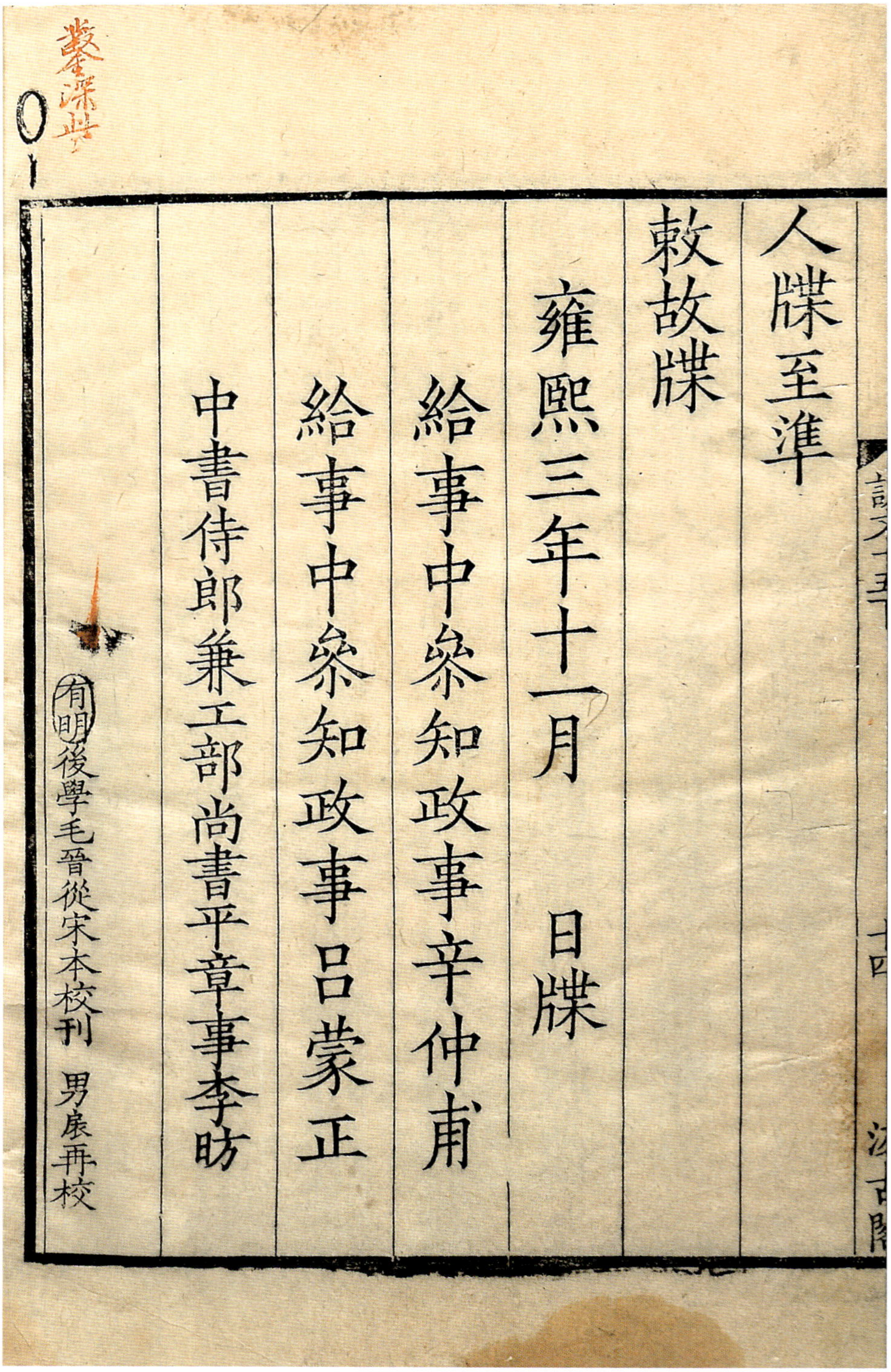

人牒至準

敕故牒

雍熙三年十一月　日牒

給事中參知政事辛仲甫

給事中參知政事呂蒙正

中書侍郎兼工部尚書平章事李昉

有明後學毛晉從宋本校刊　男扆再校

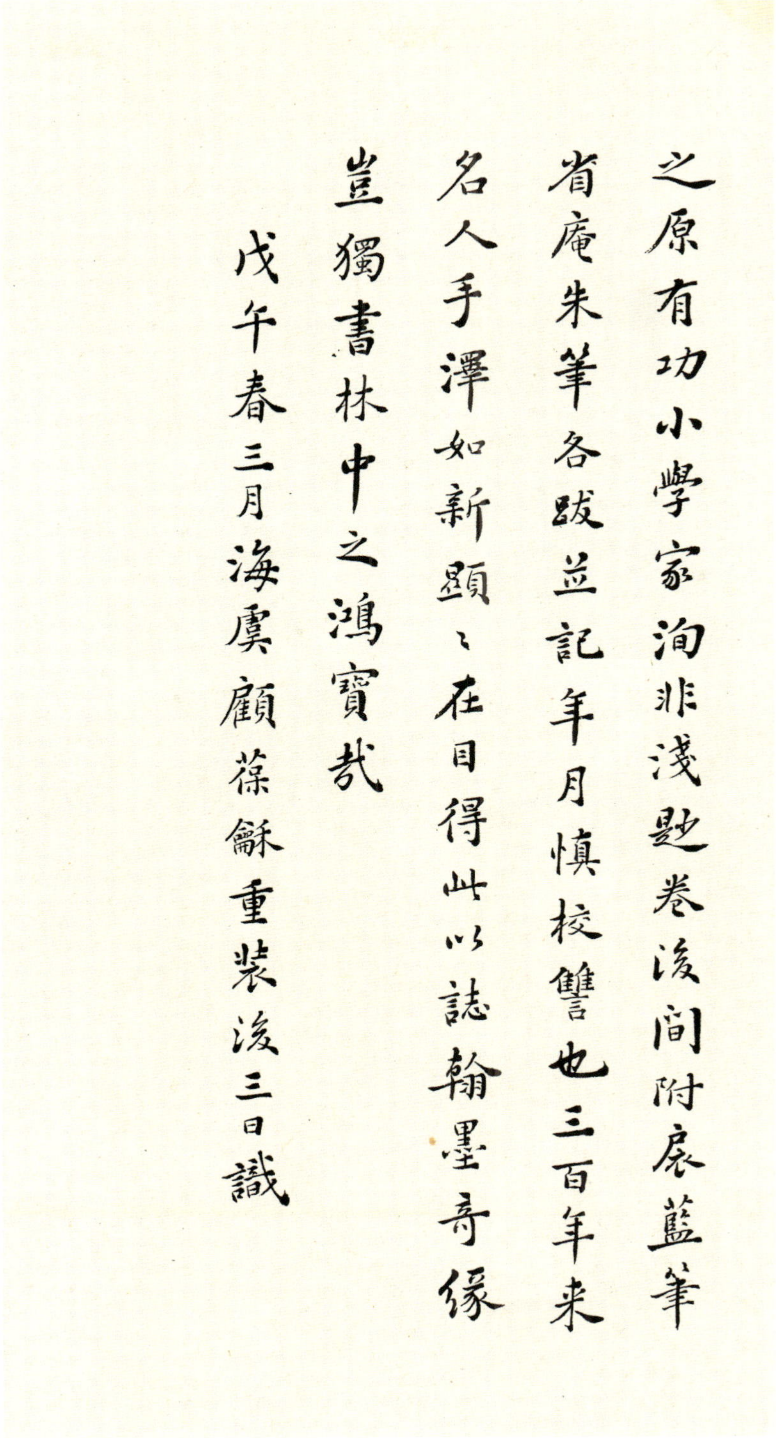
之原有功小學家洵非淺尟卷後間附辰藍筆
省庵朱筆各跋並記年月慎校讐也三百年来
名人手澤如新顯〻在目得此以誌翰墨奇緣
豈獨書林中之鴻寶哉
戊午春三月海虞顧葆龢重裝後三日識

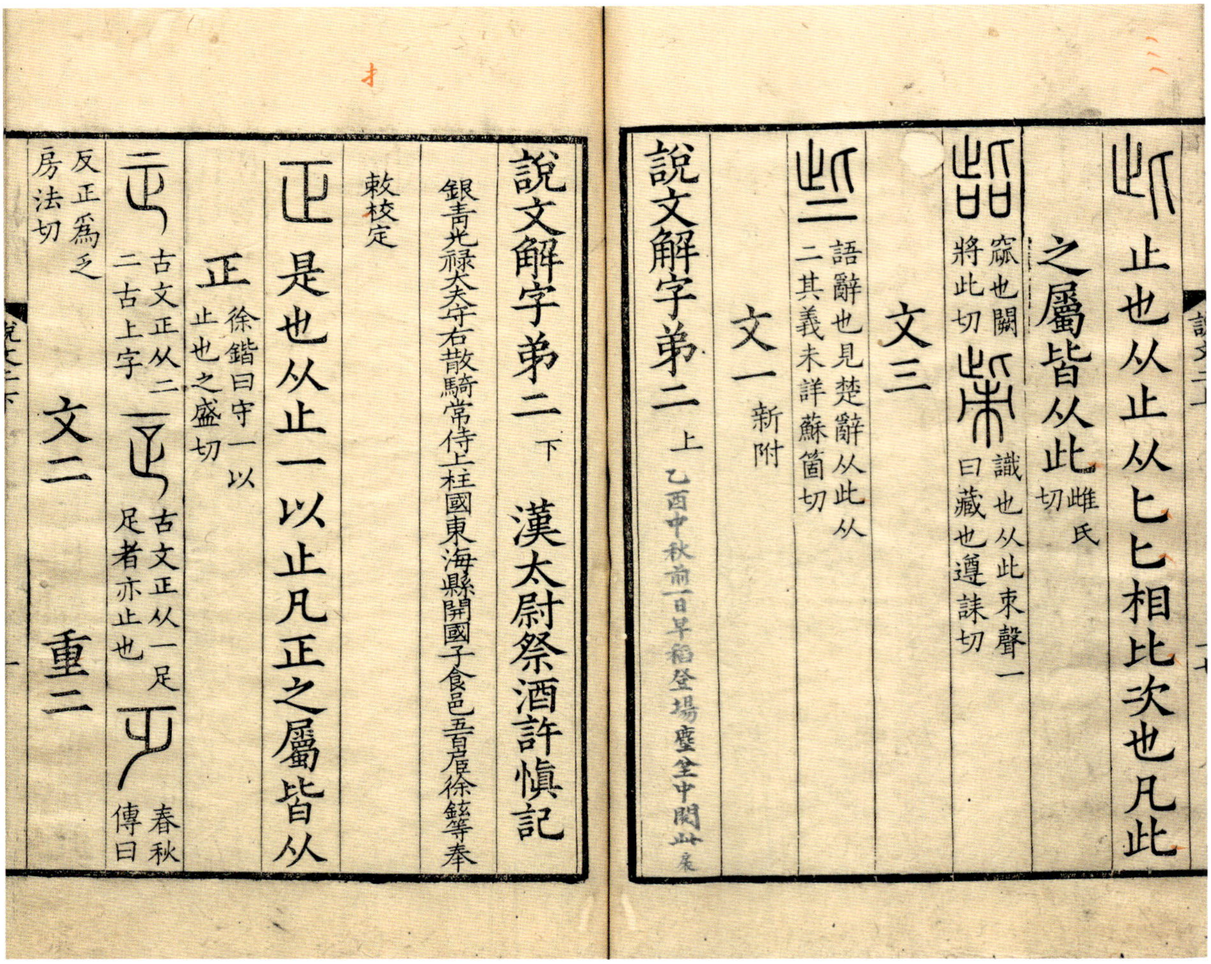

此 止也从止从匕匕相比次也凡此之屬皆从此 雌氏切
啙 窳也闕 將此切
[illegible] 識也从此朿聲一曰藏也遵誄切
文三
些 語辭也見楚辭从此从二其義未詳蘇箇切
文一 新附
說文解字弟二上
乙酉中秋前一日早稻登場壆坐中閱此本

說文解字弟二下 漢太尉祭酒許愼記
銀青光祿大夫守右散騎常侍上柱國東海縣開國子食邑五百戶徐鉉等奉
敕校定
正 是也从止一以止凡正之屬皆从正 徐鍇曰守一以止也之盛切
[illegible] 古文正从二二古上字
[illegible] 古文正从一足足者亦止也
乏 春秋傳曰反正爲乏房法切
文二 重二

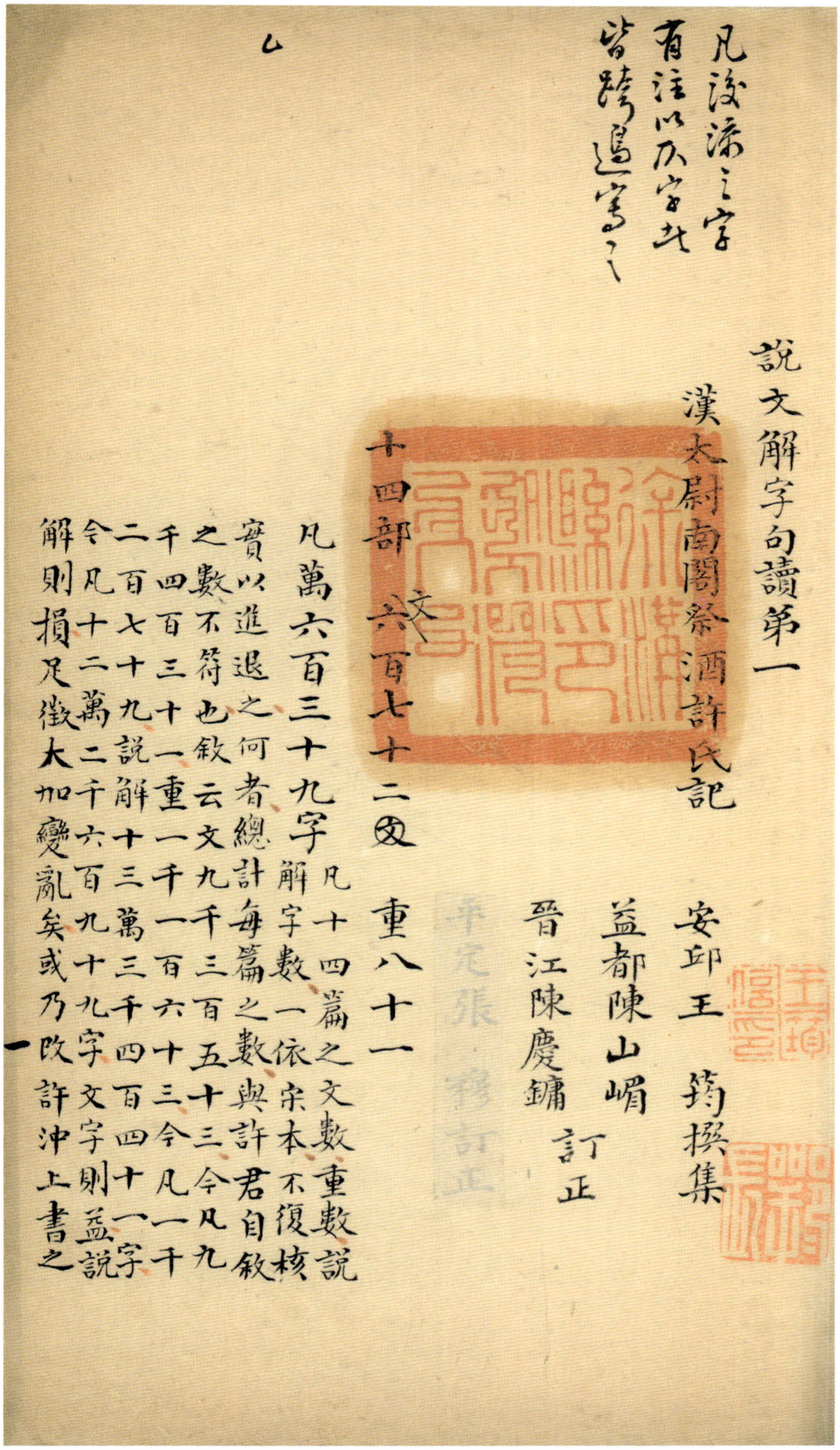

說文解字句讀十五卷　附録一卷　清王筠撰

稿本。半葉十行，字數不定，小字雙行，行 22 字。南京圖書館藏。國家名録號 12475。

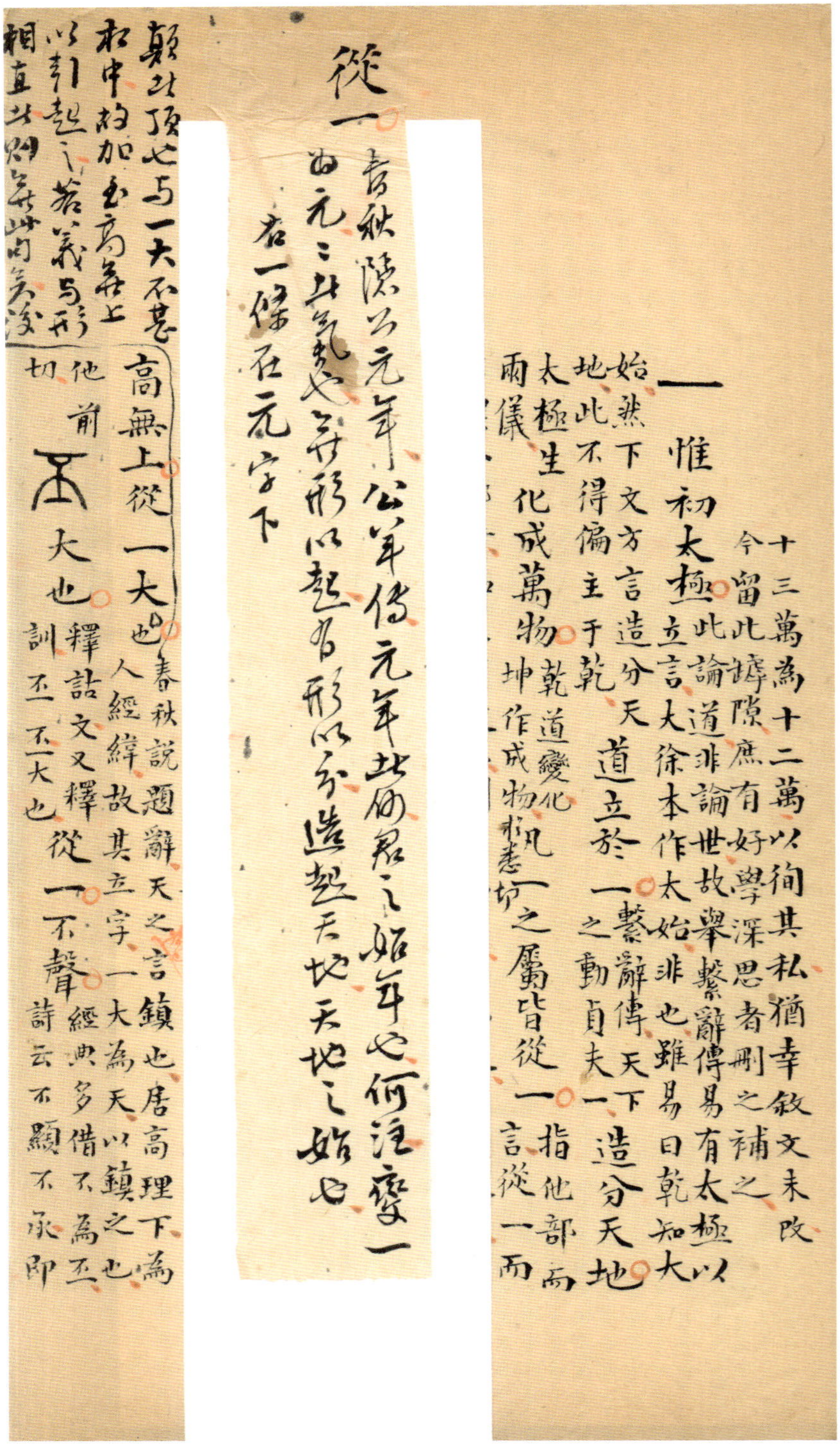
十三萬為十二萬以徇其私猶幸敘文未改今留此罅隙庶有好學深思者刪之補之

一　惟初太極此論道非論世故舉繫辭傳易有太極以立言大徐本作太始非也雖易曰乾知大始然下文方言造分天地此不得偏主于乾道立於一繫辭傳天下之動貞夫一造分天地太極生兩儀化成萬物乾道變化坤作成物凡一之屬皆從一指他部而言從一而

從一春秋隱公元年公羊傳元年者何君之始年也何注變一為元元者氣也無形以起有形以分造起天地天地之始也

右一係在元字下

高無上從一大也春秋說題辭天之言鎮也居高理下為人經緯故其立字一大為天以鎮之也

丕　大也釋詁文又釋訓丕丕大也從一不聲經典多借不為丕詩云不顯不承即

他前切

顛也頂也与一大不甚和中的加于高者上以引起之若義与形相直者則無也

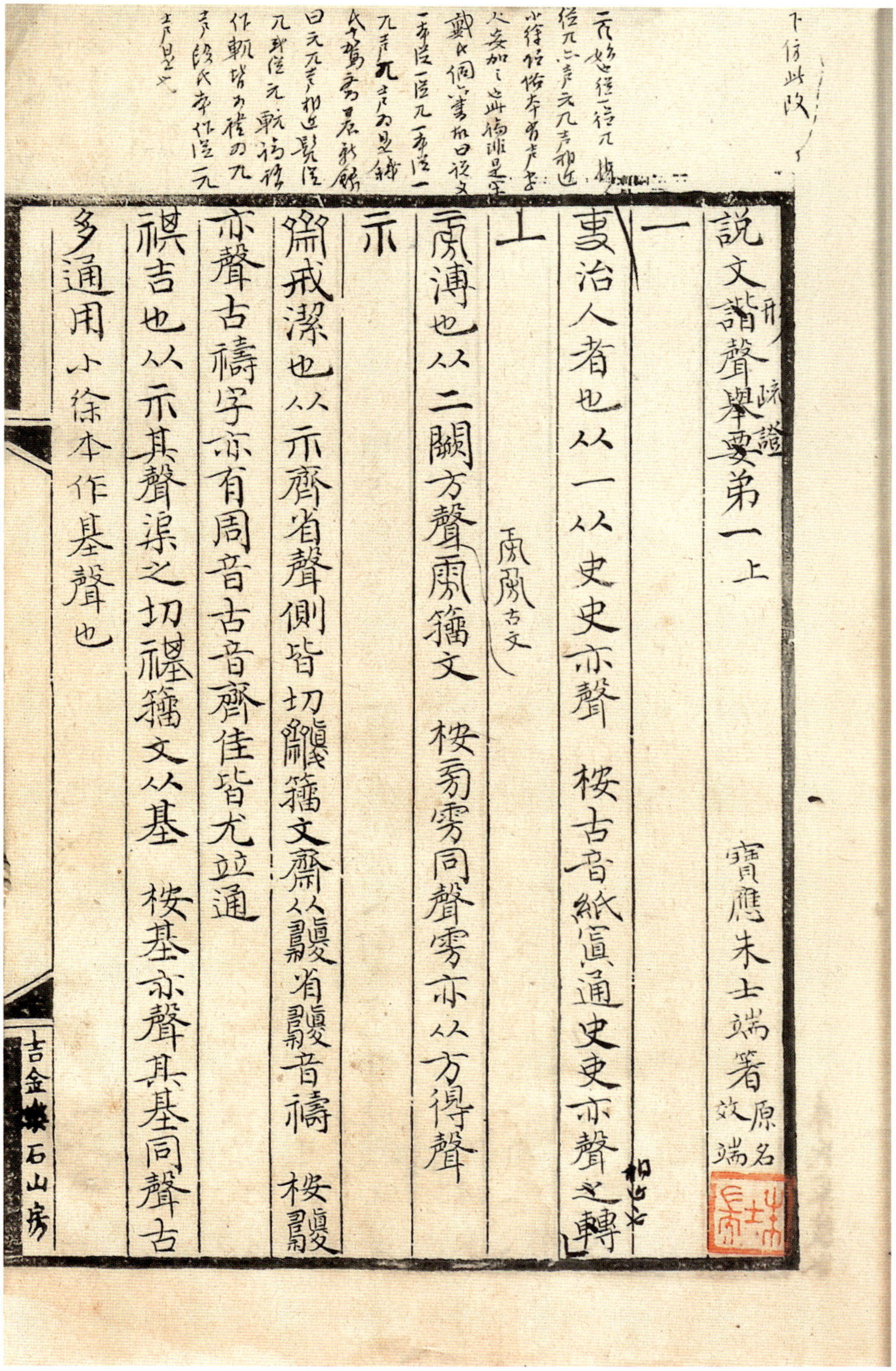
說文形聲疏證舉要第一上

實應朱士端著 原名文端

一

吏治人者也从一从史史亦聲 桉古音紙眞通史吏亦聲之轉

上

㫄溥也从二闕方聲𣃞籒文 桉㫄雱同聲雱亦从方得聲

示

齋戒潔也从示齊省聲側皆切𪗋籒文齋从𩆇省𩆇音禱 桉𩆇亦聲古禱字亦有周音古音齊佳皆尤並通

祺吉也从示其聲渠之切禥籒文从基 桉基亦聲其基同聲古多通用小徐本作基聲也

吉金樂石山房

說文形聲疏證十四卷　清朱士端撰

稿本。半葉10行，行25字，小字雙行，字數同，黑口，四周單邊，框高19.5厘米，寬13.9厘米。南京圖書館藏。國家名録號12476。

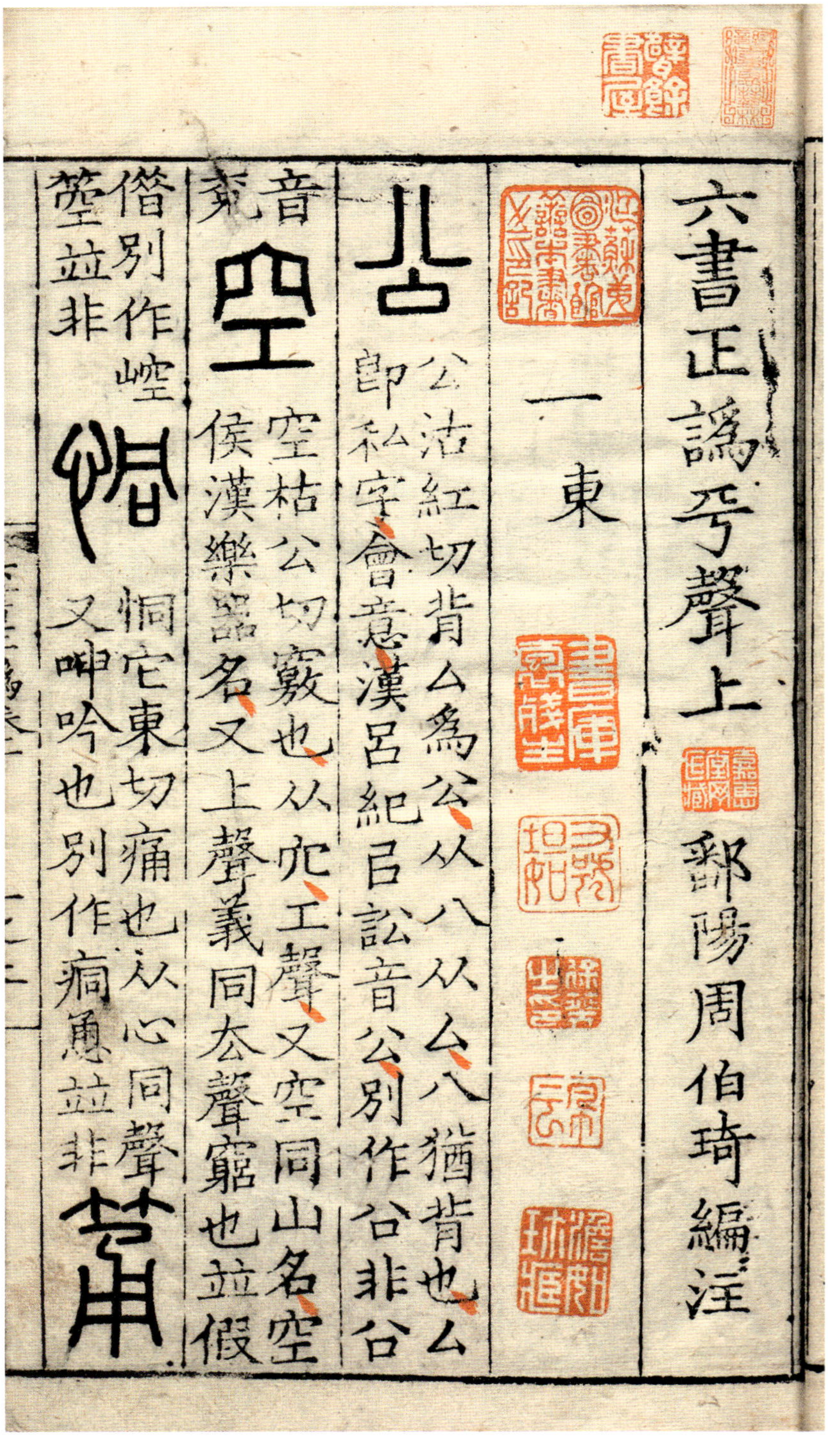

六書正譌五卷　元周伯琦編注

明嘉靖元年（1522）于鏊刻本。孫星衍、丁丙跋。半葉5行，字數不定，小字雙行，行20字，黑口，左右雙邊，框高23.8厘米，寬15.3厘米。南京圖書館藏。國家名録號12479。

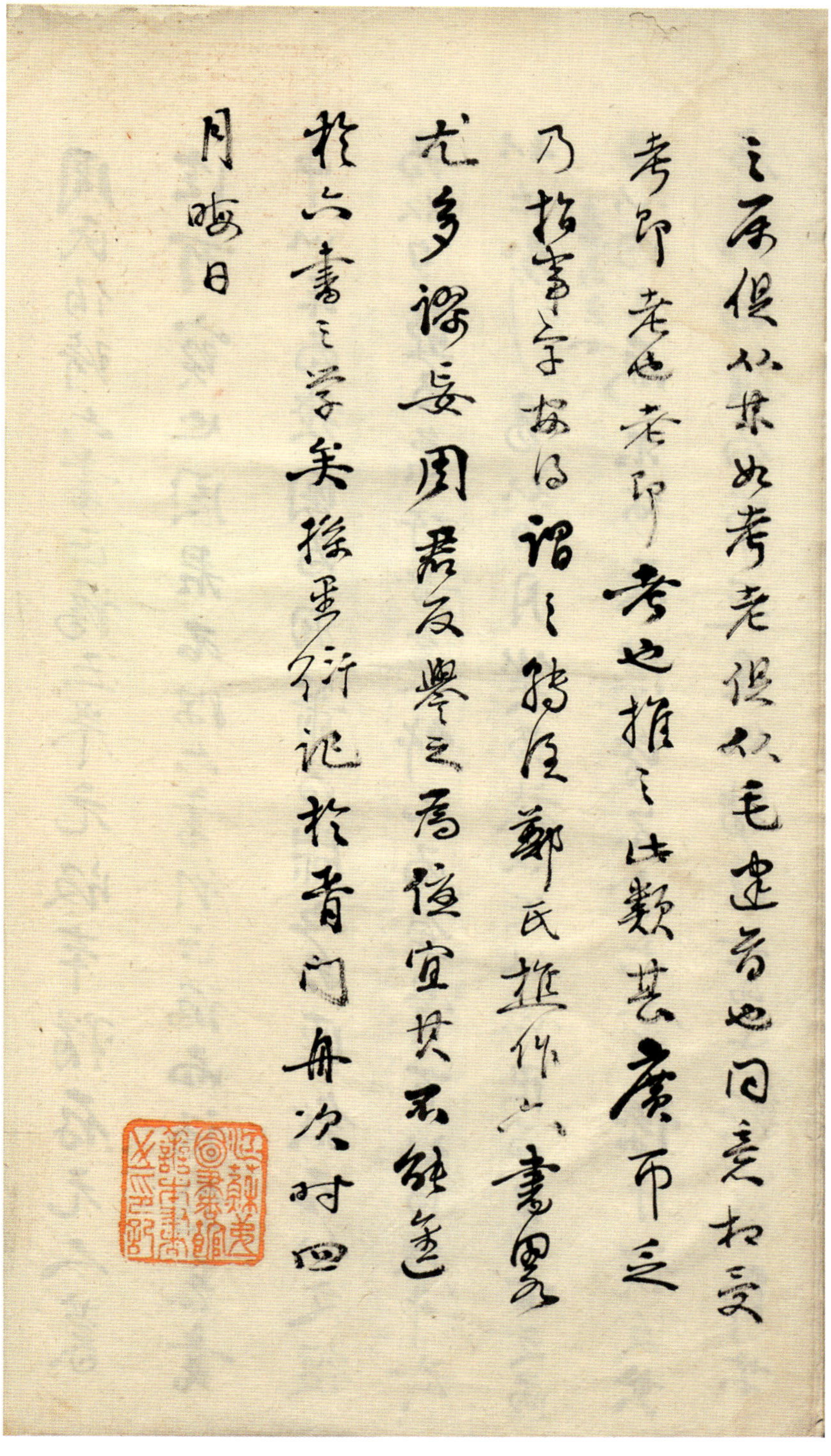
之原但从某如考老但从毛建首也同意相受
考即老也老即考也考也推之比類甚廣而之
乃指事字安得謂之轉注鄭氏樵作六書略
尤多謬妄周君反覆之為證宜其不能無遺
於六書之學矣孫星衍記於青門舟次時四
月晦日

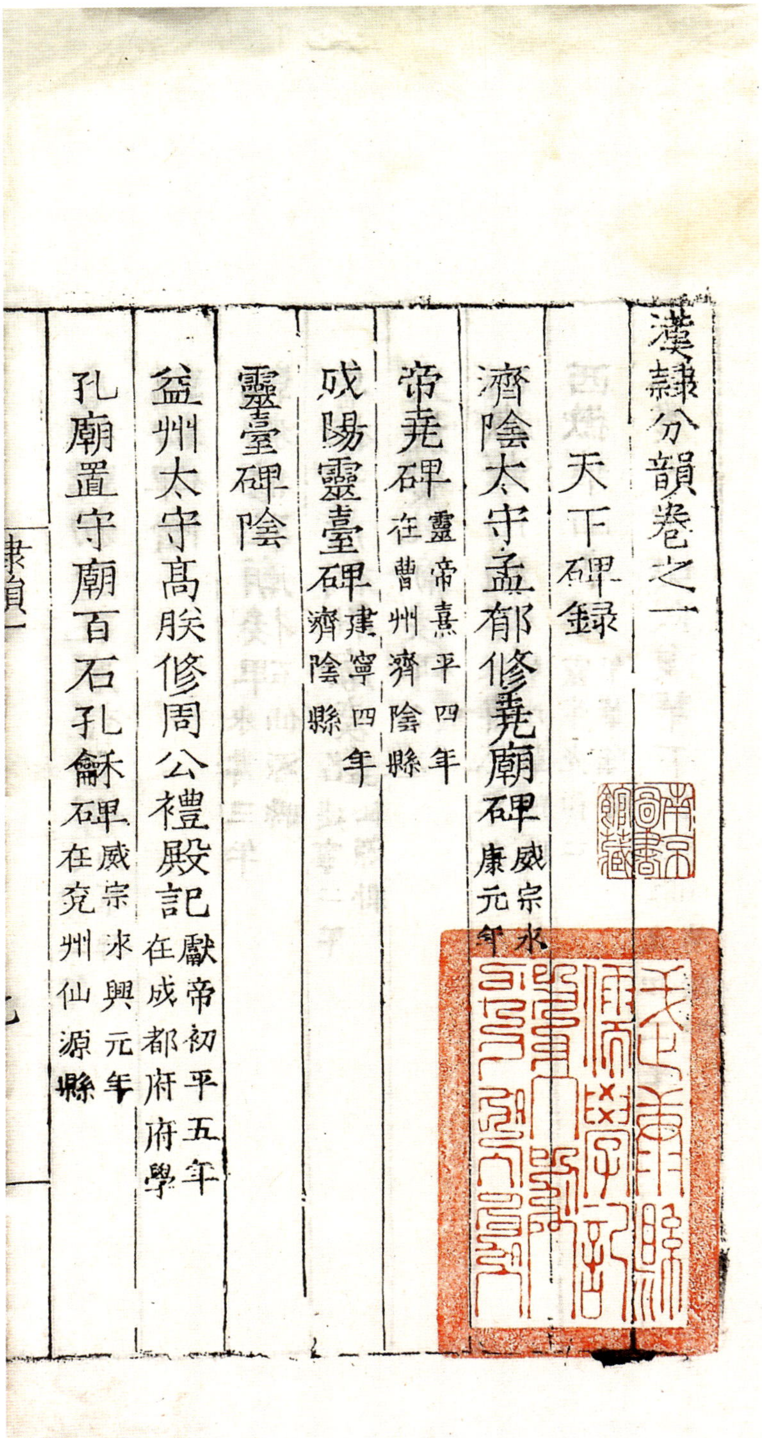

漢隸分韻卷之一

天下碑録

濟陰太守孟郁修堯廟碑 威宗永康元年

帝堯碑 靈帝熹平四年 在曹州濟陰縣

成陽靈臺碑 建寧四年 濟陰縣

靈臺碑陰

益州太守高眹修周公禮殿記 獻帝初平五年 在成都府府學

孔廟置守廟百石孔龢碑 威宗永興元年 在兖州仙源縣

漢隸分韻七卷

明嘉靖九年（1530）李宗樞刻本。半葉 8 行，字數不定，白口，四周單邊，框高 21 厘米，寬 13.8 厘米。南京圖書館藏。國家名録號 12480。

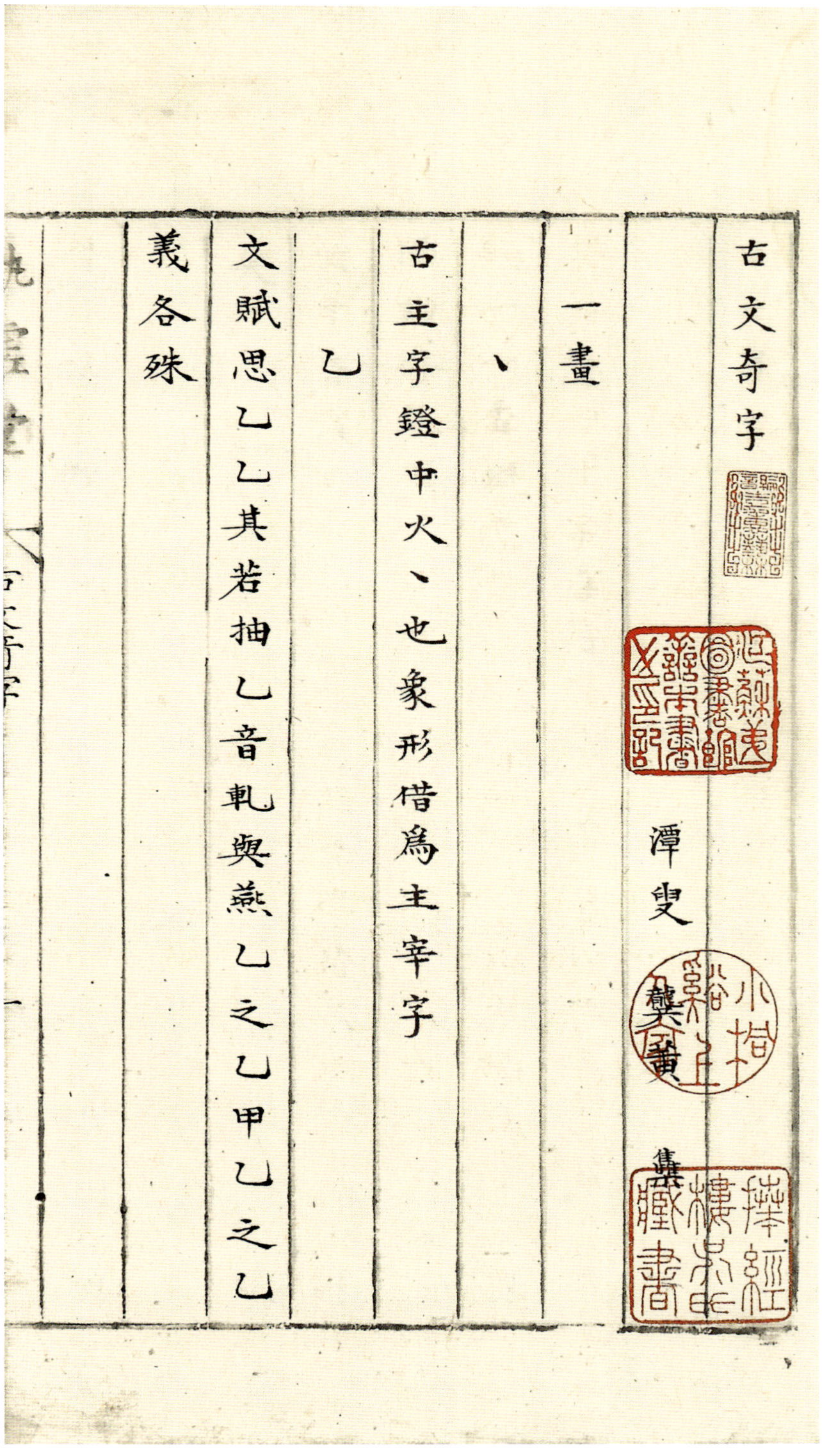
古文奇字
潭叟
龔黄
集
一畫
丶
古主字鐙中火丶也象形借爲主宰字
乙
文賦思乙乙其若抽乙音軋與燕乙之乙甲乙之乙
義各殊

古文奇字一卷　明龔黄撰

明執虚堂抄本。吴騫題識。丁丙跋。半葉9行，行20字，白口，四周單邊，框高20.3厘米，寬14厘米。南京圖書館藏。國家名録號12481。

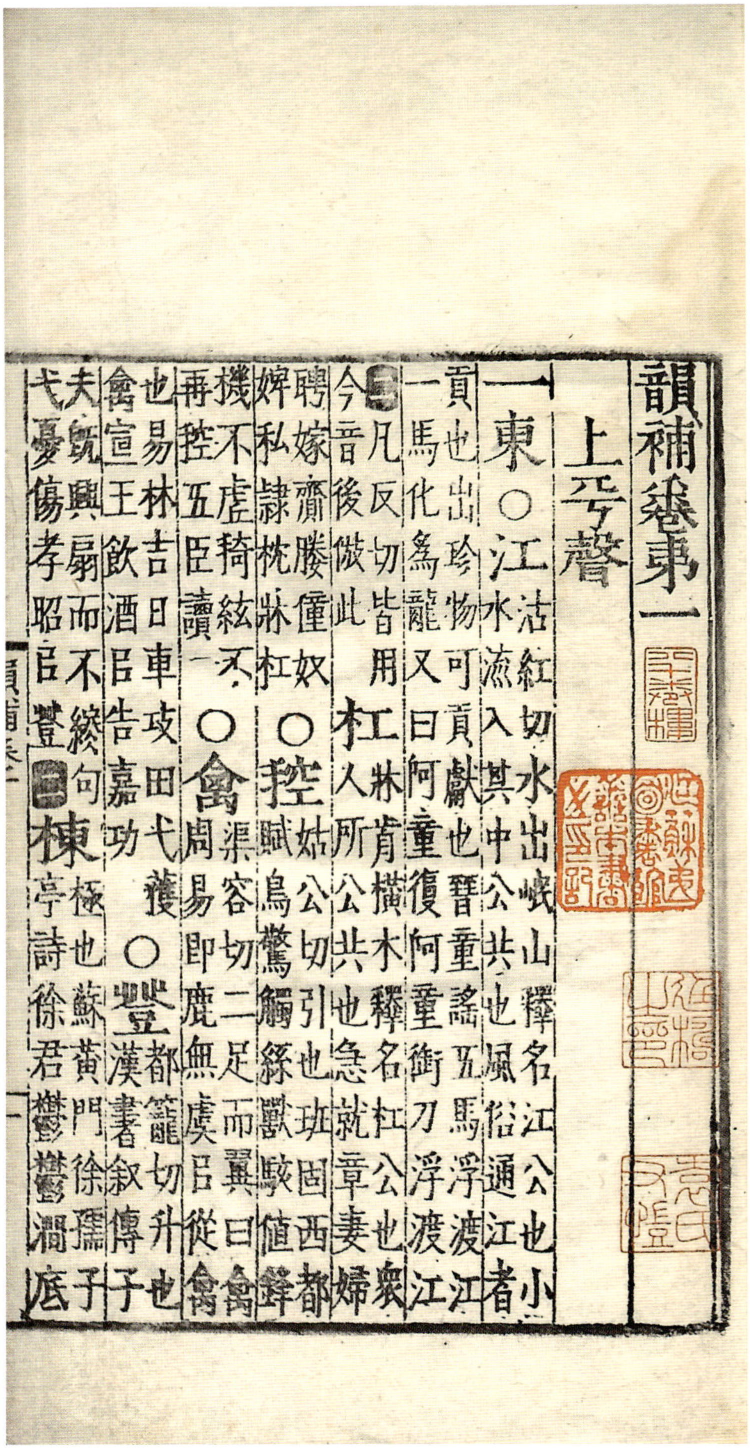

韻補卷第一

上平聲

一東 ○江沽紅切水出岷山釋名江公也小水流入其中公共也風俗通江者

貢也出珍物可貢獻也晉童謠五馬浮渡江一馬化爲龍又曰阿童復阿童銜刀浮渡江

凡反切皆用今音後倣此 杠林肯横木釋名杠公也衆人所公共也急就章妻婦

聘嫁齎媵僮奴婢私隸枕牀杠 ○控姑公切引也班固西都賦鳥驚觸絲獸駭値鋒

機不虛掎絃不再控五臣讀一 ○禽渠容切二足而翼曰禽周易即鹿無虞臣從禽

也易林吉日車攻田弋獲禽宣王飲酒臣告嘉功 ○豐都籠切升也漢書叙傳子

夫既興扇而不綏句弋憂傷孝昭臣豐 棟極也蘇黃門徐孺子亭詩徐君鬱鬱澗底

韻補卷一 二

韻補五卷　宋吴棫撰

明嘉靖許宗魯刻本。沈澖題識，丁丙跋。半葉9行，行17字，小字雙行，字數同，白口，左右雙邊，框高18.6厘米，寬13.4厘米。南京圖書館藏。國家名録號12484。

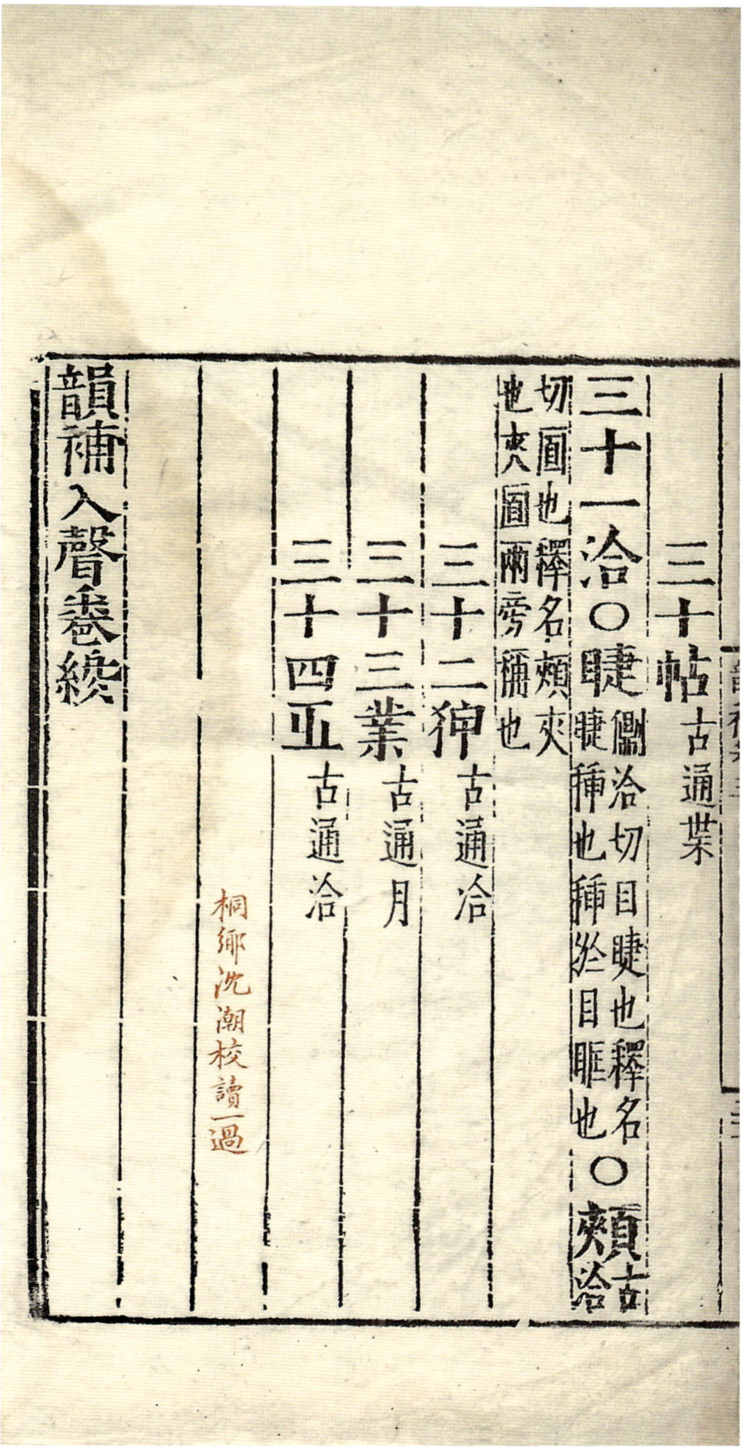

三十帖 古通枼

三十一洽〇睫側洽切目睫也釋名睫插也插於目眶也〇頰古洽切面也釋名頰夾也夾面兩旁稱也

三十二狎 古通洽

三十三業 古通月

三十四乏 古通洽

桐鄉沈潮校讀一過

韻補入聲卷終

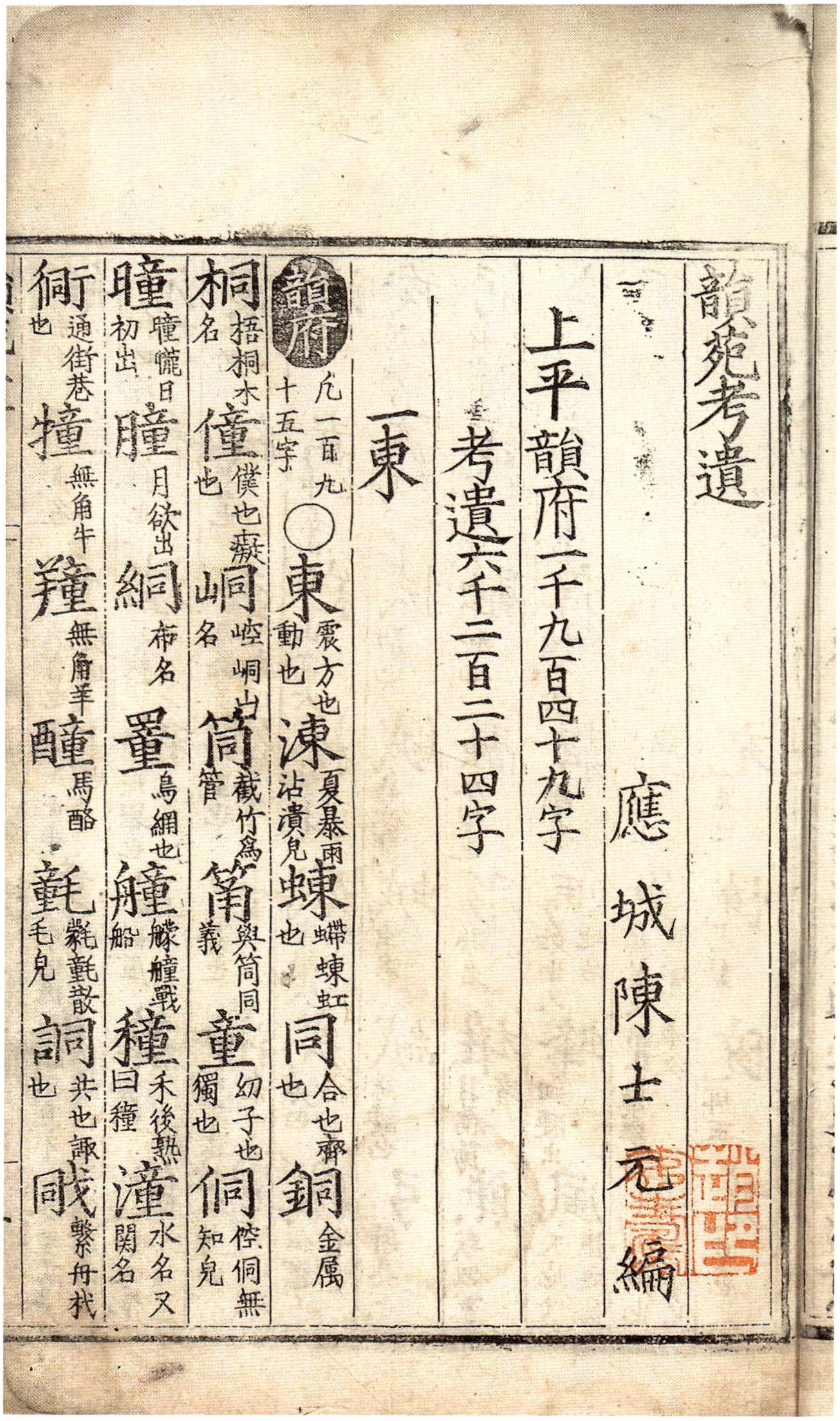

韻苑考遺

應城陳士元編

上平韻府一千九百四十九字

考遺六千二百二十四字

一東

韻府 凡一百九十五字

○東 震方也動也 涷 夏暴雨沾漬皃 蝀 螮蝀虹也 同 合也齊也 銅 金屬

桐 梧桐木名 僮 僕也癡也 峒 崆峒山名 筒 截竹為管 筩 義與筒同 童 幼子也獨也 侗 倥侗無知皃

曈 曈曨日初出 朣 月欲出 絧 布名 罿 鳥網也 艟 艨艟戰船 穜 禾後熟曰穜 潼 水名又關名

衕 通街巷也 犝 無角牛 羶 無角羊 酮 馬酪 氃 氋氃毛散毛皃 詷 共也諏也 䑶 繫舟杙

韻苑考遺五卷　明陳士元編

明嘉靖二十五年（1546）楊椿等刻本。半葉9行，字數不定，小字雙行，字數亦不定，白口，四周雙邊。框高20.7厘米，寬14.3厘米。南京圖書館藏。國家名録號12485。

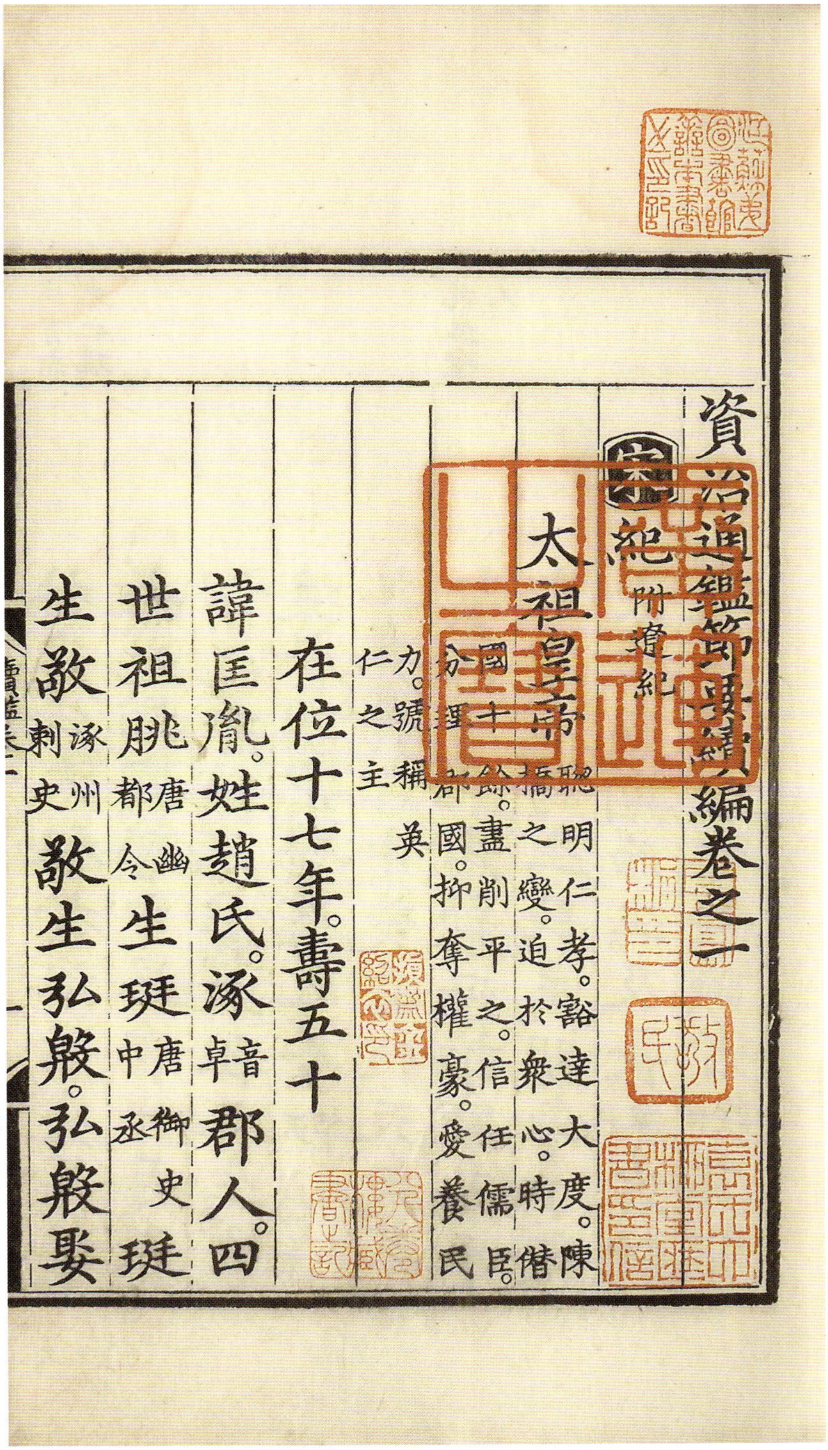

資治通鑒節要續編三十卷　明張光啓撰

明正德九年（1514）司禮監刻本。丁丙跋。上下兩欄，下欄半葉 9 行，行 15 字，小字雙行，字數同，黑口，四周雙邊，框高 22.2 厘米，寬 15.8 厘米。南京圖書館藏。國家名録號 12498。

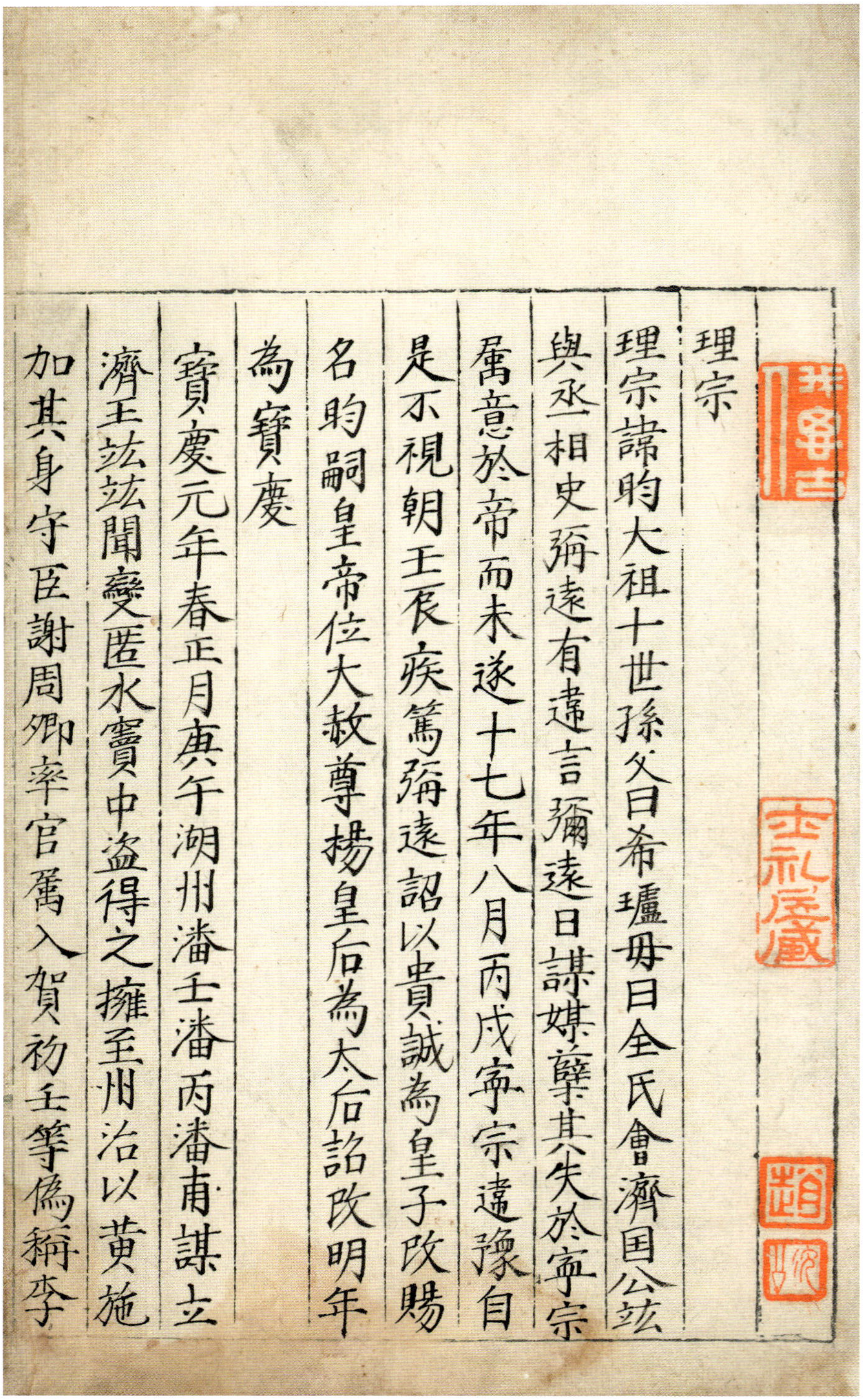
理宗
理宗諱昀太祖十世孫父曰希瓐母曰全氏會濟国公竑
與丞相史彌遠有違言彌遠日謀媒孽其失於寧宗
屬意於帝而未遂十七年八月丙戌寧宗遠豫自
是不視朝壬辰疾篤彌遠詔以貴誠為皇子改賜
名昀嗣皇帝位大赦尊楊皇后為太后詔改明年
為寶慶
寶慶元年春正月庚午湖州潘壬潘丙潘甫謀立
濟王竑竑聞變匿水竇中盜得之擁至州治以黄施
加其身守臣謝周卿率官屬入賀初壬等偽稱李

史質一百卷　明王洙撰

明抄本。何煌校並跋。存三卷：十一至十三。半葉 11 行，行 21 至 23 字，小字雙行，字數不定，白口，四周單邊。框高 20.7 厘米，寬 16 厘米。南京圖書館藏。國家名録號 12500。

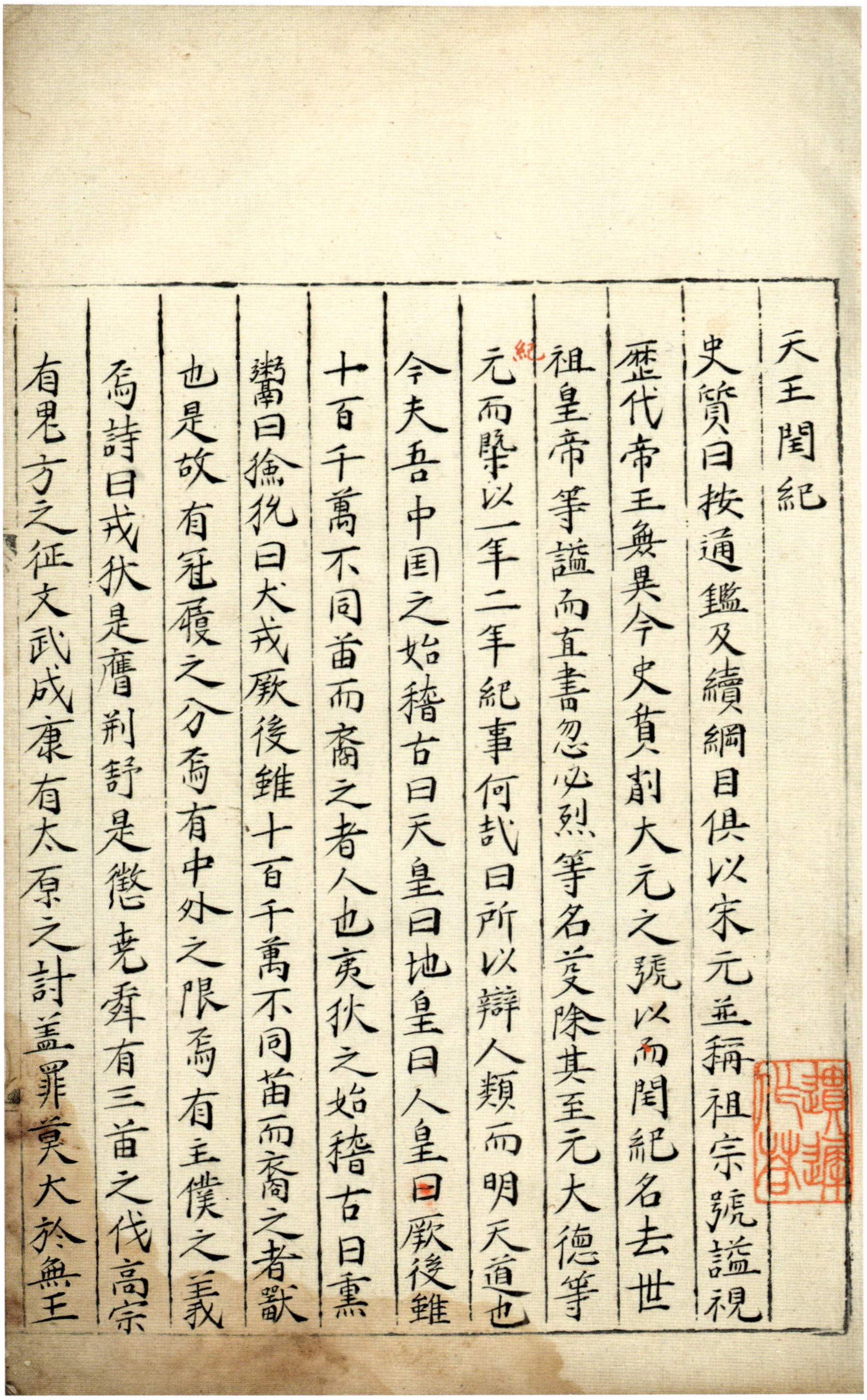
天王閏紀
史贊曰按通鑑及續綱目俱以宋元並稱祖宗號謚視
歷代帝王無異今史貶削大元之號以而閏紀名去世
祖皇帝等謚而直書忽必烈等名芟除其至元大德等
元而繫以一年二年紀事何哉曰所以辯人類而明天道也
今夫吾中国之始稽古曰天皇曰地皇曰人皇曰厥後雖
十百千萬不同苗而裔之者人也夷狄之始稽古曰熏
鬻曰獫狁曰犬戎厥後雖十百千萬不同苗而裔之者獸
也是故有冠履之分爲有中外之限爲有主僕之義
爲詩曰戎狄是膺荊舒是懲堯舜有三苗之伐高宗
有鬼方之征文武成康有太原之討蓋罪莫大於無王

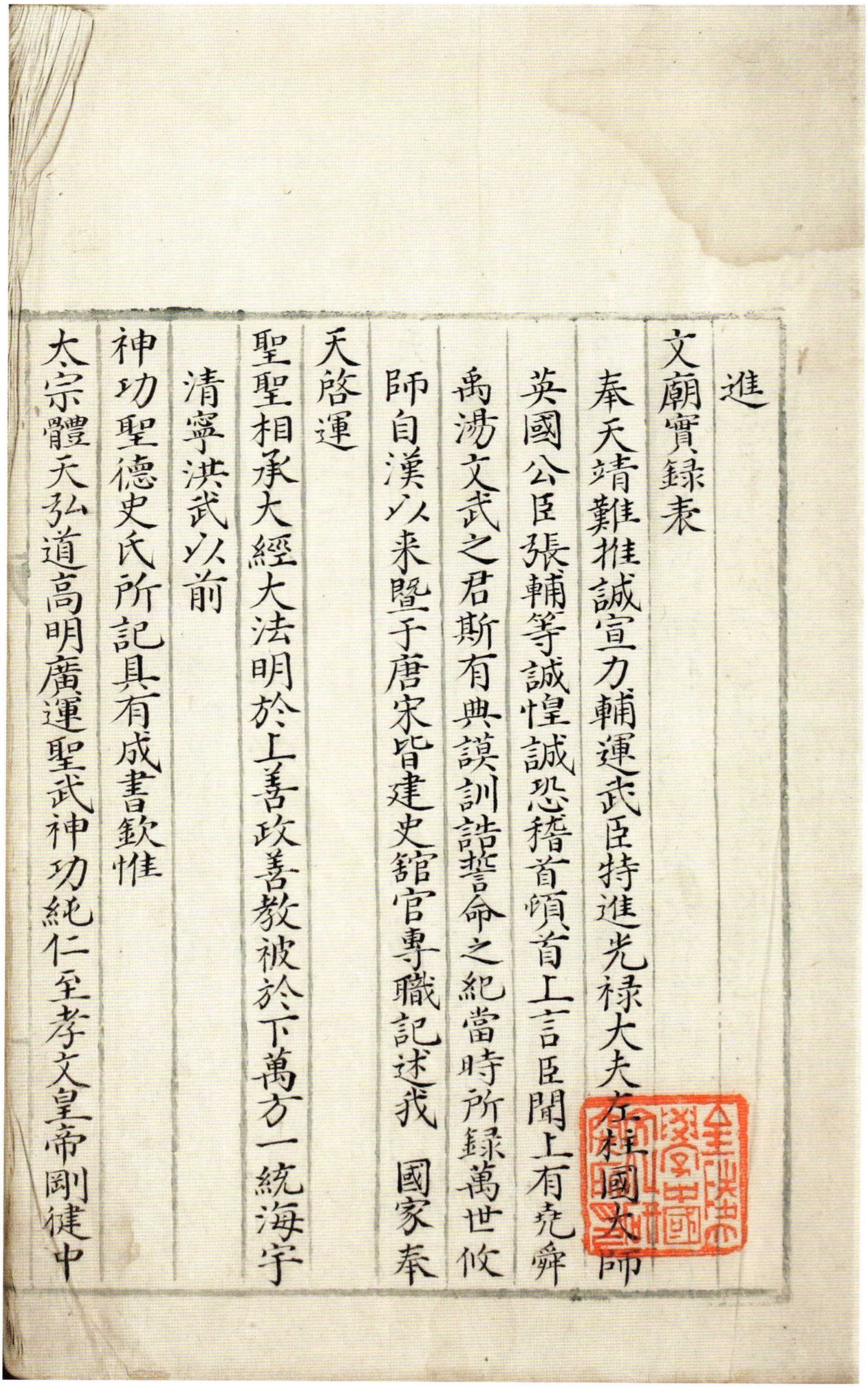

進
文廟實録表
奉天靖難推誠宣力輔運武臣特進光禄大夫左柱國太師
英國公臣張輔等誠惶誠恐稽首頓首上言臣聞上有堯舜
禹湯文武之君斯有典謨訓誥誓命之紀當時所録萬世攸
師自漢以来曁于唐宋皆建史舘官專職記述我　國家奉
天啓運
聖聖相承大經大法明於上善政善教被於下萬方一統海宇
清寧洪武以前
神功聖德史氏所記具有成書欽惟
太宗體天弘道高明廣運聖武神功純仁至孝文皇帝剛徤中

文廟靖難記二卷　文廟聖政記九卷　仁廟聖政記二卷　明張輔等纂修

明抄本。半葉11行，行22至24字，白口，四周單邊，框高20.4厘米，寬15.6厘米。南京大學圖書館藏。國家名録號12512。

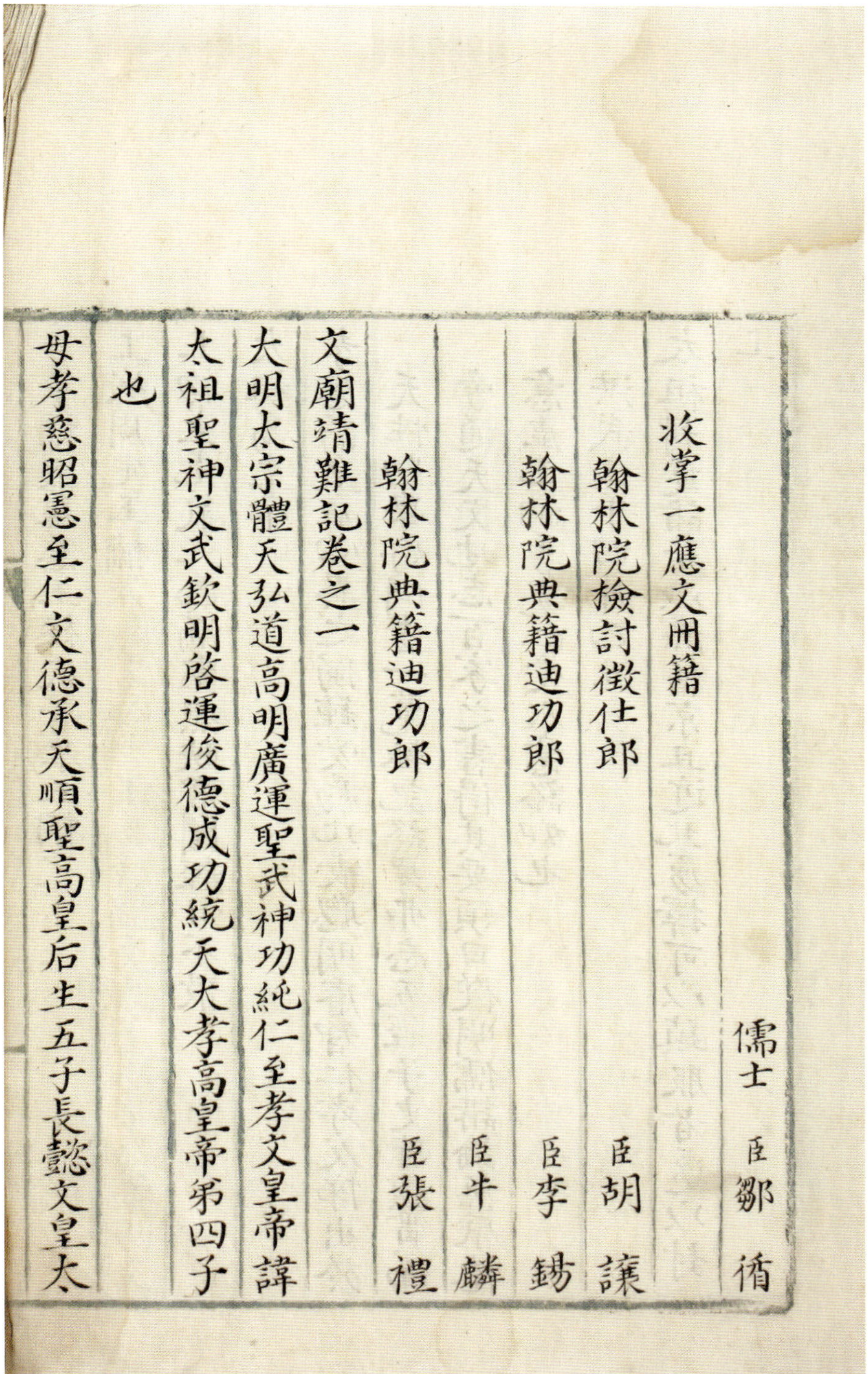
儒士 臣鄒循

收掌一應文冊籍

翰林院檢討徵仕郎 臣胡讓

翰林院典籍迪功郎 臣李錫

臣牛麟

翰林院典籍迪功郎 臣張禮

文廟靖難記卷之一

大明太宗體天弘道高明廣運聖武神功純仁至孝文皇帝諱

太祖聖神文武欽明啓運俊德成功統天大孝高皇帝第四子

也

母孝慈昭憲至仁文德承天順聖高皇后生五子長懿文皇太

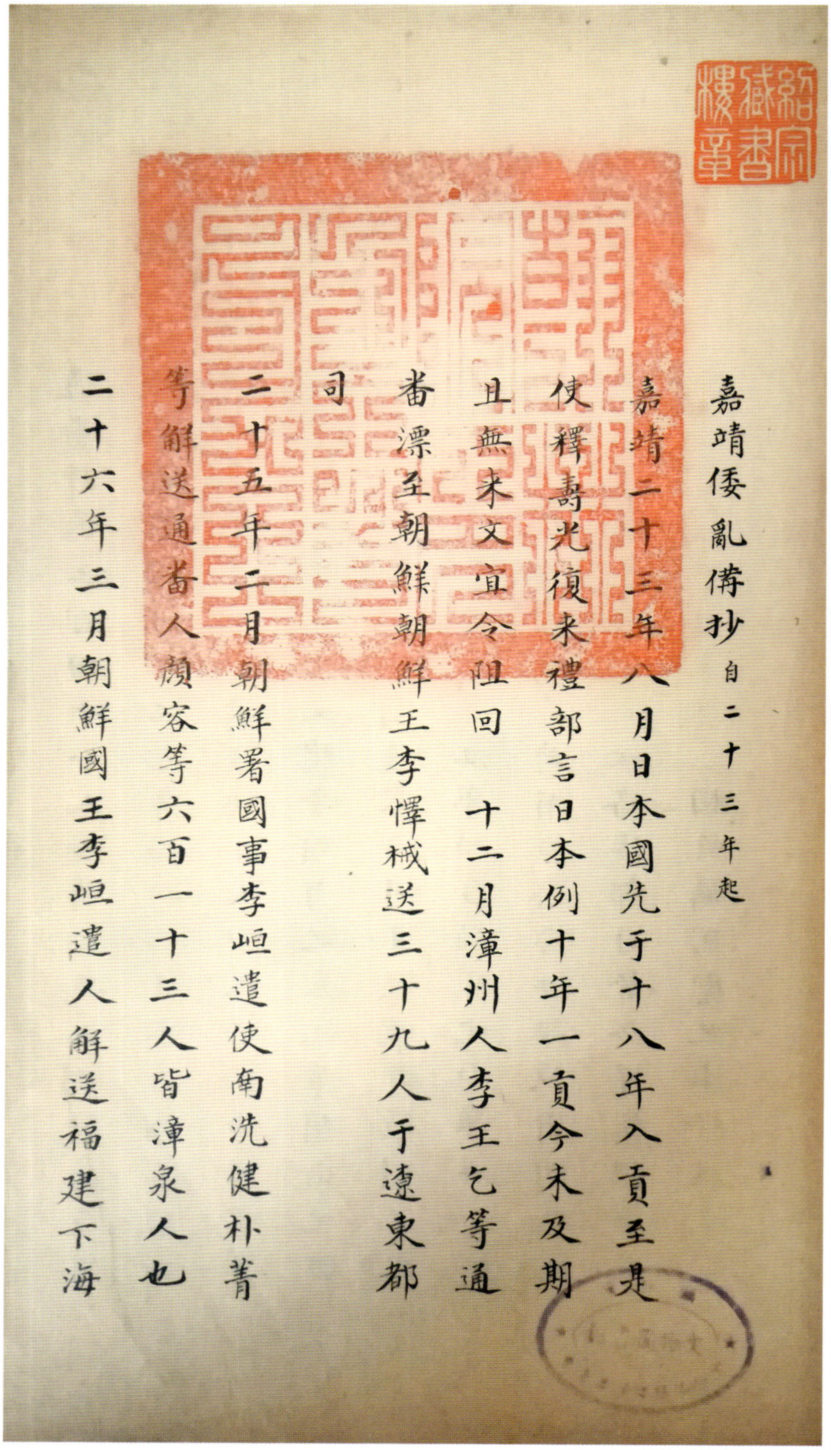

嘉靖倭亂備抄 自二十三年起

嘉靖二十三年八月日本國先于十八年入貢至是
使釋壽光復來禮部言日本例十年一貢今未及期
且無來文宜令阻回　十二月漳州人李王乞等通
番漂至朝鮮朝鮮王李懌械送三十九人于遼東都
司
二十五年二月朝鮮署國事李峘遣使南洗健朴菁
等解送通番人顏容等六百一十三人皆漳泉人也
二十六年三月朝鮮國王李峘遣人解送福建下海

嘉靖倭亂備抄不分卷

清初抄本（四库进呈本）。半葉9行，行20字。鎮江博物館藏。國家名録號12513。

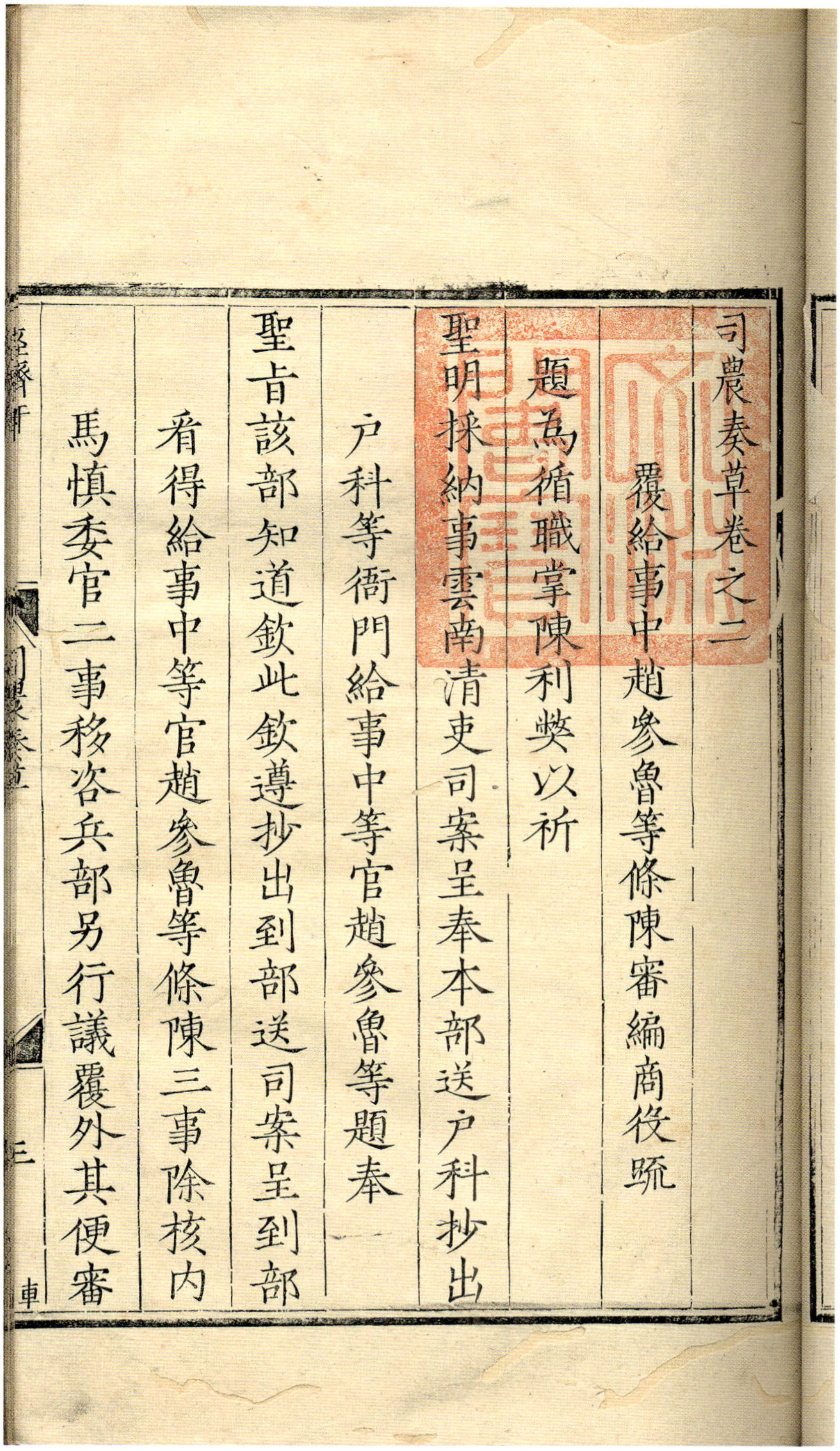

司農奏草卷之二

覆給事中趙參魯等條陳審編商役疏

題為循職掌陳利弊以祈

聖明採納事雲南清吏司案呈奉本部送戶科抄出

戶科等衙門給事中等官趙參魯等題奉

聖旨該部知道欽此欽遵抄出到部送司案呈到部

看得給事中等官趙參魯等條陳三事除核內

馬慎委官二事移咨兵部另行議覆外其便審

經濟軒　司農奏草卷二　三

司農奏草□□卷　明王國光撰

明經濟軒刻本。存九卷：山西清吏司三卷、陝西清吏司一卷、雲南清吏司二卷、四川清吏司一卷、湖廣清吏司一卷、福建清吏司一卷。半葉8行，行20字，白口，四周雙邊，框高22.8厘米，寬16.3厘米。無錫市圖書館藏。國家名録號12515。

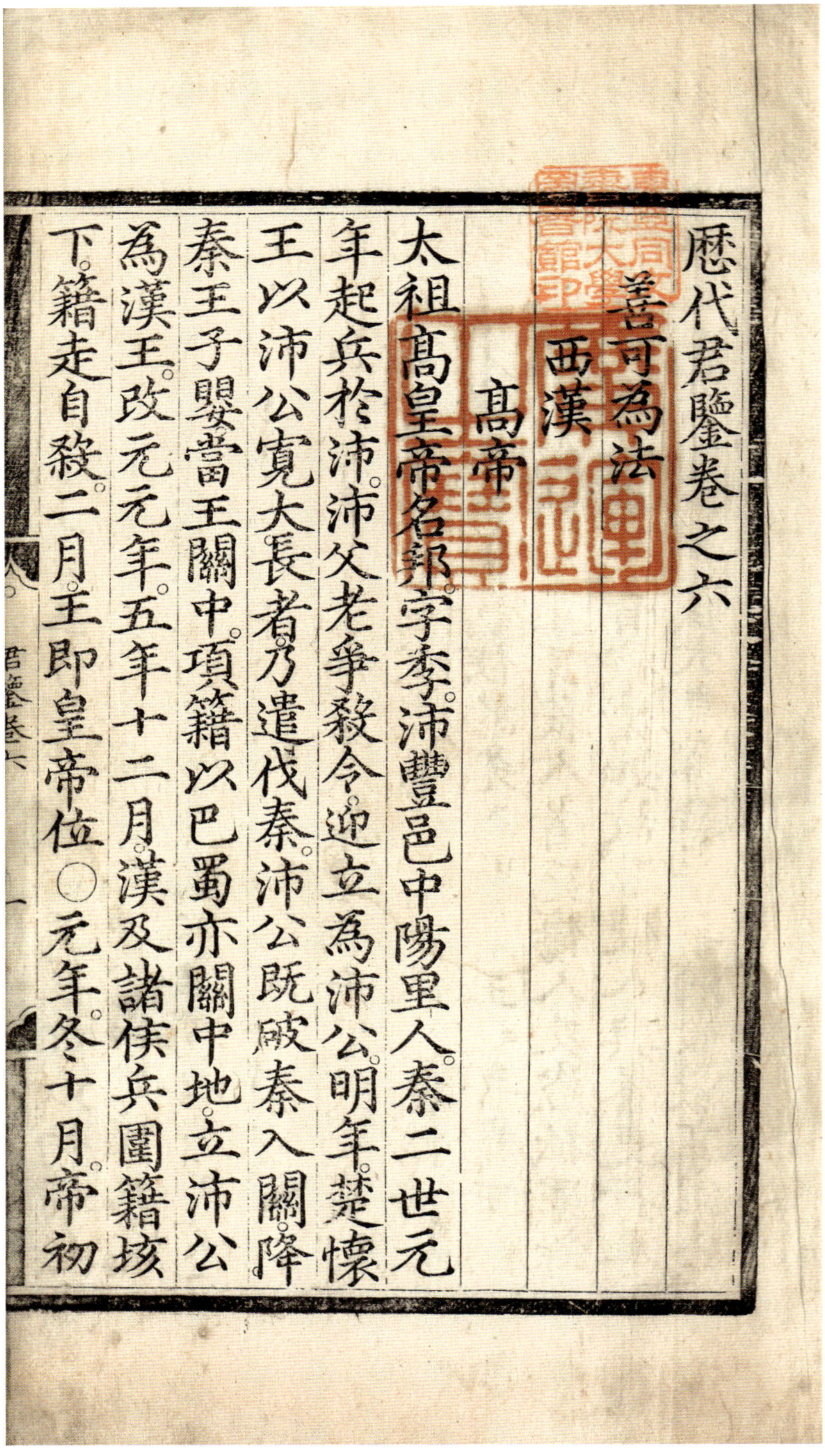

歷代君鑒卷之六

善可為法

西漢

高帝

太祖高皇帝名邦字季沛豐邑中陽里人秦二世元年起兵於沛沛父老爭殺令迎立為沛公明年楚懷王以沛公寬大長者乃遣伐秦沛公既破秦入關降秦王子嬰當王關中項籍以巴蜀亦關中地立沛公為漢王改元元年五年十二月漢及諸侯兵圍籍垓下籍走自殺二月王即皇帝位○元年冬十月帝初

君鑒卷六　一

歷代君鑒五十卷　明代宗朱祁鈺撰

明景泰四年（1453）内府刻本（目録、卷一至五、十九至三十二配清抄本）。半葉10行，行20字，黑口，四周雙邊，框高27.5厘米，寬18厘米。南京圖書館藏。國家名録號12518。

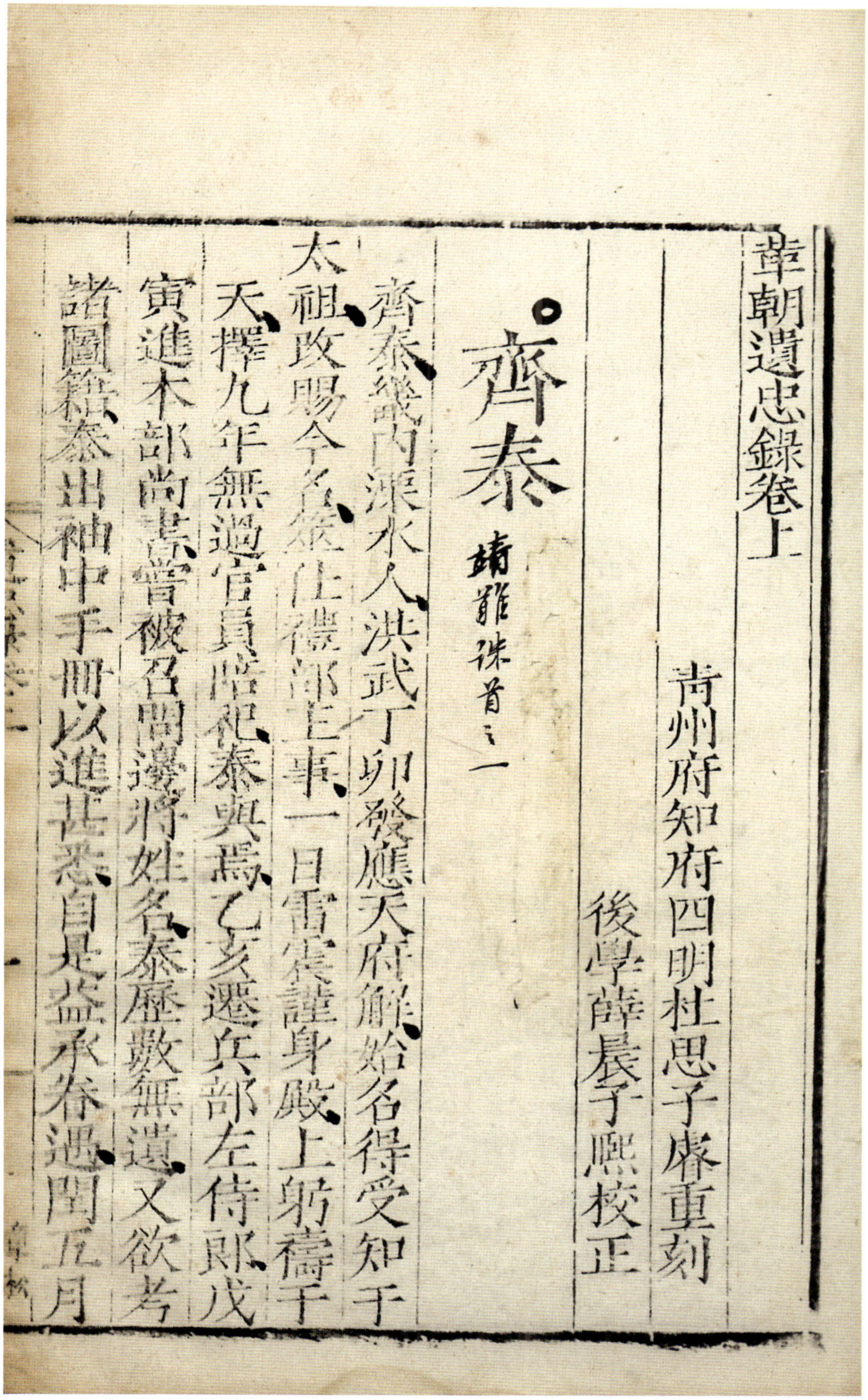

革朝遺忠録卷上

青州府知府四明杜思子睿重刻

後學薛晨子熙校正

齊泰

靖難殊首之一

齊泰畿内溧水人洪武丁卯發應天府解始名得受知于

太祖改賜今名筮仕禮部主事一日雷震謹身殿上躬禱于

天擇九年無過官員陪祀泰與焉乙亥遷兵部左侍郎戊

寅進本部尚書嘗被召問邊將姓名泰歷數無遺又欲考

諸圖籍泰出袖中手冊以進甚悉自是益承眷遇閏五月

革朝遺忠録二卷　附録一卷　明郁衮撰

明嘉靖杜思刻本。半葉10行，行23字，小字雙行，字數同，白口，左右雙邊，框高20.4厘米，寬14.3厘米。南京圖書館藏。國家名録號12521。

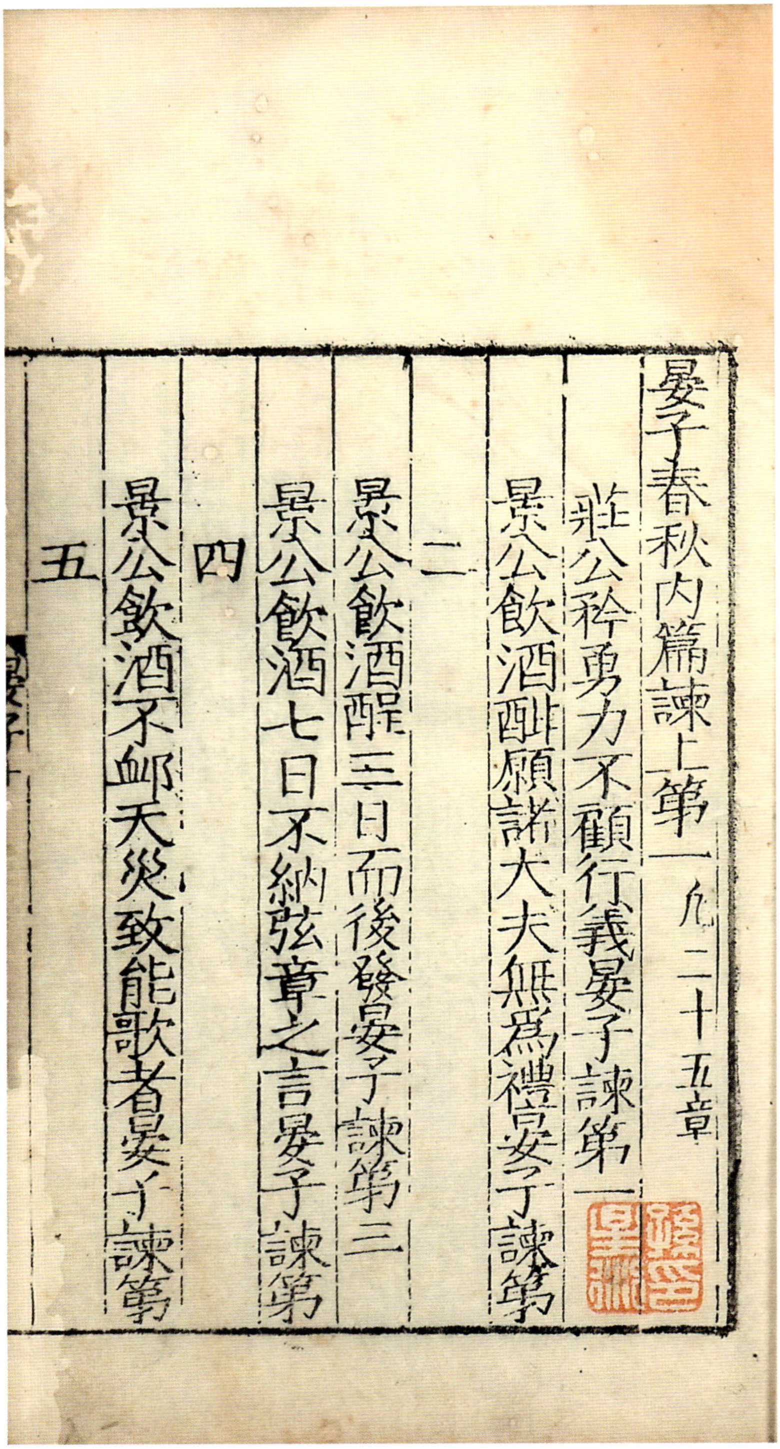

晏子春秋內篇諫上第一　凡二十五章
莊公矜勇力不顧行義晏子諫第一
景公飲酒酣願諸大夫無爲禮晏子諫第
二
景公飲酒酲三日而後發晏子諫第三
景公飲酒七日不納弦章之言晏子諫第
四
景公飲酒不卹天災致能歌者晏子諫第
五

晏子春秋八卷

明刻本。王懿榮跋。半葉9行，行18字，白口，左右雙邊，框高16.6厘米，寬11.8厘米。南京圖書館藏。國家名録號12522。

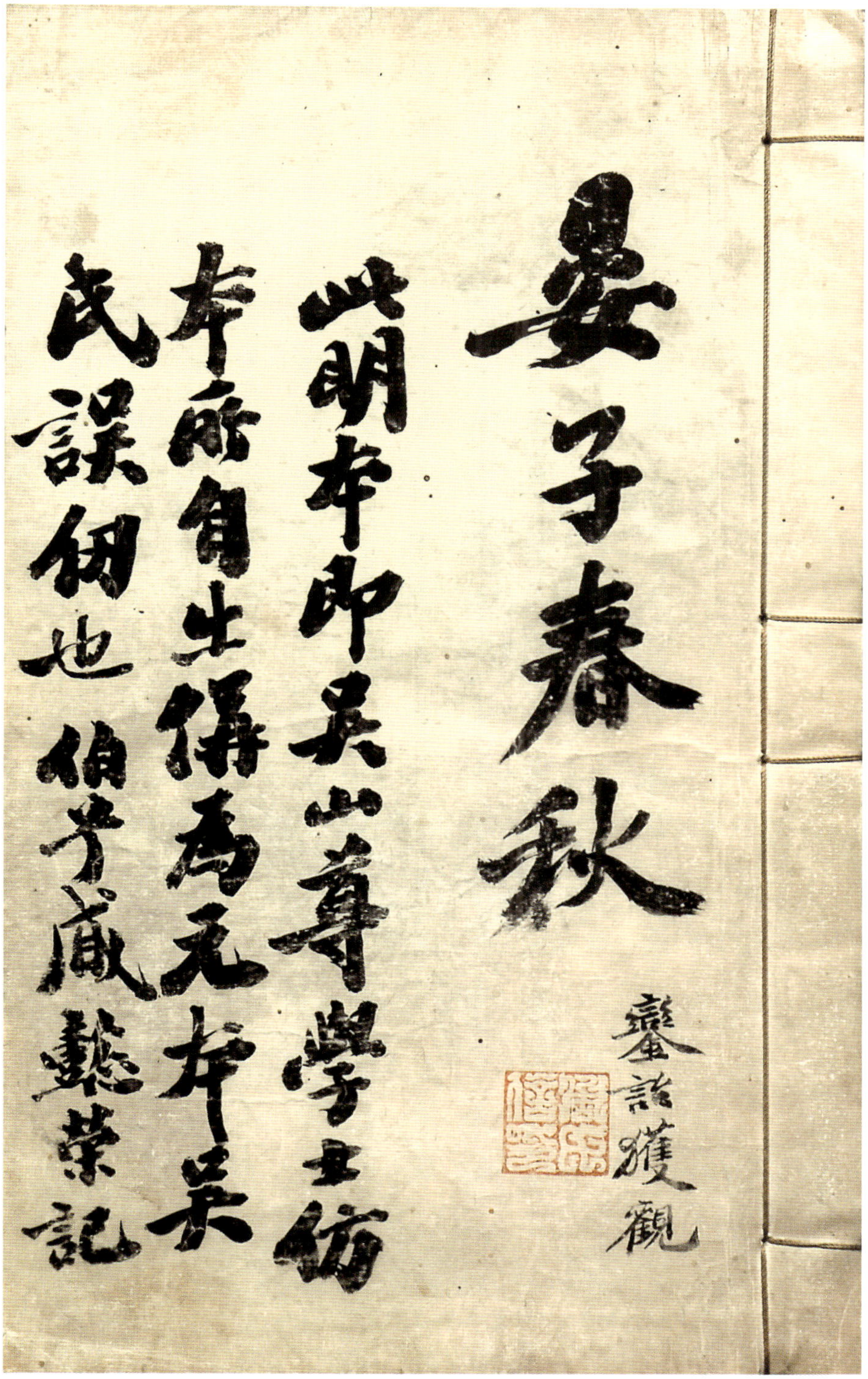
晏子春秋
此明本即吳山尊學士備
本所自出得為元本吳
氏誤翻也 伯兮藏 懿榮記
鑒許獲觀

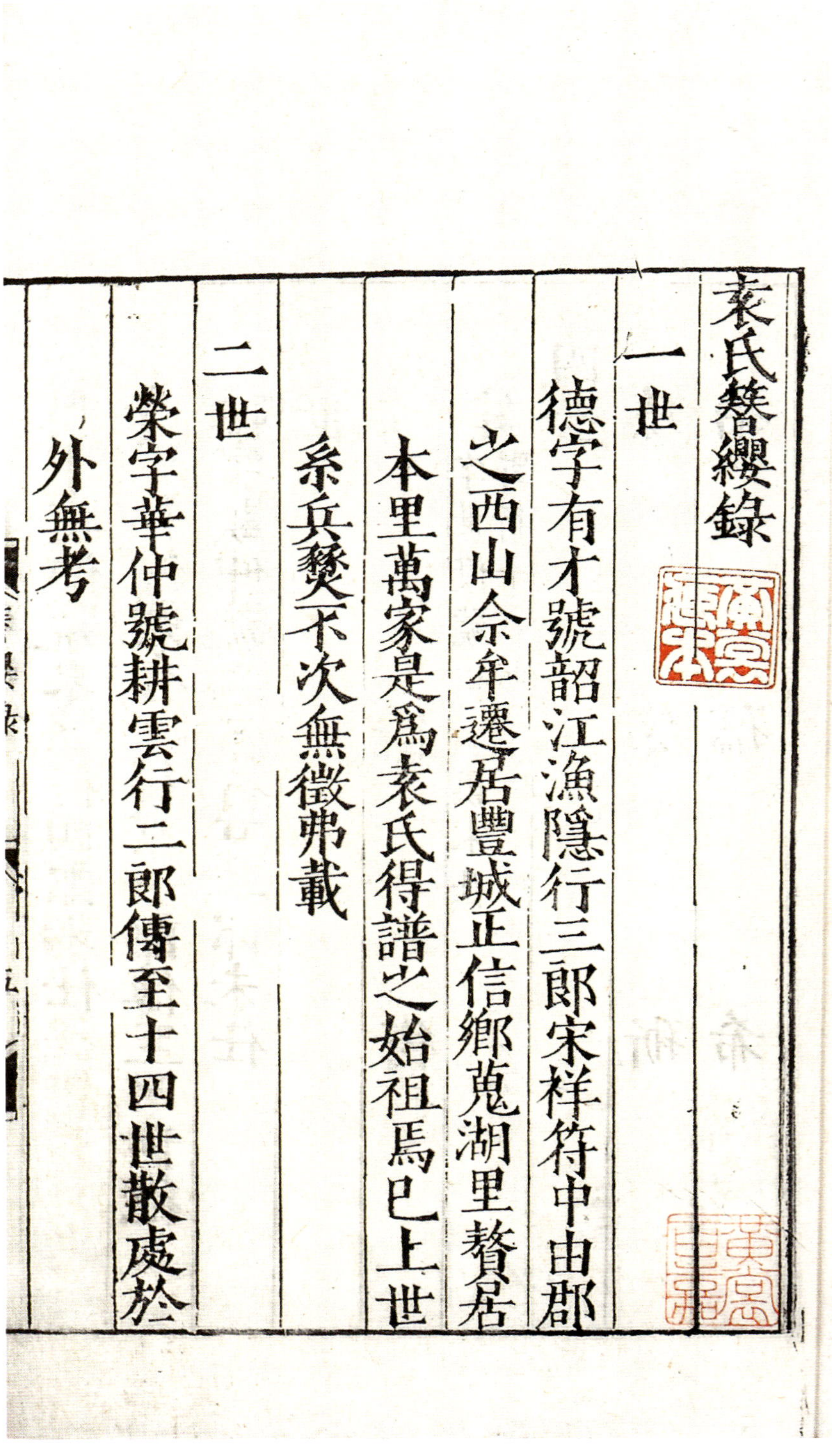

袁氏簪纓錄

一世

德字有才號韶江漁隱行三郎宋祥符中由郡之西山余年遷居豐城正信鄉蒐湖里贅居本里萬家是爲袁氏得譜之始祖焉已上世系兵燹下次無徵弗載

二世

棨字華仲號耕雲行二郎傳至十四世散處於外無考

袁氏簪纓録一卷　明袁廷聲撰

明嘉靖刻本。黄裳題記。半葉 9 行，行 20 字，白口，左右雙邊，框高 19.1 厘米，寬 13.6 厘米。南京圖書館藏。國家名録號 12523。

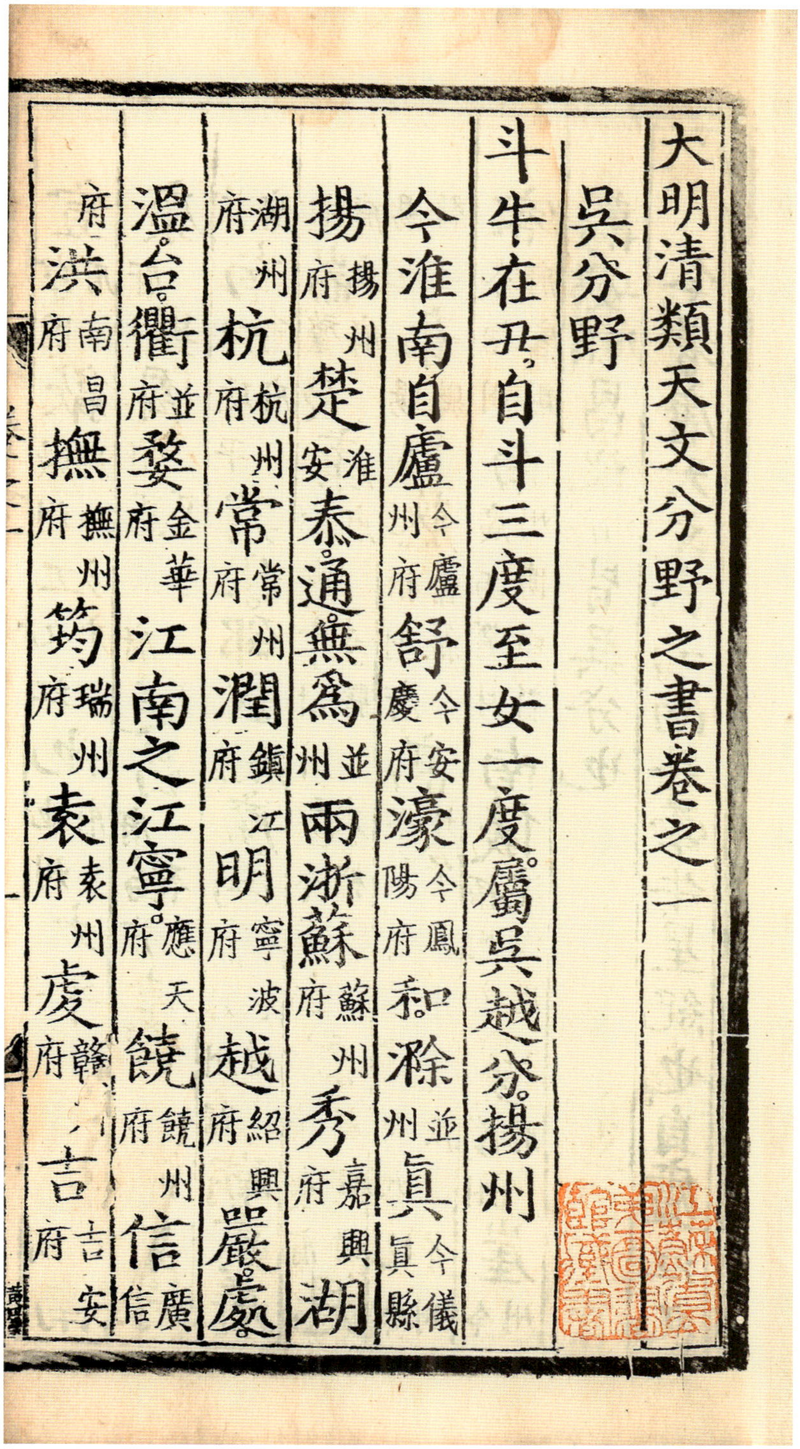
大明清類天文分野之書卷之一

吳分野

斗牛在丑。自斗三度至女一度。屬吳越分。揚州

今淮南自廬(今廬州府)舒(今安慶府)濠(今鳳陽府)和滁(並滁州)眞(今儀眞縣)

揚(揚州府)楚(淮安府)泰。通。無爲(並州)兩浙蘇(蘇州府)秀(嘉興府)湖

(湖州府)杭(杭州府)常(常州府)潤(鎮江府)明(寧波府)越(紹興府)嚴。處。

溫。台。衢(並府)婺(金華府)江南之江寧。(應天府)饒(饒州府)信(廣信

府)洪(南昌府)撫(撫州府)筠(瑞州府)袁(袁州府)虔(贛州府)吉(吉安府)

大明清類天文分野之書二十四卷　題明劉基等撰

明初刻本。半葉8行,行20字,小字雙行,字數同,黑口,四周雙邊,框高28.4厘米,寬15.9厘米。南京圖書館藏。國家名録號12526。

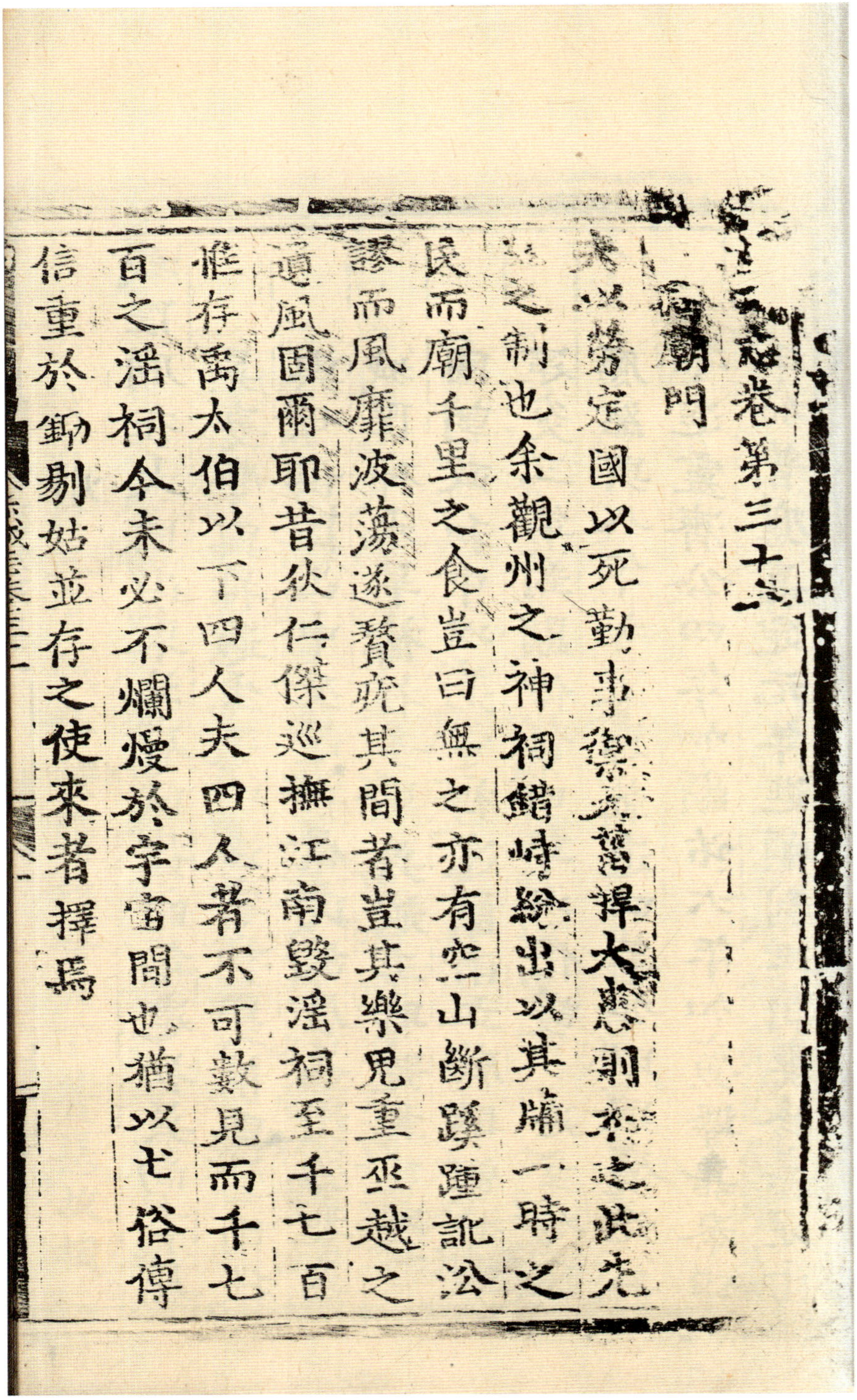

赤城志卷第三十一

祠廟門

夫以勞定國以死勤事禦大菑捍大患則祀之此先
王之制也余觀州之神祠錯峙綺出以其牖一時之
民而廟千里之食豈曰無之亦有空山斷蹊蹠訛訟
謬而風靡波蕩遂贅疣其間者豈其樂凫重巫越之
遺風固爾耶昔狄仁傑廵撫江南毀淫祠至千七百
惟存禹太伯以下四人夫四人者不可數見而千七
百之淫祠今未必不爛熳於宇宙間也猶以乜俗傳
信重於鄉剔姑並存之使來者擇焉

［嘉定］赤城志四十卷　宋齊碩、陳耆卿等纂修

明弘治十年（1497）刻萬曆重修本（卷八至十二配清抄本）。丁丙跋。半葉10行，行20字，小字雙行，字數同，黑口，四周雙邊，框高25.5厘米，寬17.5厘米。南京圖書館藏。國家名録號12563。

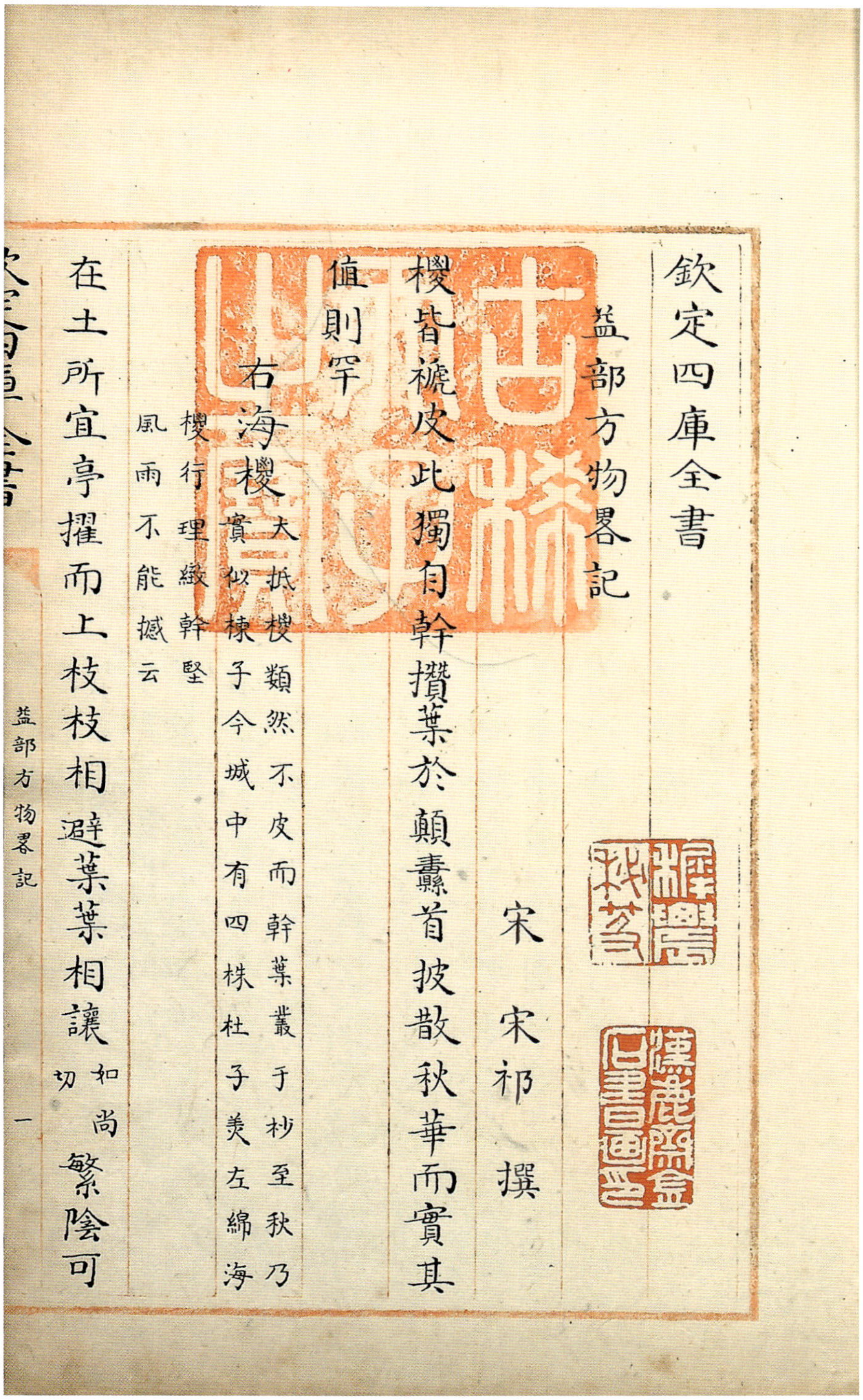

益部方物略記一卷　宋宋祁撰

清乾隆内府寫南三閣四庫全書本。半葉8行，行21字，小字雙行，字數同，白口，四周雙邊，框高20.7厘米，寬13.8厘米。南京圖書館藏。國家名録號12592。

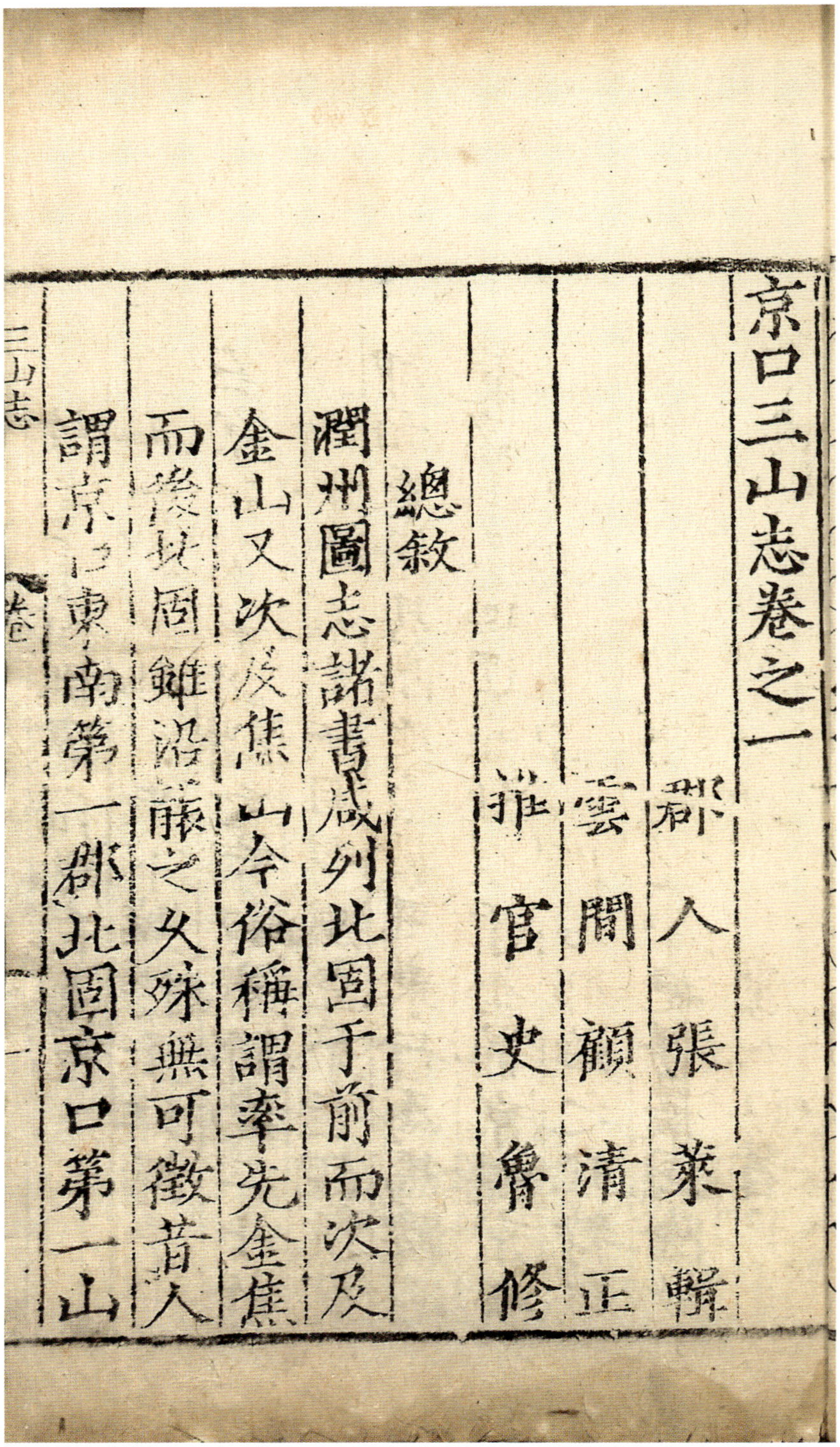

京口三山志卷之一

郡人張萊輯

雲間顧清正

推官史魯修

總敘

潤州圖志諸書咸列北固于前而次及
金山又次及焦山今俗稱謂率先金焦
而後北固雖沿襲之久殊無可徵昔人
謂京口東南第一郡北固京口第一山

三山志　卷一

京口三山志十卷　明張萊撰

明正德七年（1512）刻本。半葉9行，行17字，小字雙行，字數同，白口，左右雙邊，框高19.4厘米，寬14.5厘米。南京圖書館藏。國家名録號12593。

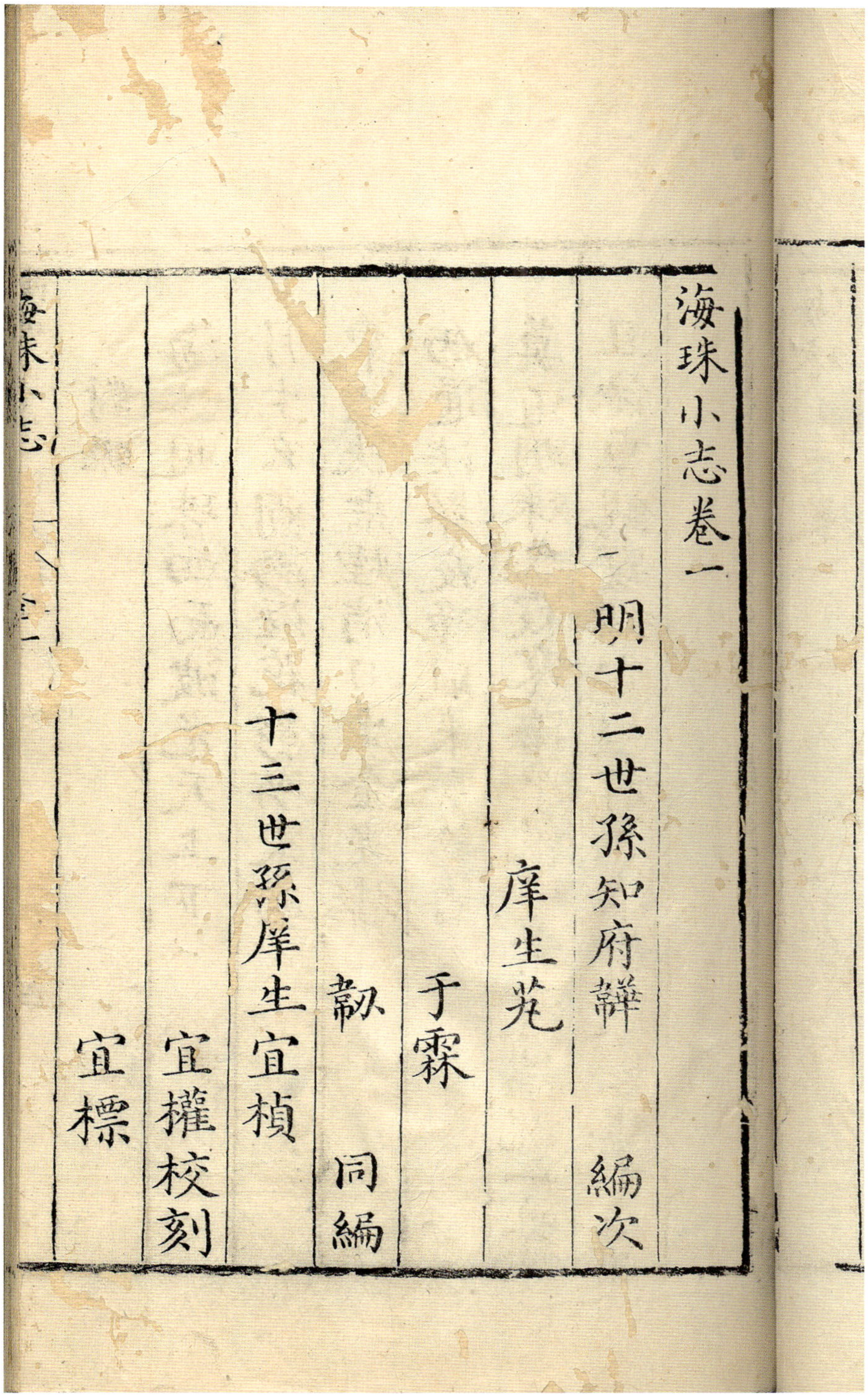

海珠小志卷一

明十二世孫知府韡編次

庠生芃

于霖

歊　同編

十三世孫庠生宜楨

宜權校刻

宜標

海珠小志五卷　明李韡輯

明萬曆二十三年（1595）刻清遞修本。半葉8行，行18字，白口，四周單邊，框高19.6厘米，寬13.1厘米。無錫市圖書館藏。國家名録號12597。

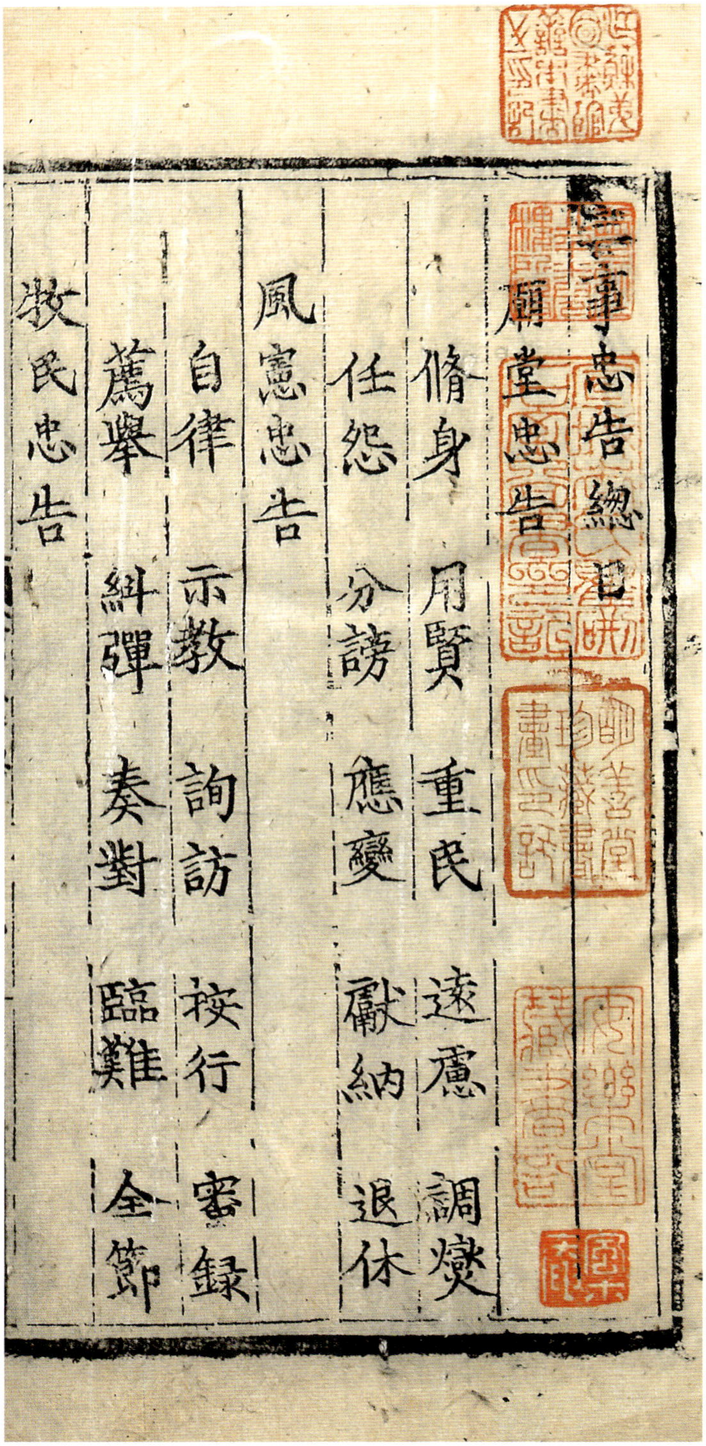
三事忠告總目

廟堂忠告

脩身 用賢 重民 遠慮 調燮

任怨 分謗 應變 獻納 退休

風憲忠告

自律 示教 詢訪 按行 審録

薦舉 糾彈 奏對 臨難 全節

牧民忠告

三事忠告四卷　元張養浩撰　明黄士弘編

明前期刻重修本。丁丙跋。半葉8行，行16字，黑口，四周雙邊，框高22.3厘米，寬13厘米。南京圖書館藏。國家名録號12598。

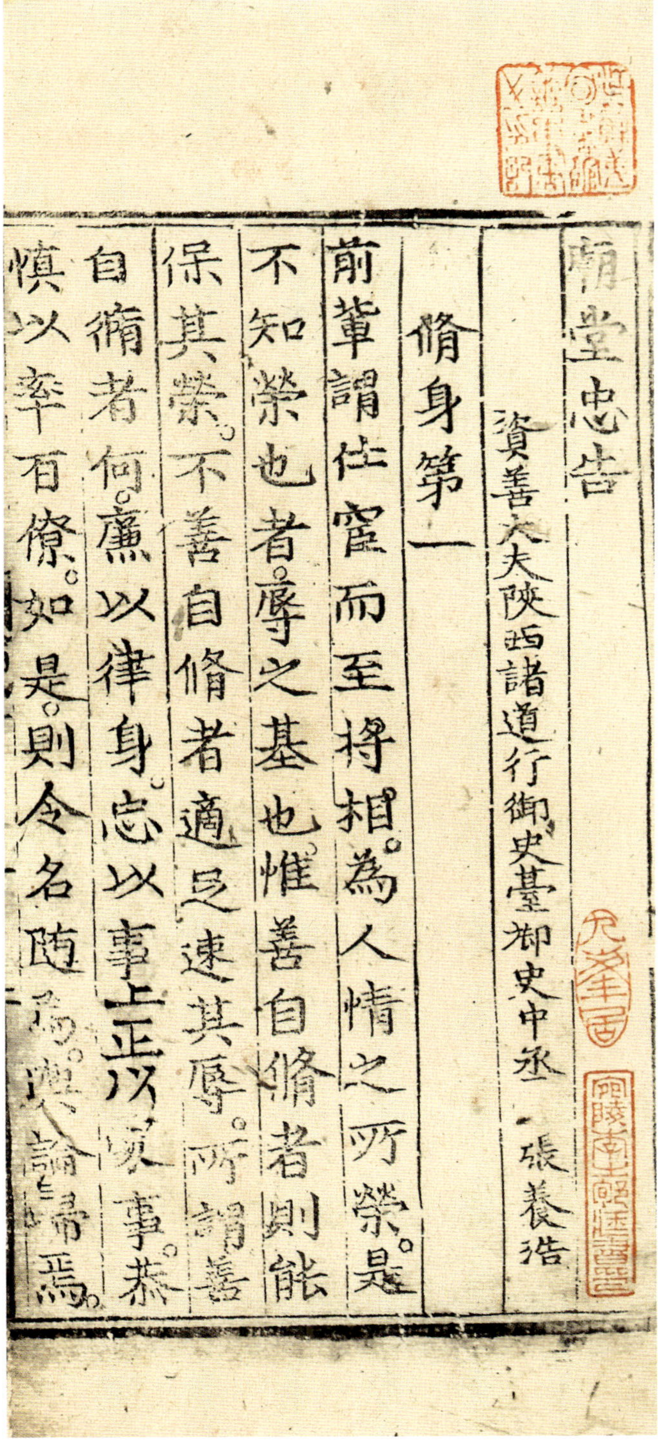
廟堂忠告

資善大夫陝西諸道行御史臺御史中丞　張養浩

脩身第一

前輩謂仕宦而至將相。為人情之所榮。是不知榮也者。辱之基也。惟善自脩者則能保其榮。不善自脩者適足速其辱。所謂善自脩者何。廉以律身。忠以事上。正以處事。恭慎以率百僚。如是。則令名隨焉。輿論歸焉。

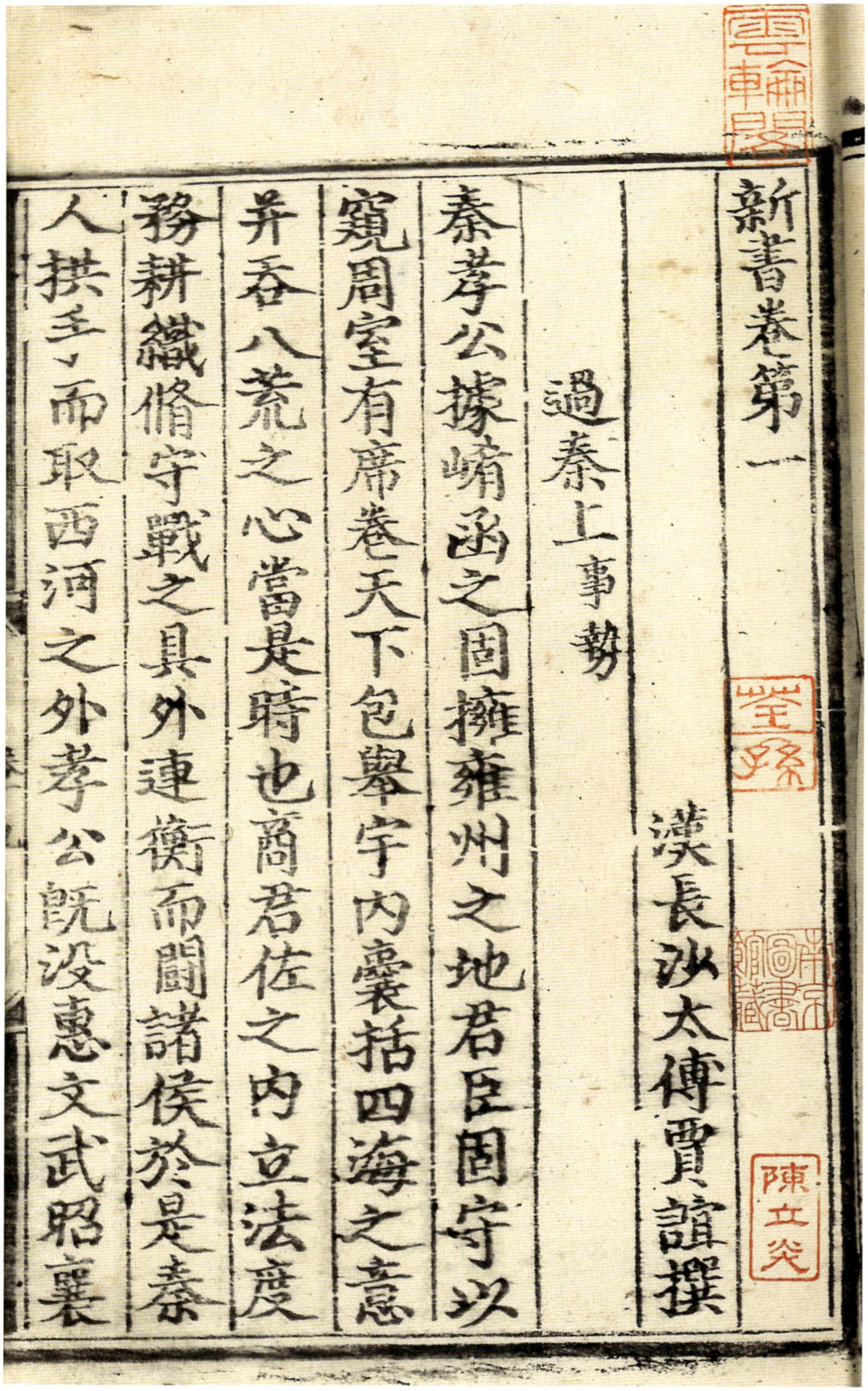

新書卷第一

過秦上事勢

漢長沙太傅賈誼撰

秦孝公據殽函之固擁雍州之地君臣固守以窺周室有席卷天下包舉宇内囊括四海之意并吞八荒之心當是時也商君佐之内立法度務耕織脩守戰之具外連衡而鬬諸侯於是秦人拱手而取西河之外孝公既没惠文武昭襄

新書十卷　漢賈誼撰

明正德十年（1515）吉府刻本。半葉8行，行18字，小字雙行，字數同，黑口，四周雙邊，框高22.5厘米，寬15.1厘米。南京圖書館藏。國家名録號12616。

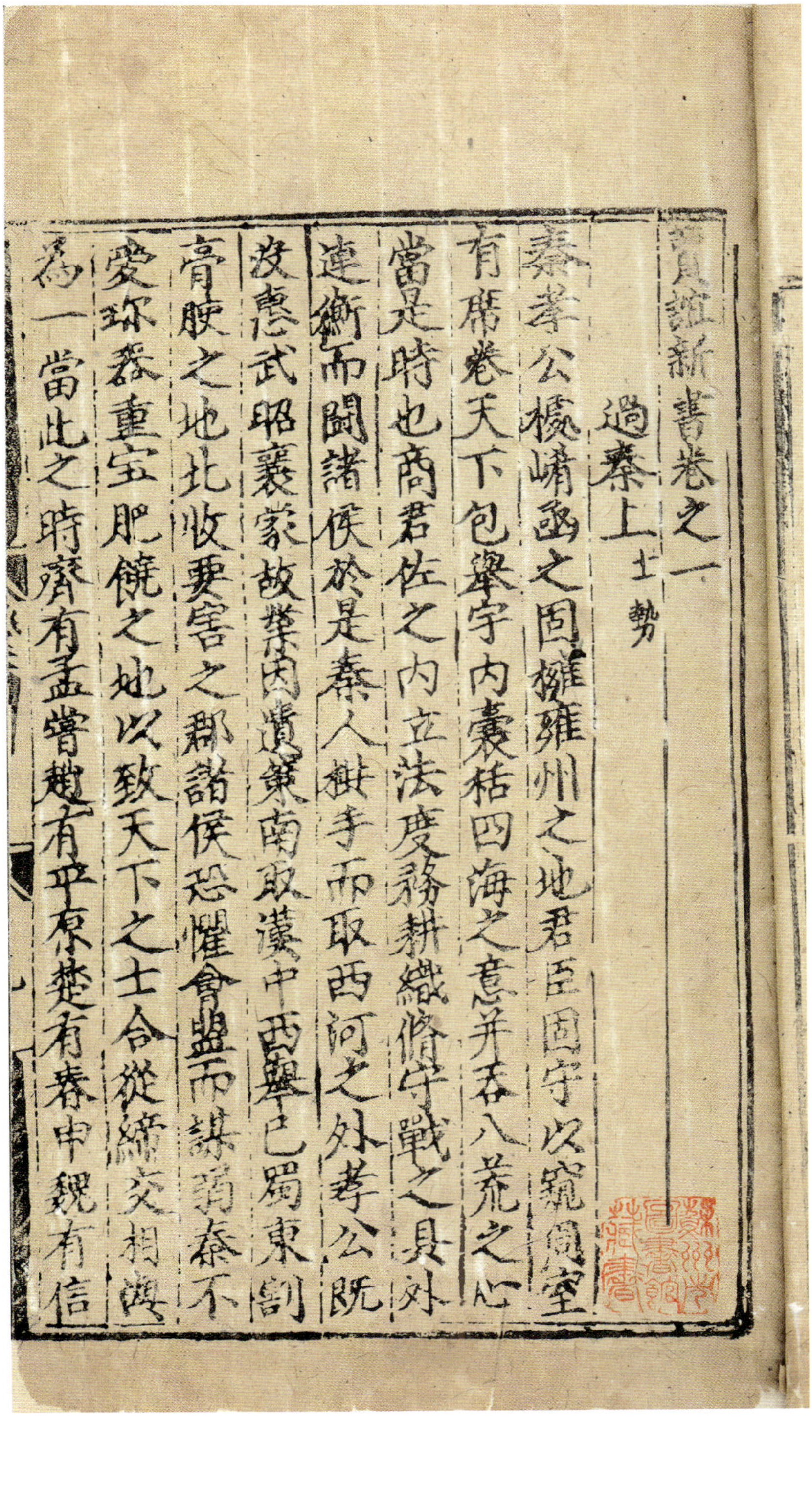

賈誼新書卷之一
過秦上 士勢
秦孝公據崤函之固擁雍州之地君臣固守以窺周室
有席卷天下包舉宇内囊括四海之意并吞八荒之心
當是時也商君佐之内立法度務耕織修守戰之具外
連衡而鬬諸侯於是秦人拱手而取西河之外孝公既
歿惠武昭襄蒙故業因遺策南取漢中西舉巴蜀東割
膏腴之地北收要害之郡諸侯恐懼會盟而謀弱秦不
愛珍器重寶肥饒之地以致天下之士合從締交相與
為一當此之時齊有孟嘗趙有平原楚有春申魏有信

賈誼新書三卷　漢賈誼撰

明前期刻本。半葉 10 行，行 21 字，黑口，四周雙邊，框高 20.3 厘米，寬 12.9 厘米。蘇州圖書館藏。國家名録號 12617。

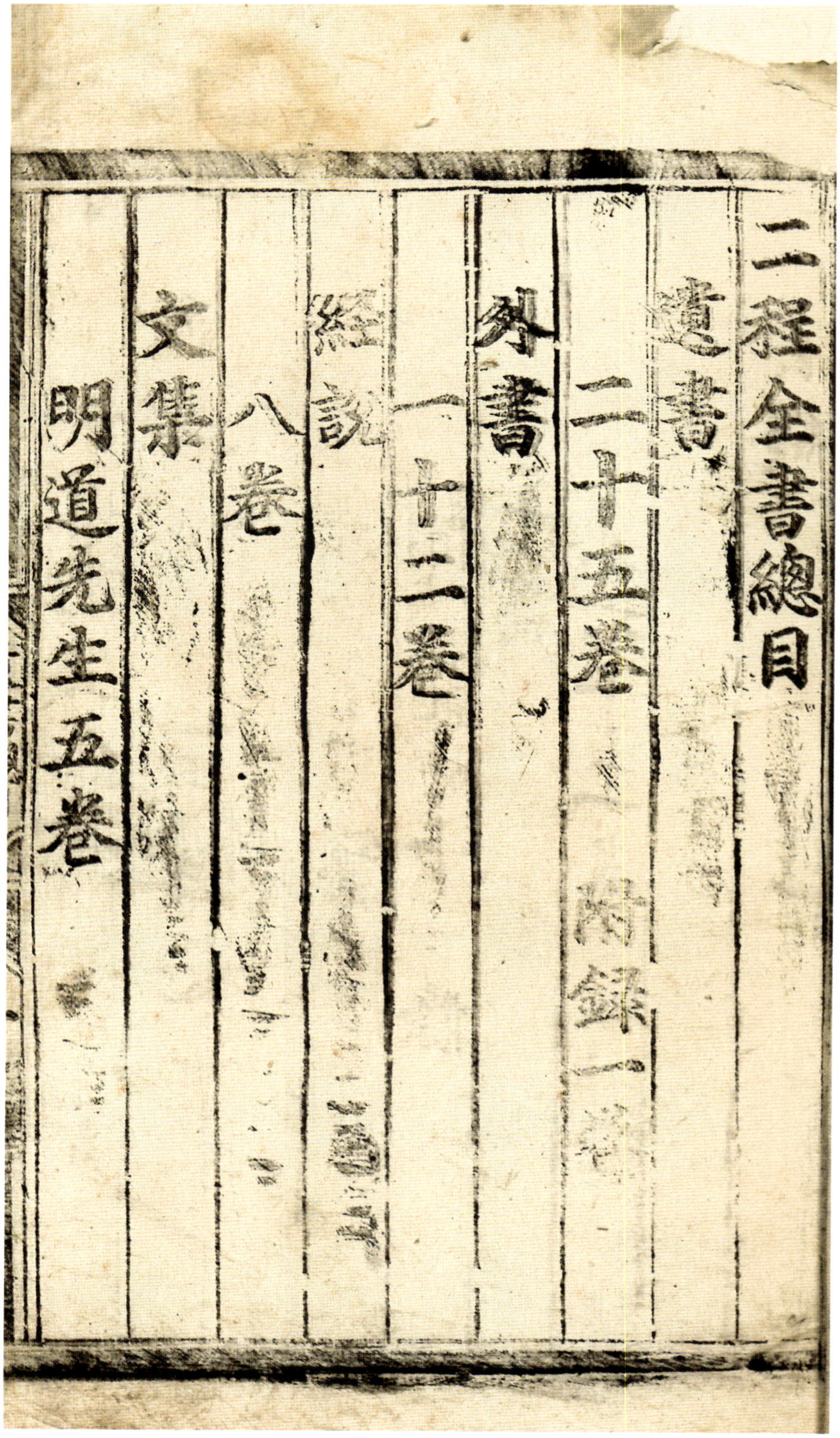
二程全書總目
遺書二十五卷
附録一卷
外書十二卷
經説
八卷
文集
明道先生五卷

二程全書六十二卷　宋程顥、程頤撰

明成化十二年（1476）段堅刻本。丁丙跋。半葉9行，行20字，小字雙行，字數同，黑口，四周雙邊，框高26.1厘米，寬16.6厘米。南京圖書館藏。國家名録號12622。

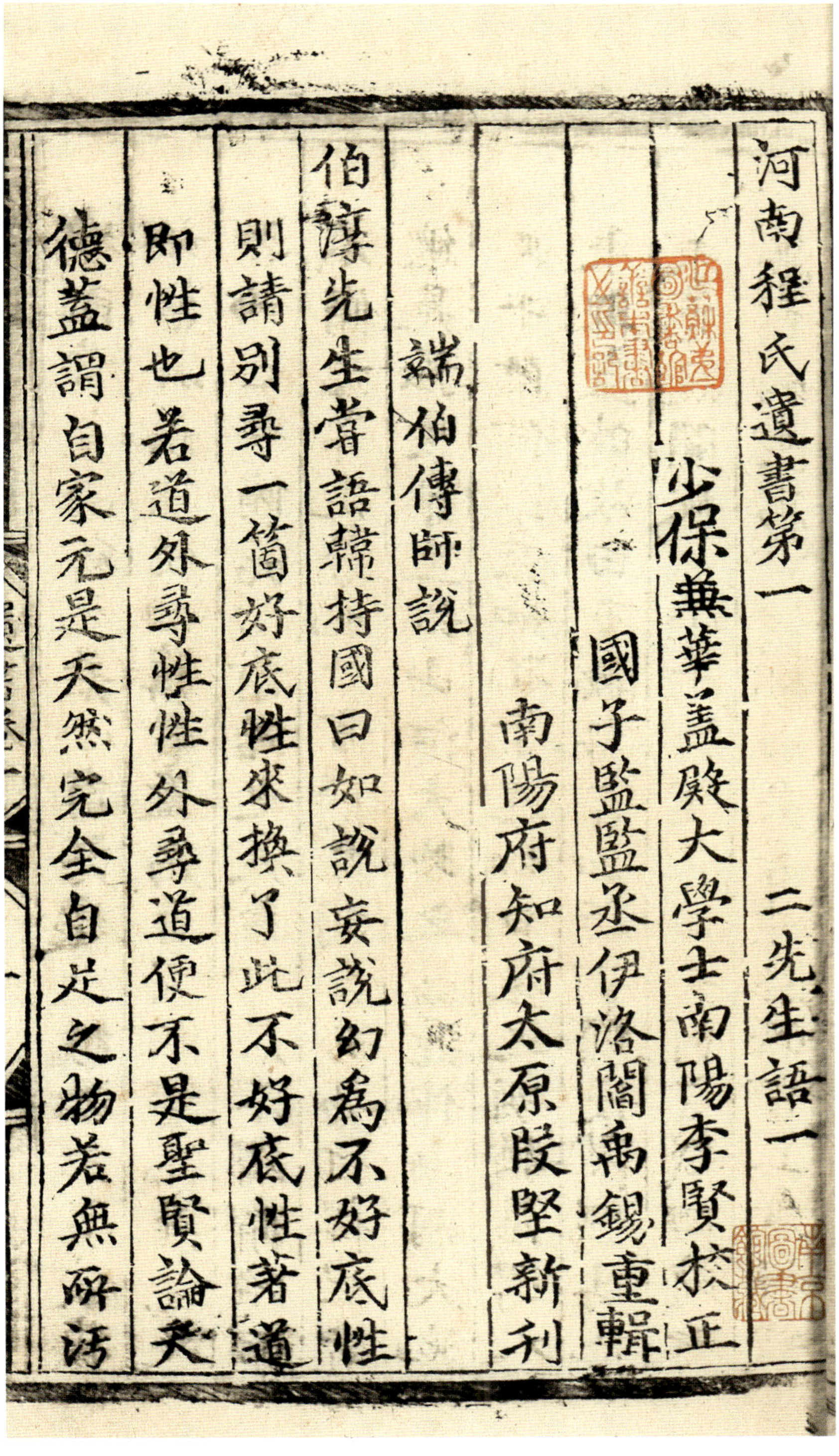

河南程氏遺書第一　　二先生語一

少保兼華蓋殿大學士南陽李賢校正

國子監監丞伊洛閻禹錫重輯

南陽府知府太原段堅新刊

端伯傳師説

伯淳先生嘗語韓持國曰如説妄説幻爲不好底性則請別尋一箇好底性來換了此不好底性著道即性也若道外尋性性外尋道便不是聖賢論天德蓋謂自家元是天然完全自足之物若無所汚

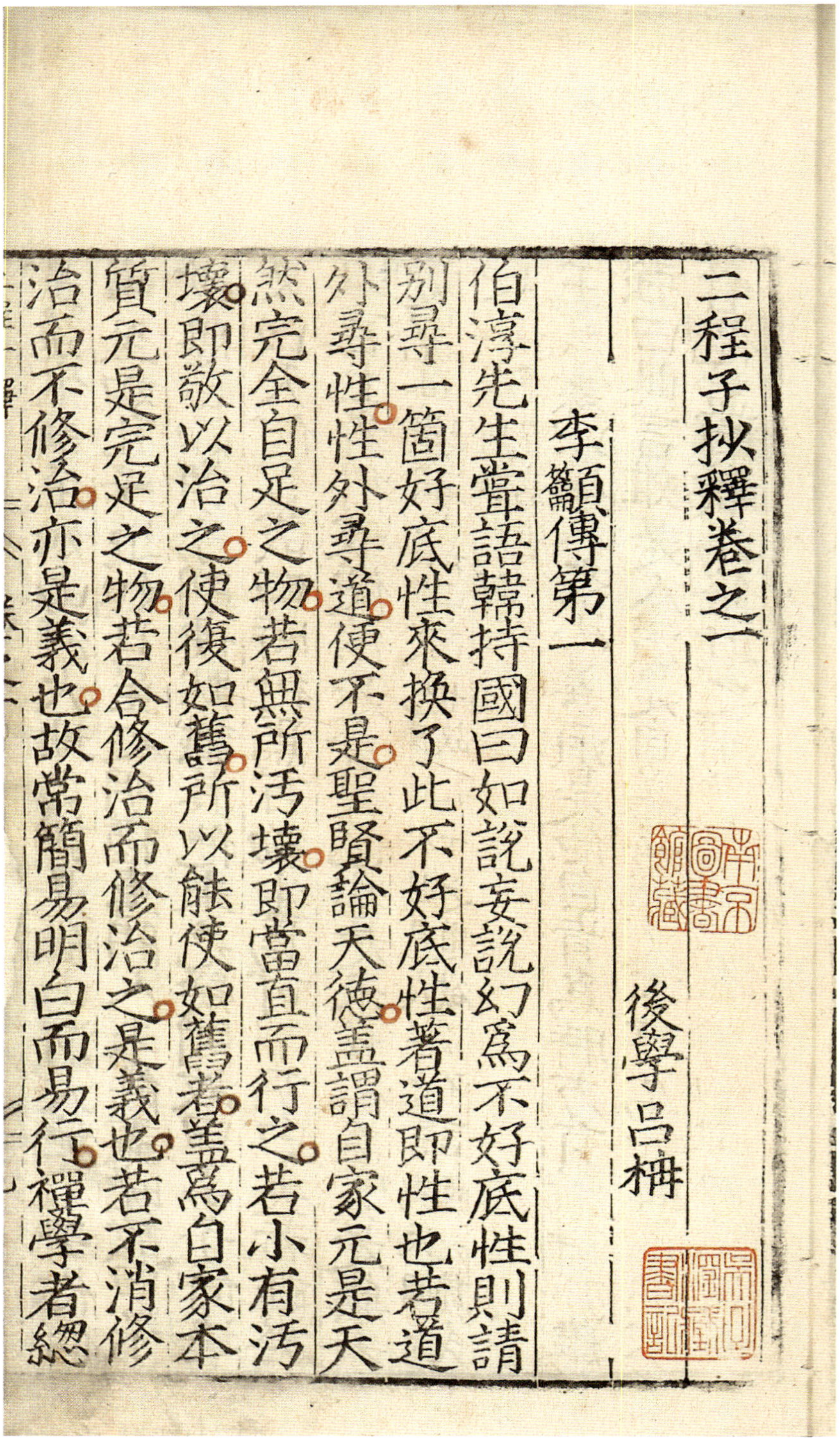
二程子抄釋卷之一

李籲傳第一

後學呂柟

伯淳先生嘗語韓持國曰如說妄說幻爲不好底性則請別尋一箇好底性來換了此不好底性著道即性也若道外尋性性外尋道便不是聖賢論天德盖謂自家元是天然完全自足之物若無所汚壞即當直而行之若小有汚壞即敬以治之使復如舊所以能使如舊者盖爲自家本質元是完足之物若合修治而修治之是義也若不消修治而不修治亦是義也故常簡易明白而易行禪學者總

二程子抄釋十卷　明吕柟撰

明嘉靖五年（1526）解梁書院刻本。半葉10行，行22字，小字雙行，字數同，白口，左右雙邊，框高20.3厘米，寬13.4厘米。南京圖書館藏。國家名録號12623。

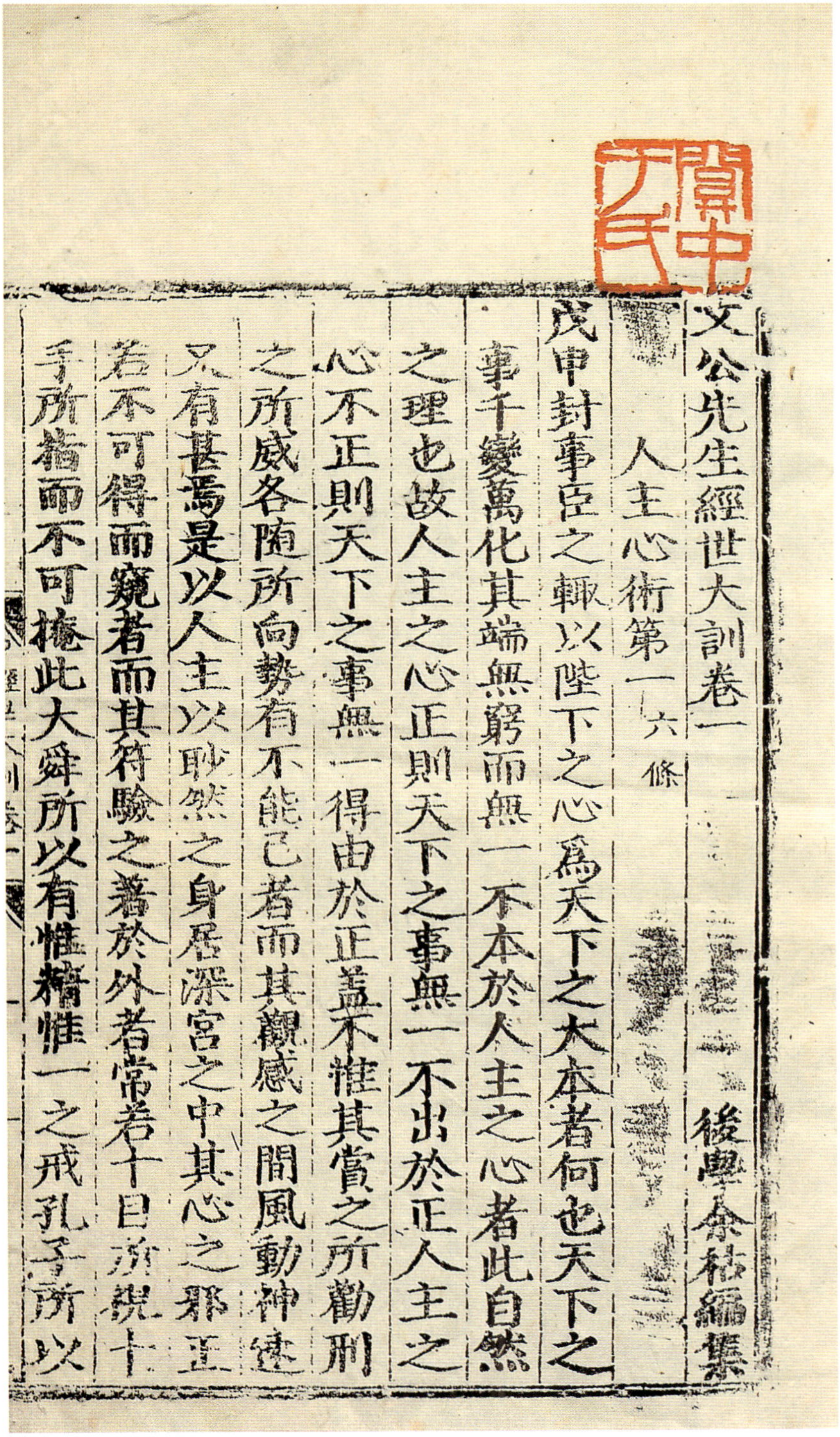

文公先生經世大訓卷一　　後學余祐編集

人主心術第一 六條

戊申封事臣之輒以陛下之心爲天下之大本者何也天下之事千變萬化其端無窮而無一不本於人主之心者此自然之理也故人主之心正則天下之事無一不出於正人主之心不正則天下之事無一得由於正蓋不惟其賞之所勸刑之所威各隨所向勢有不能已者而其觀感之間風動神速又有甚焉是以人主以眇然之身居深宮之中其心之邪正若不可得而窺者而其符驗之著於外者常若十目所視十手所指而不可揜此大舜所以有惟精惟一之戒孔子所以

文公先生經世大訓十六卷　明余祐輯

明嘉靖元年（1522）河南按察司刻本。半葉10行，行24字，小字雙行，字數同，白口，四周雙邊，框高22.9厘米，寬15.3厘米。南京圖書館藏。國家名録號12626。

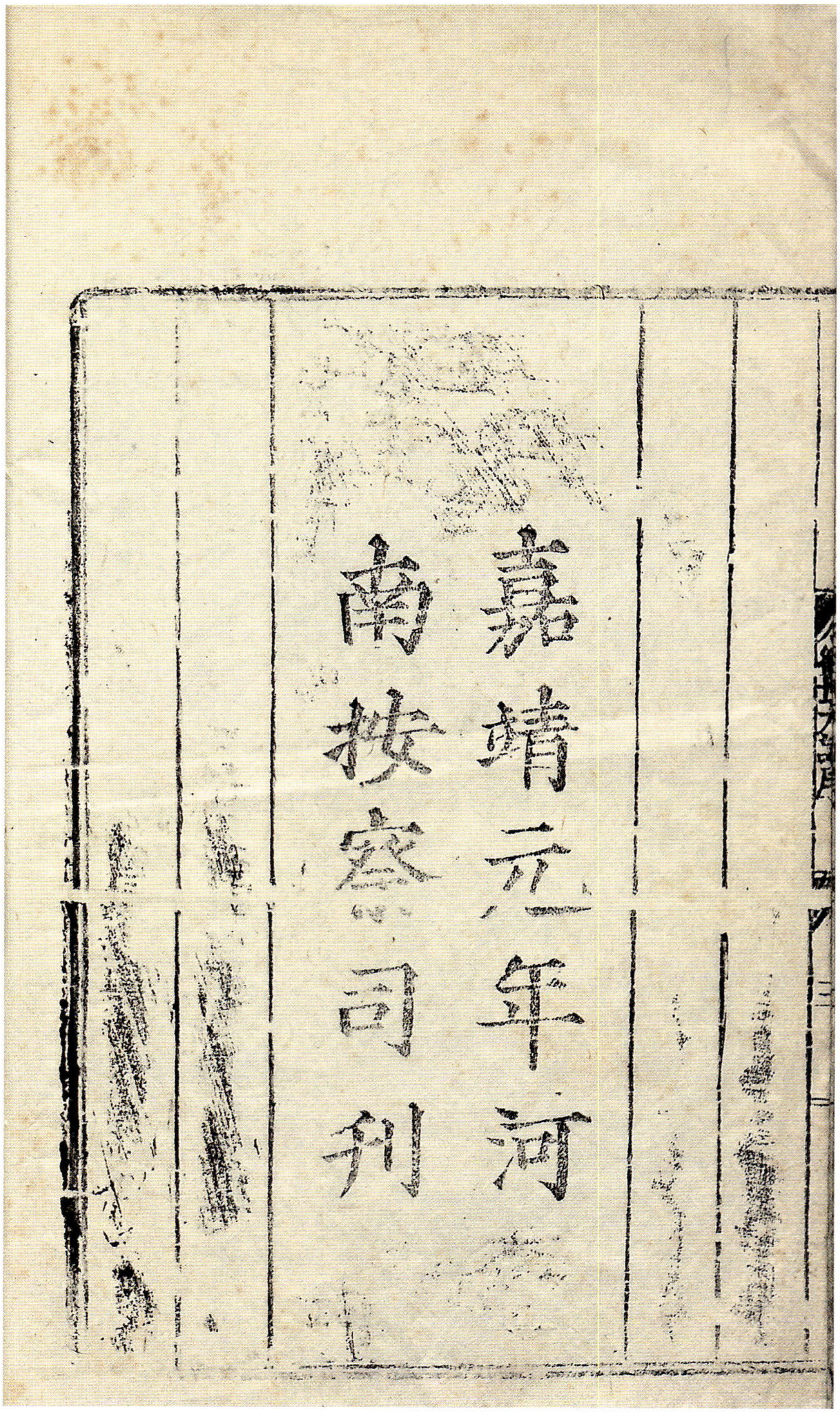

嘉靖元年河
南按察司刊

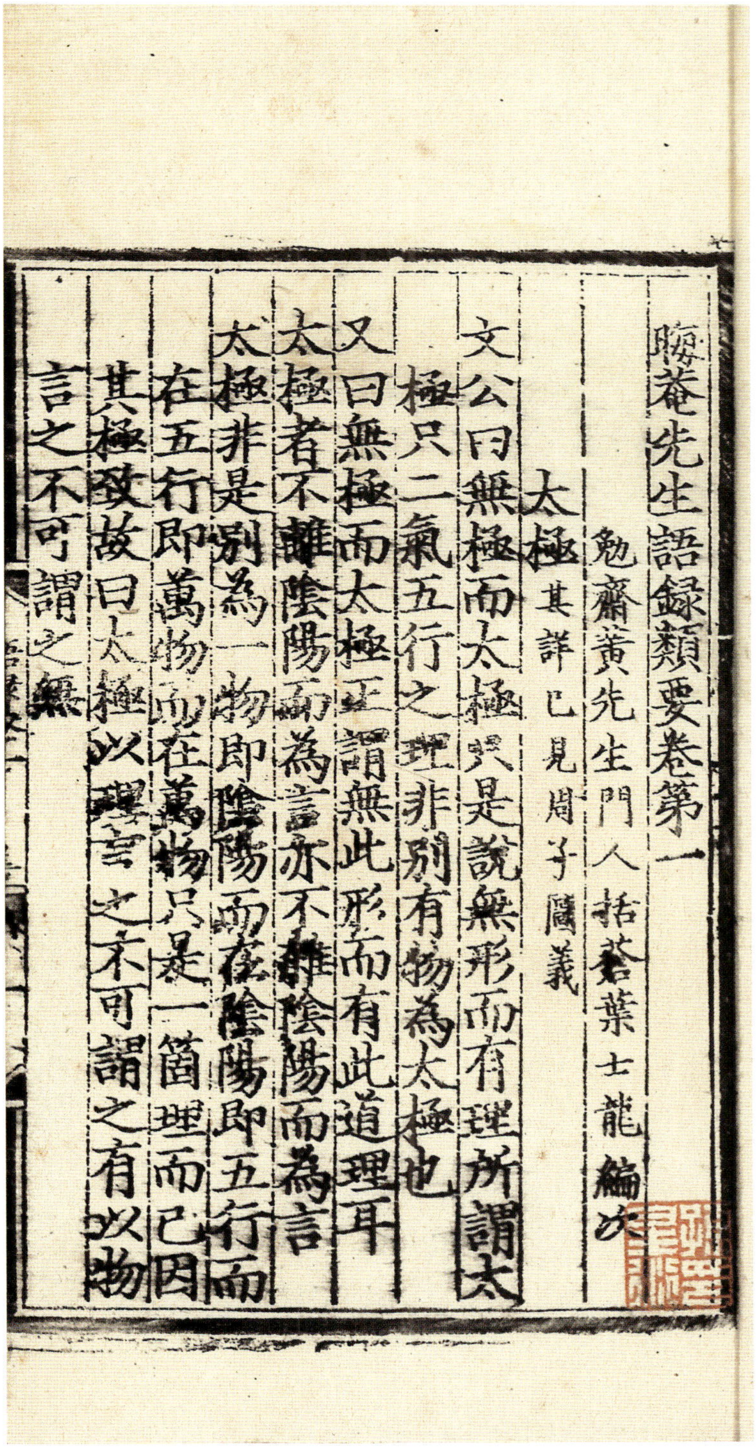
晦菴先生語録類要卷第一
勉齋黄先生門人括蒼葉士龍編次
太極 其詳已見周子圖義
文公曰無極而太極只是說無形而有理所謂太
極只二氣五行之理非別有物為太極也
又曰無極而太極正謂無此形而有此道理耳
太極者不離陰陽而為言亦不雜陰陽而為言
太極非是別為一物即陰陽而在陰陽即五行而
在五行即萬物而在萬物只是一箇理而已因
其極致故曰太極以理言之不可謂之有以物
言之不可謂之無

晦庵先生語録類要十八卷　宋葉士龍輯

明成化六年（1470）韓儼刻本。半葉 11 行，行 19 字，黑口，四周雙邊，框高 19.1 厘米，寬 12.5 厘米。南京圖書館藏。國家名録號 12627。

明清時期

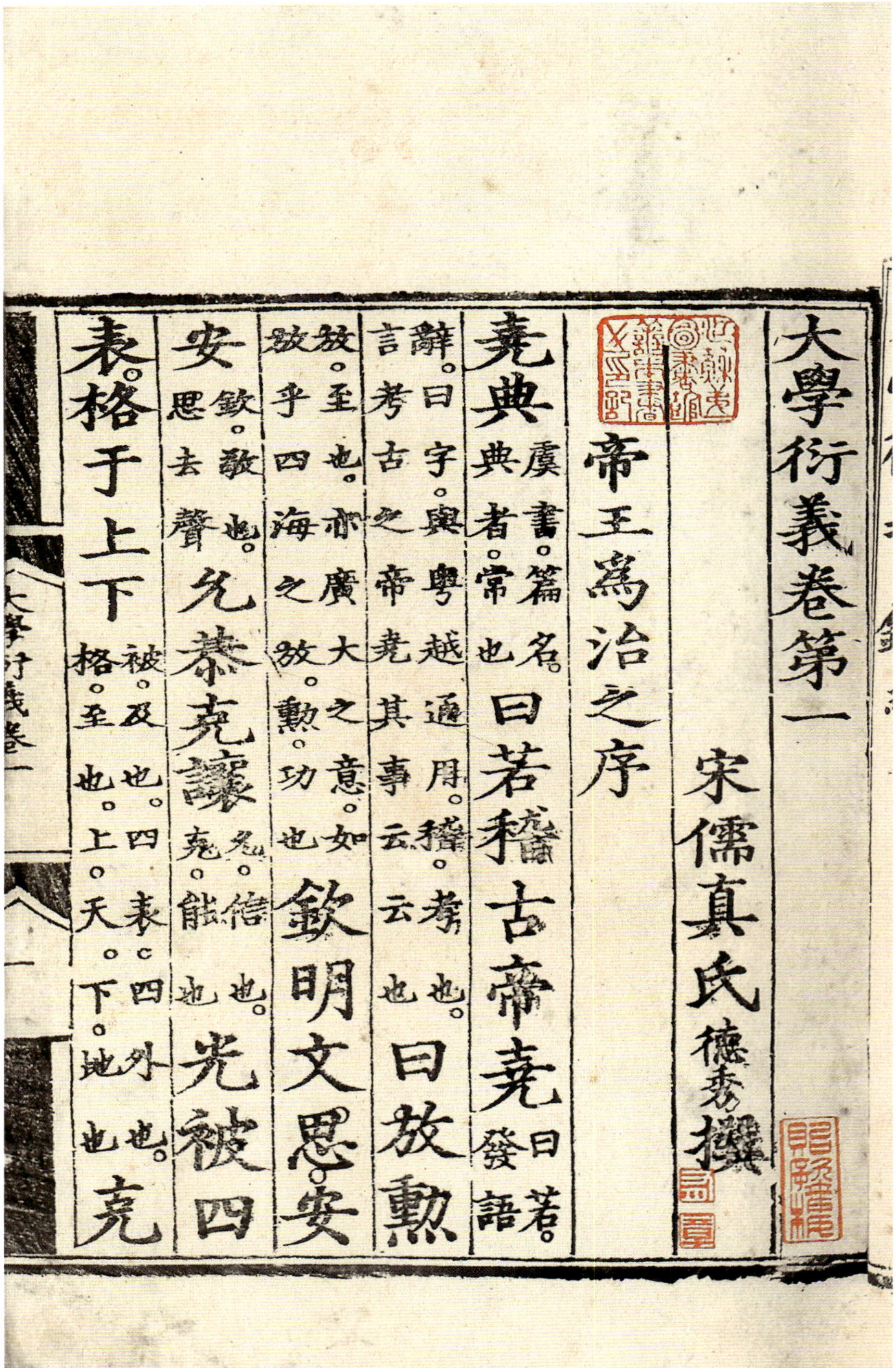

大學衍義四十三卷　宋真德秀撰

明嘉靖六年（1527）司禮監刻本。半葉8行，行14或17字，小字雙行，行14字，黑口，四周雙邊，框高22.4厘米，寬16.7厘米。南京圖書館藏。國家名録號12628。

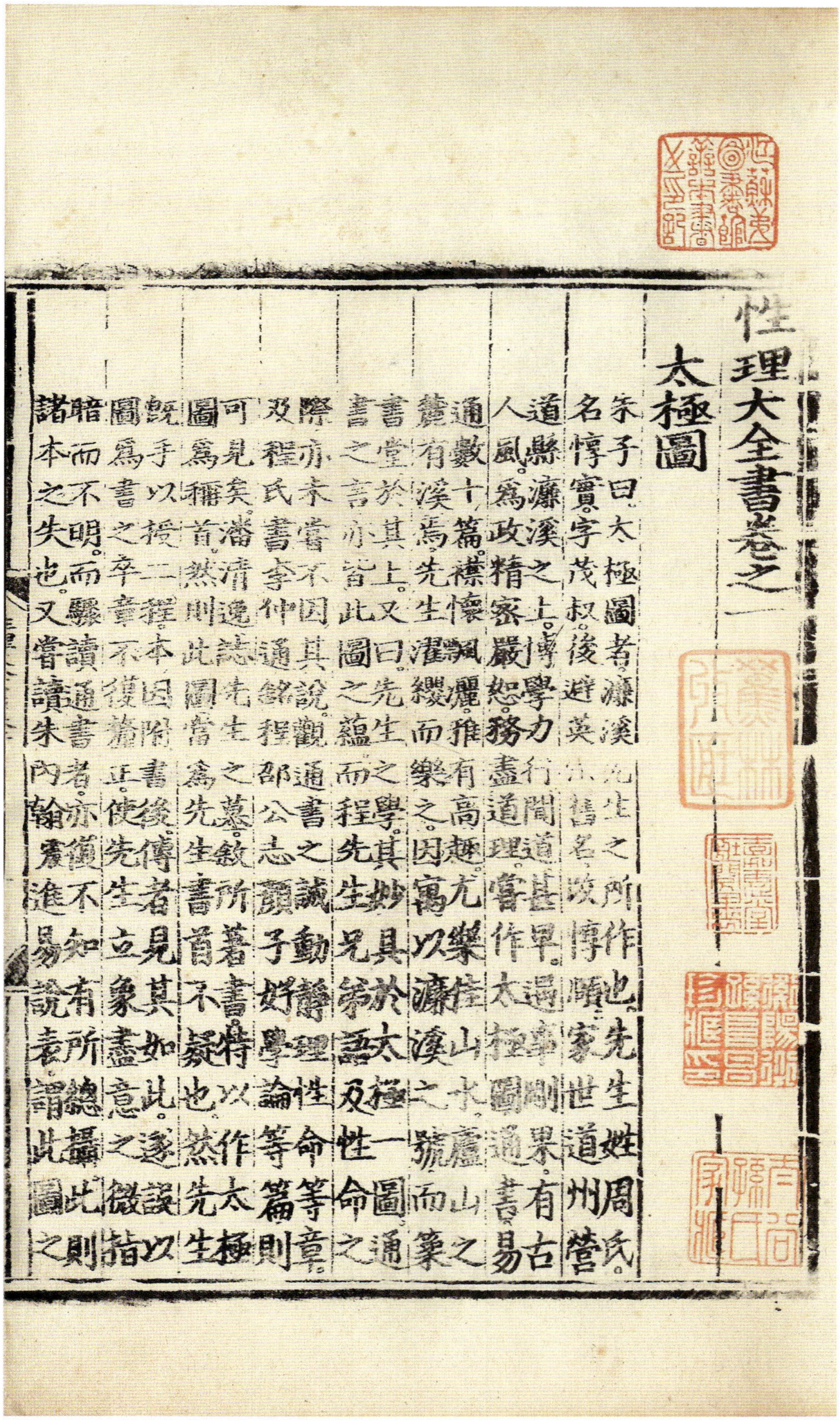
性理大全書卷之一

太極圖

朱子曰太極圖者濂溪先生之所作也先生姓周氏名惇實字茂叔後避英宗舊名改惇頤家世道州營道縣濂溪之上博學力行聞道甚早遇事剛果有古人風爲政精密嚴恕務盡道理嘗作太極圖通書易通數十篇襟懷飄灑雅有高趣尤樂佳山水廬山之麓有溪焉先生濯纓而樂之因寓以濂溪之號而築書堂於其上又曰先生之學其妙具於太極一圖通書之言亦皆此圖之蘊而程先生兄弟語及性命之際亦未嘗不因其說觀通書之誠動靜理性命等章及程氏書李仲通銘程邵公志顏子好學論等篇則可見矣潘清逸誌先生之墓敘所著書特以作太極圖爲稱首然則此圖當爲先生書首不疑也然先生既手以授二程本因附書後傳者見其如此遂誤以圖爲書之卒章不復釐正使先生立象盡意之微指暗而不明而驟讀通書者亦復不知有所總攝此則諸本之失也又嘗讀朱內翰震進易說表謂此圖之

性理大全書七十卷　明胡廣等撰

明永樂十三年（1415）內府刻本。丁丙跋。半葉 10 行，行 22 字，小字雙行，字數同，黑口，四周雙邊，框高 26.8 厘米，寬 17.5 厘米。南京圖書館藏。國家名録號 12632。

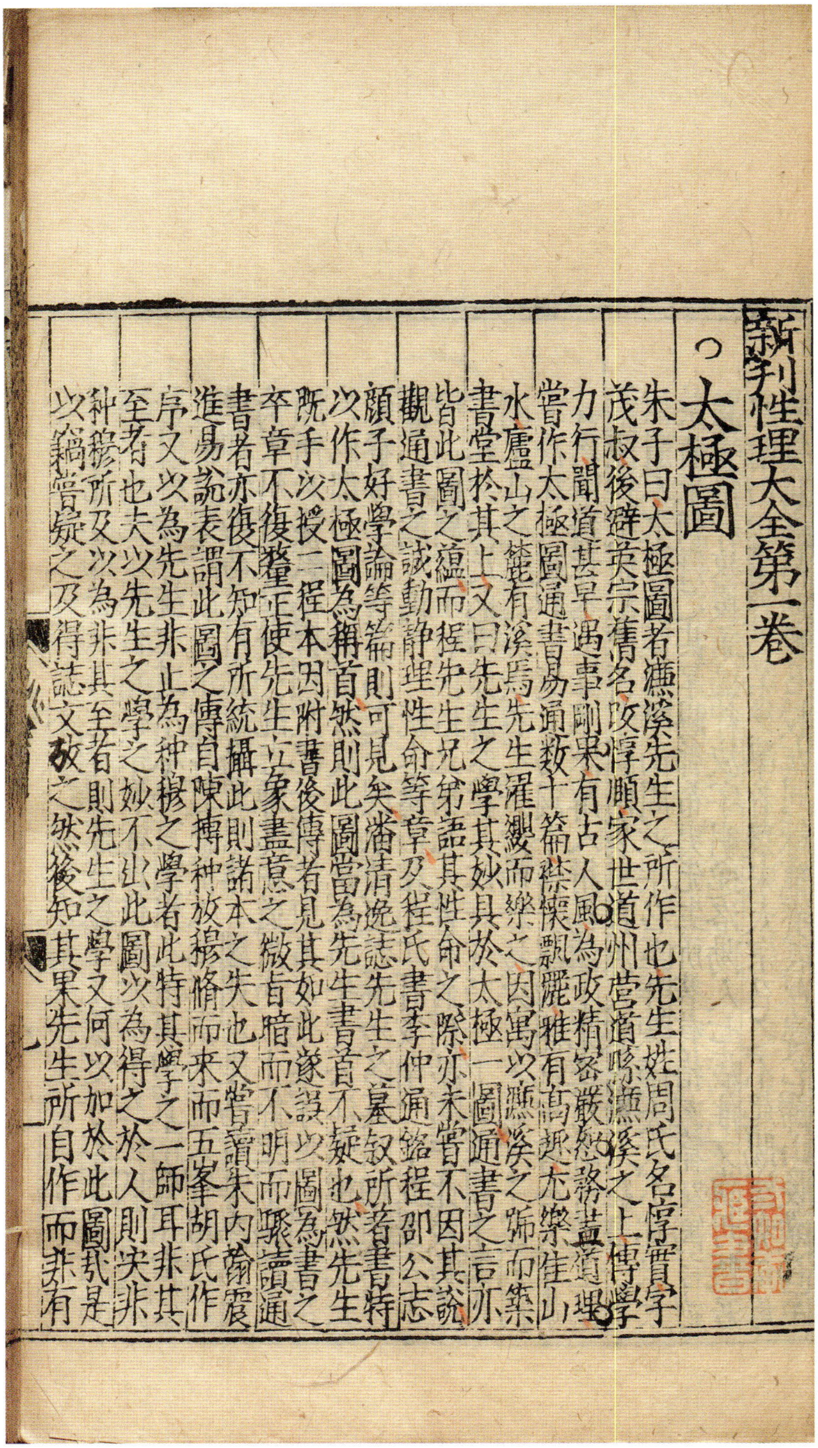

新刊性理大全第一卷

○太極圖

朱子曰太極圖者濂溪先生之所作也先生姓周氏名惇實字茂叔後避英宗舊名改惇頤家世道州營道縣濂溪之上博學力行聞道甚早遇事剛果有古人風為政精密嚴恕務盡道理嘗作太極圖通書易通數十篇襟懷飄灑雅有高趣尤樂佳山水廬山之麓有溪焉先生濯纓而樂之因寓以濂溪之號而築書堂於其上又曰先生之學其妙具於太極一圖通書之言亦皆此圖之藴而程先生兄弟語其性命之際亦未嘗不因其說觀通書之誠動靜理性命等章及程氏書李仲通銘程邵公志顏子好學論等篇則可見矣潘清逸誌先生之墓叙所著書特以作太極圖為稱首然則此圖當為先生書首不疑也然先生既手以授二程本因附書後傳者見其如此遂誤以圖為書之卒章不復釐正使先生立象盡意之微旨暗而不明而驟讀通書者亦復不知有所統攝此則諸本之失也又嘗讀朱內翰震進易說表謂此圖之傳自陳摶种放穆脩而來而五峯胡氏作序又以為先生非止為种穆之學者此特其學之一師耳非其至者也夫以先生之學之妙不出此圖以為得之於人則决非种穆所及以為非其至者則先生之學又何以加於此圖哉是以竊嘗疑之及得誌文攷之然後知其果先生所自作而非有

新刊性理大全七十卷　明胡廣等撰

明嘉靖三十二年（1553）熊氏一峰堂刻本。半葉 11 行，行 26 字，小字雙行，字數同，白口，四周雙邊，框高 17.9 厘米，寬 12.7 厘米。鎮江市圖書館藏。國家名録號 12635。

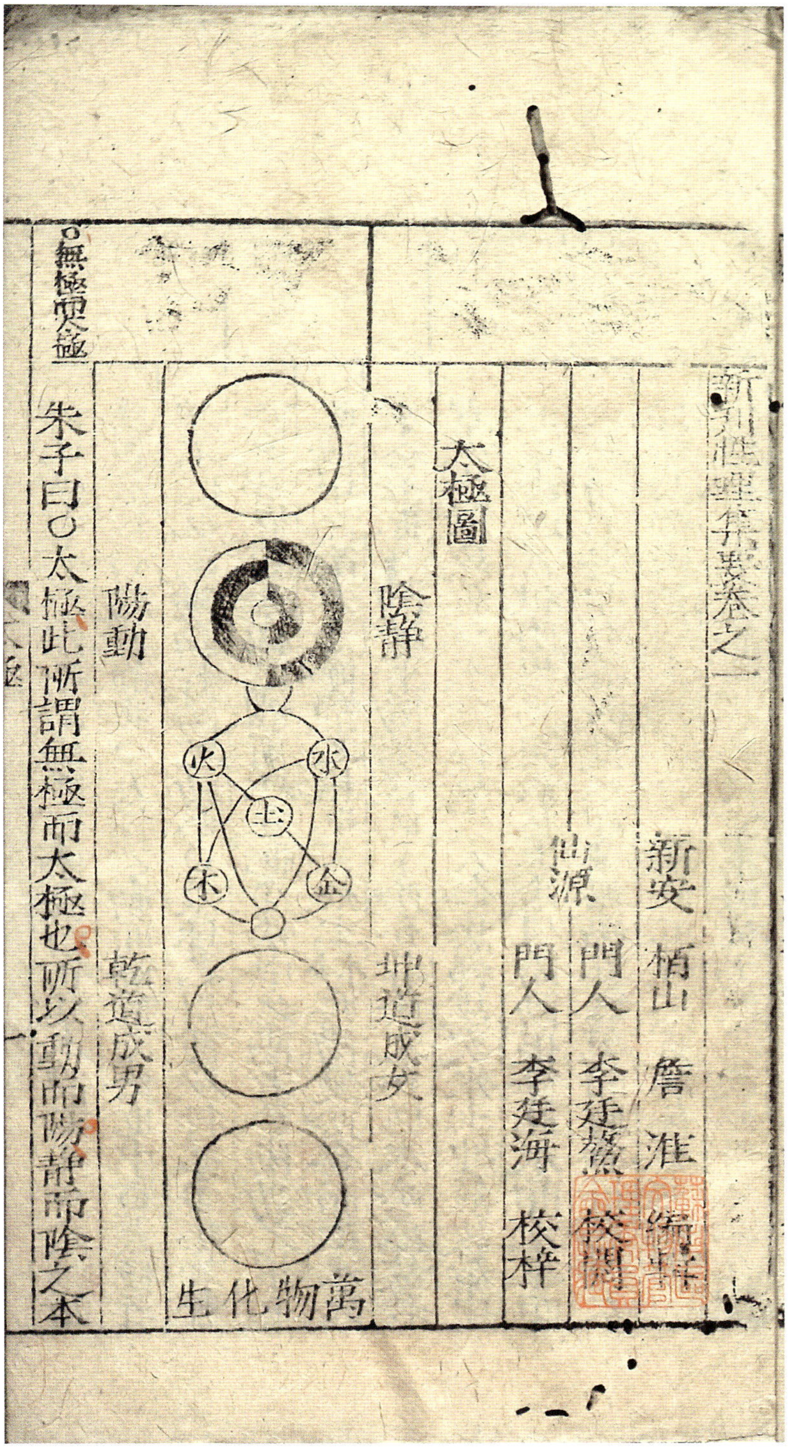
新刊性理集要卷之一
新安 栢山 詹淮 編輯
門人 李廷海 校梓
太極圖
陰靜
陽動
火
水
土
木
金
坤道成女
乾道成男
萬物化生
無極而太極
朱子曰○太極此所謂無極而太極也所以動而陽靜而陰之本

新刊性理集要八卷　明詹淮輯

明嘉靖四十年（1561）歸仁齋刻本。上下兩欄，下欄半葉 11 行，行 26 字，小字雙行，字數同，下黑口，四周單邊，框高 19.3 厘米，寬 12.9 厘米。南京圖書館藏。國家名録號 12638。

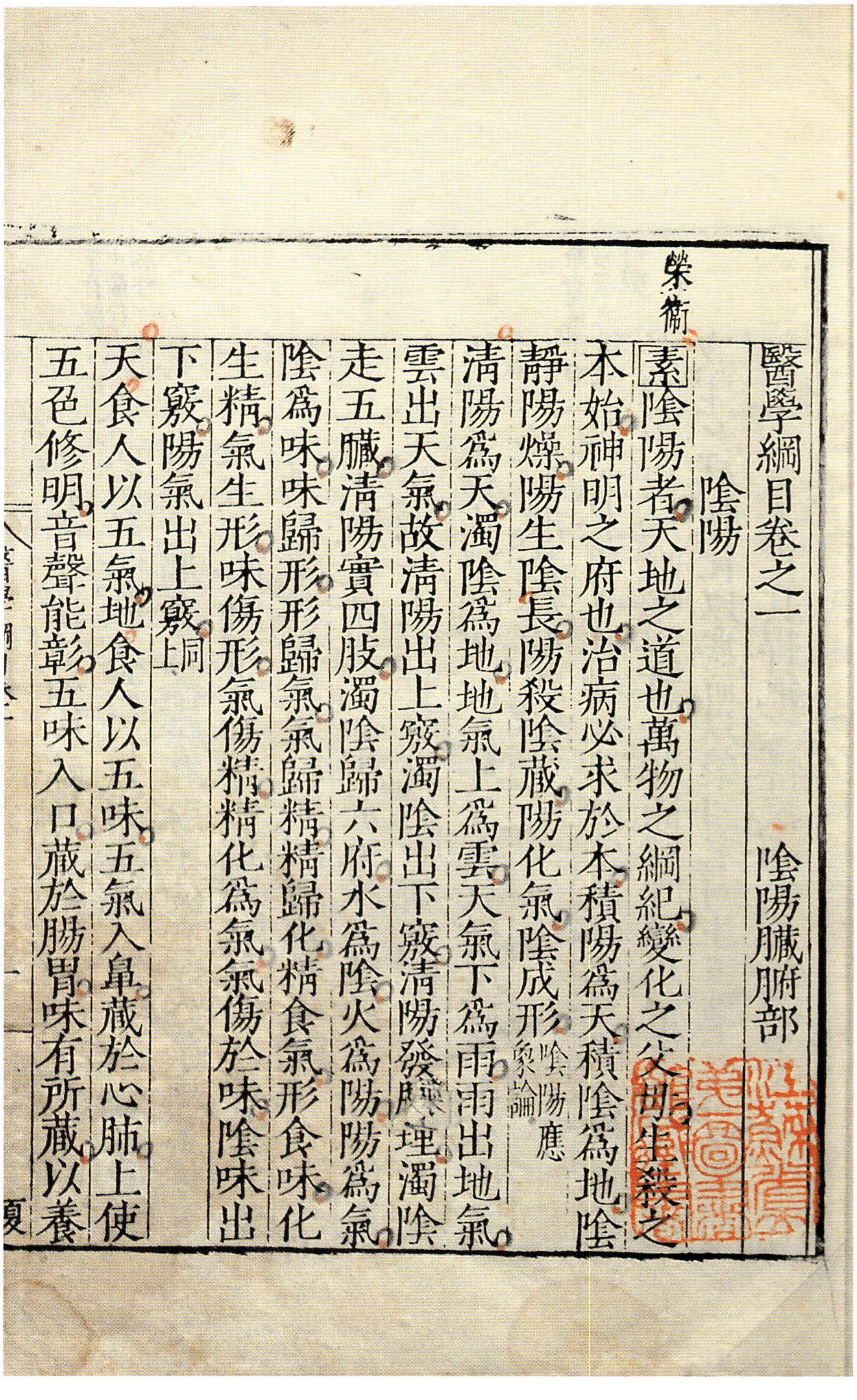
醫學綱目卷之一

陰陽　　　　陰陽臟腑部

榮衛

素陰陽者天地之道也萬物之綱紀變化之父母生殺之本始神明之府也治病必求於本積陽爲天積陰爲地陰靜陽燥陽生陰長陽殺陰藏陽化氣陰成形陰陽應象論清陽爲天濁陰爲地地氣上爲雲天氣下爲雨雨出地氣雲出天氣故清陽出上竅濁陰出下竅清陽發腠理濁陰走五臟清陽實四肢濁陰歸六府水爲陰火爲陽陽爲氣陰爲味味歸形形歸氣氣歸精精歸化精食氣形食味化生精氣生形味傷形氣傷精精化爲氣氣傷於味陰味出下竅陽氣出上竅同上

天食人以五氣地食人以五味五氣入鼻藏於心肺上使五色修明音聲能彰五味入口藏於腸胃味有所藏以養

醫學綱目四十卷　明樓英撰　運氣占候補遺一卷

明嘉靖四十四年（1565）曹灼刻本。上下兩欄，下欄半葉13行，行22字，小字雙行，字數同，白口，左右雙邊，框高19.2厘米，寬15厘米。南京圖書館藏。國家名録號12645。

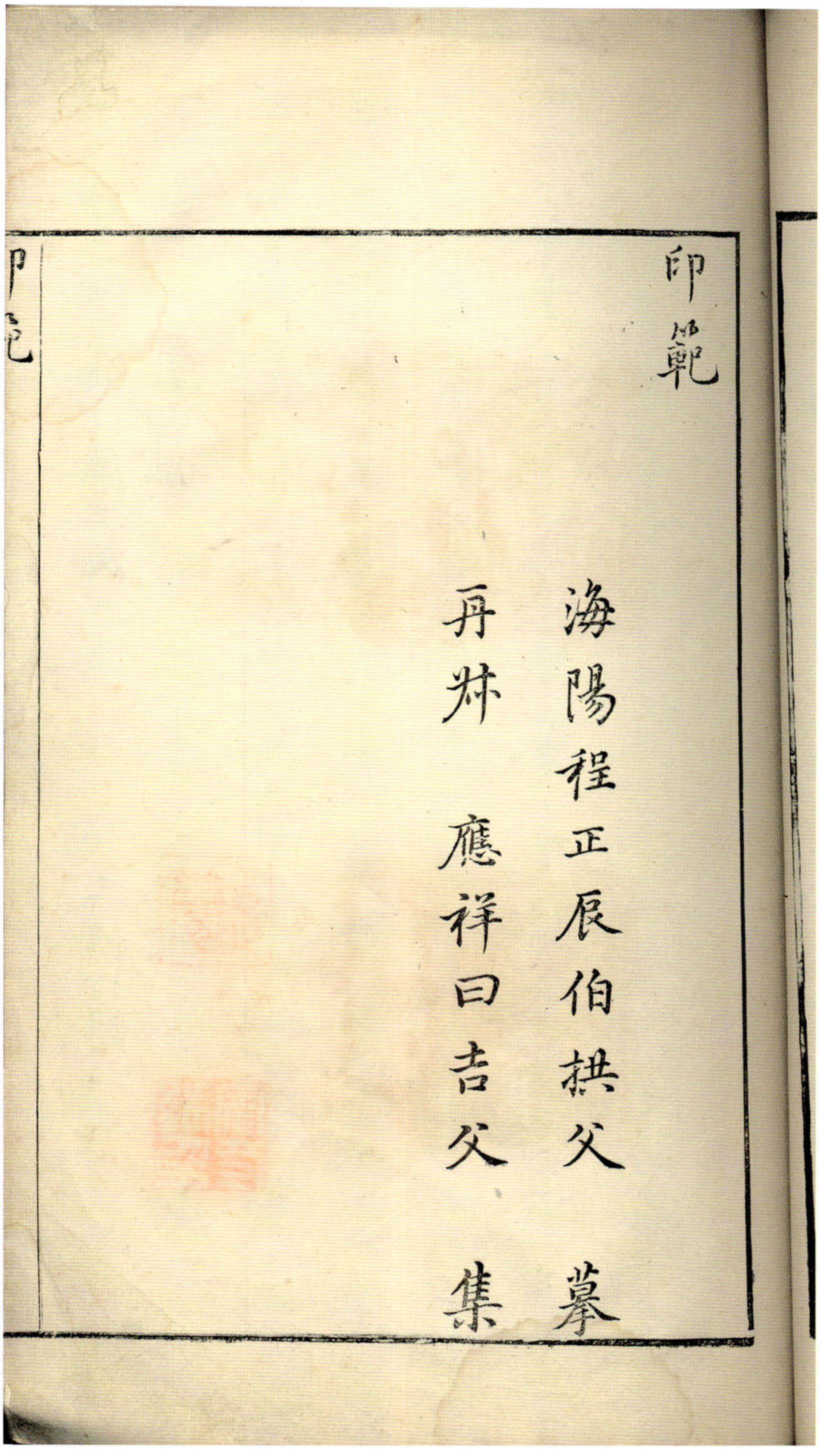

印範一卷　明程正辰摹　明程應祥集

明崇禎七年（1634）程應祥刻鈐印本。白口，四周單邊，框高 22.4 厘米，寬 15 厘米。蘇州圖書館藏。國家名録號 12657。

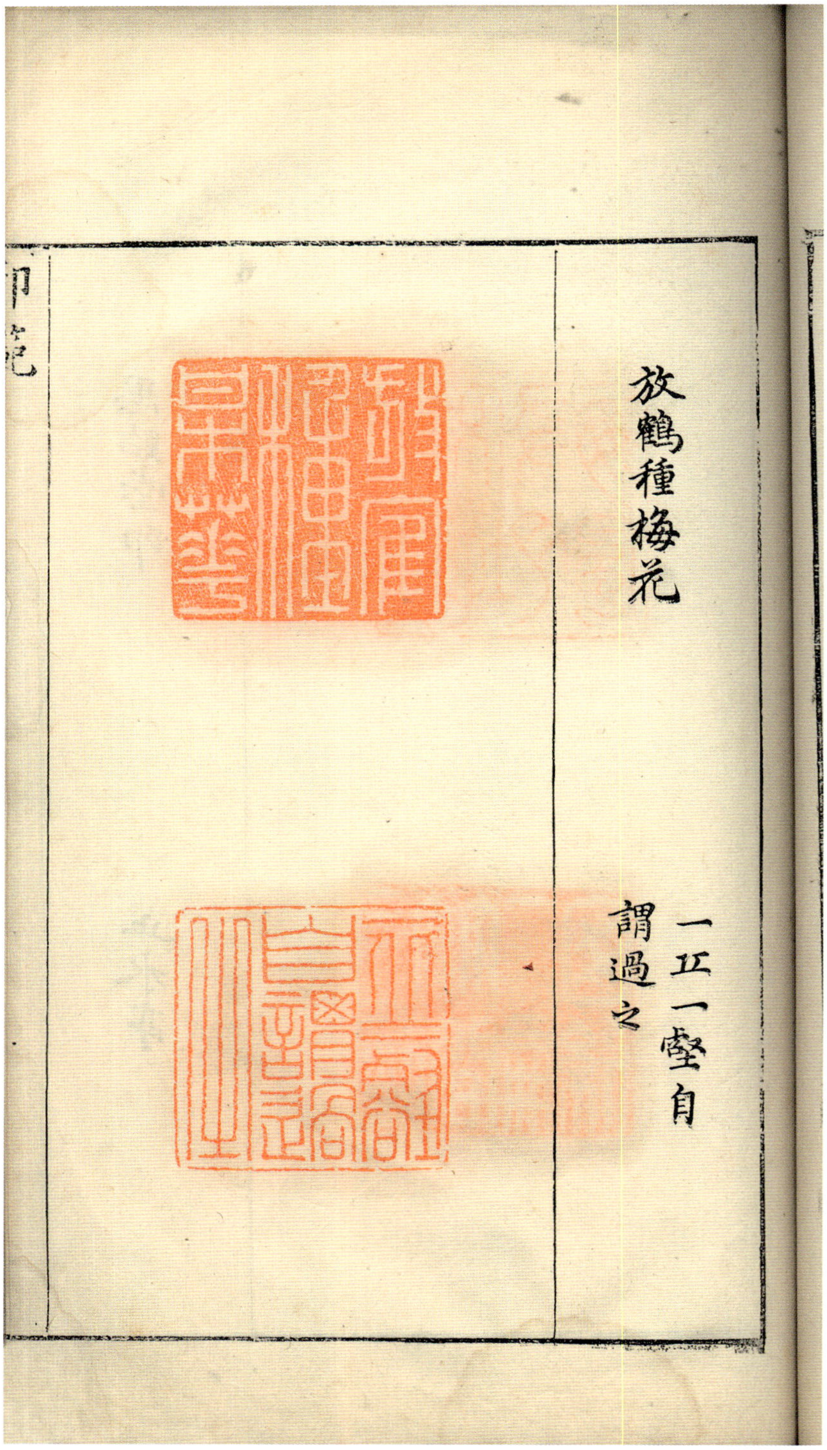
放鶴種梅花

一丘一壑自謂過之

虚白齋印瓻不分卷　明王應騏集篆

明萬曆刻鈐印本。白口，四周單邊，框高 21.4 厘米，寬 13.9 厘米。蘇州圖書館藏。國家名録號 12659。

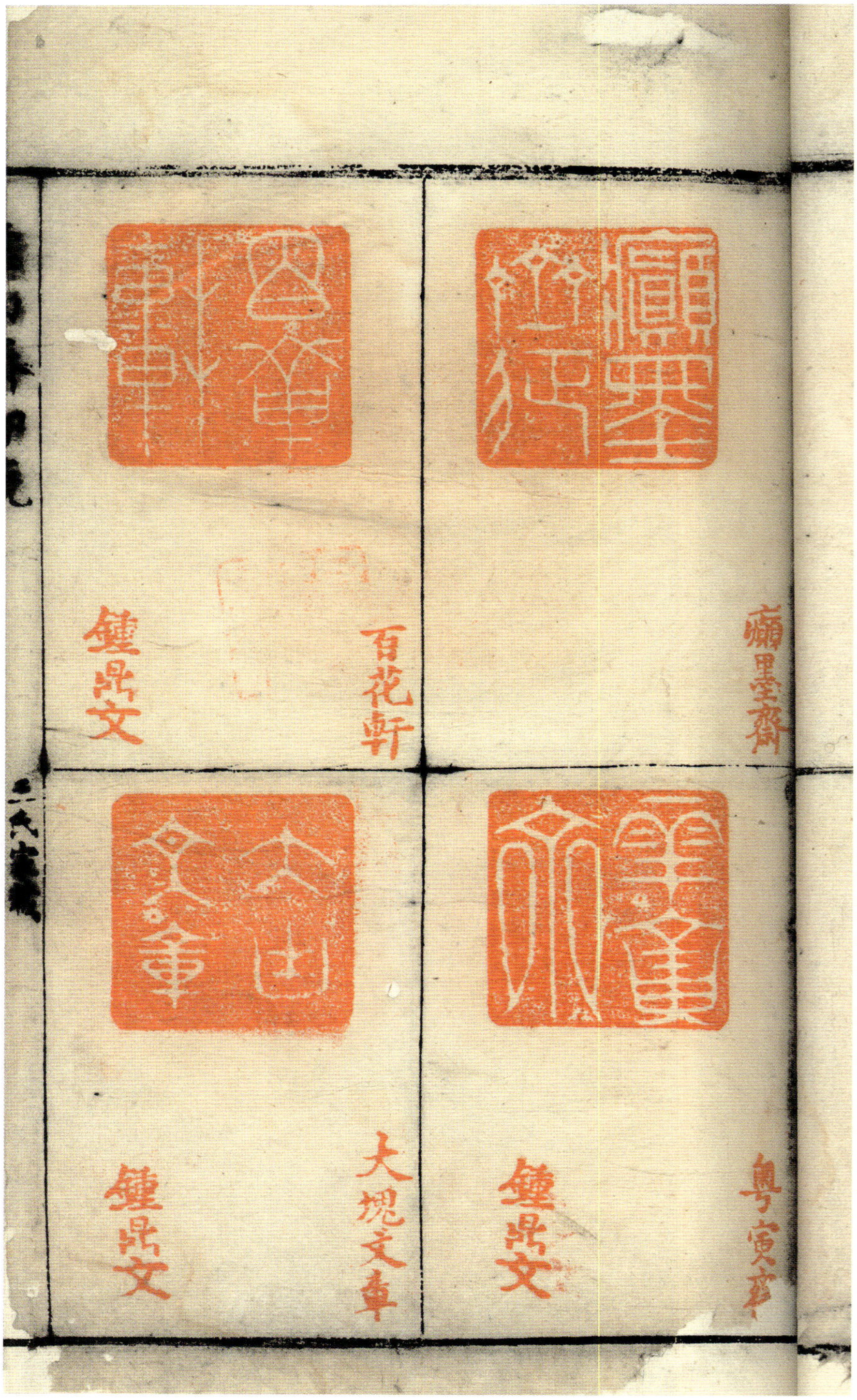
㵾墨齋
鍾鼎文
百花軒
鍾鼎文
粤寅齋
鍾鼎文
大塊文章
鍾鼎文

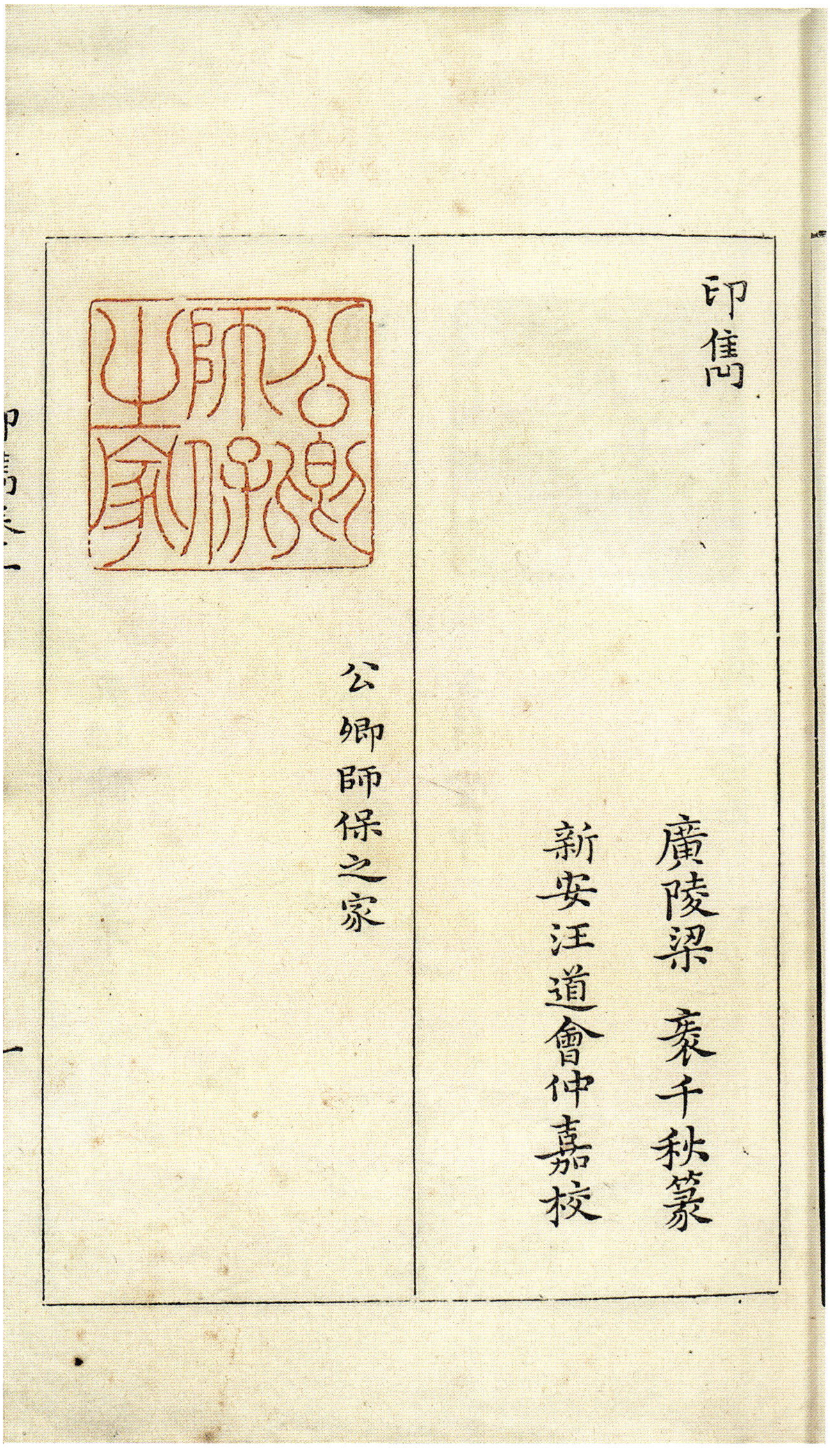
印雋

廣陵梁　袠千秋篆

新安汪道會仲嘉校

公卿師保之家

印雋四卷　明梁袠篆刻並輯

明萬曆三十八年（1610）刻鈐印本。白口，四周單邊，框高 20.5 厘米，寬 14.3 厘米。南京圖書館藏。國家名録號 12660。

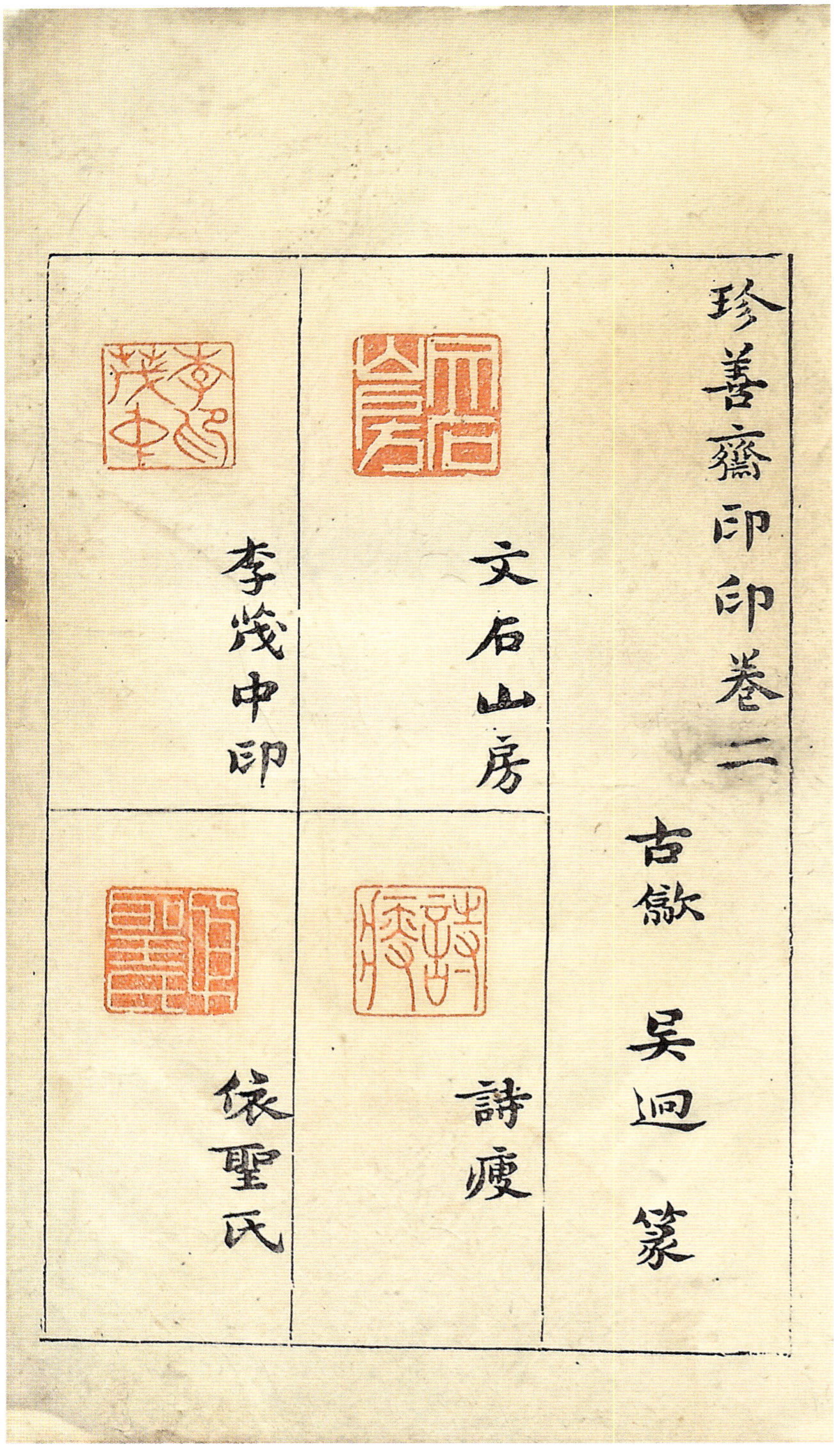
珍善齋印印卷二
古歙 吴迥 篆
文石山房
李茂中印
詩瘦
依聖氏

珍善齋印印四卷　明吴迥篆刻並輯

明萬曆刻鈐印本。存二卷：三至四（书影中卷“二”，實爲卷“四”剜改而成）。白口，四周單邊，框高 20.4 厘米，寬 13.1 厘米。南京圖書館藏。國家名録號 12661。

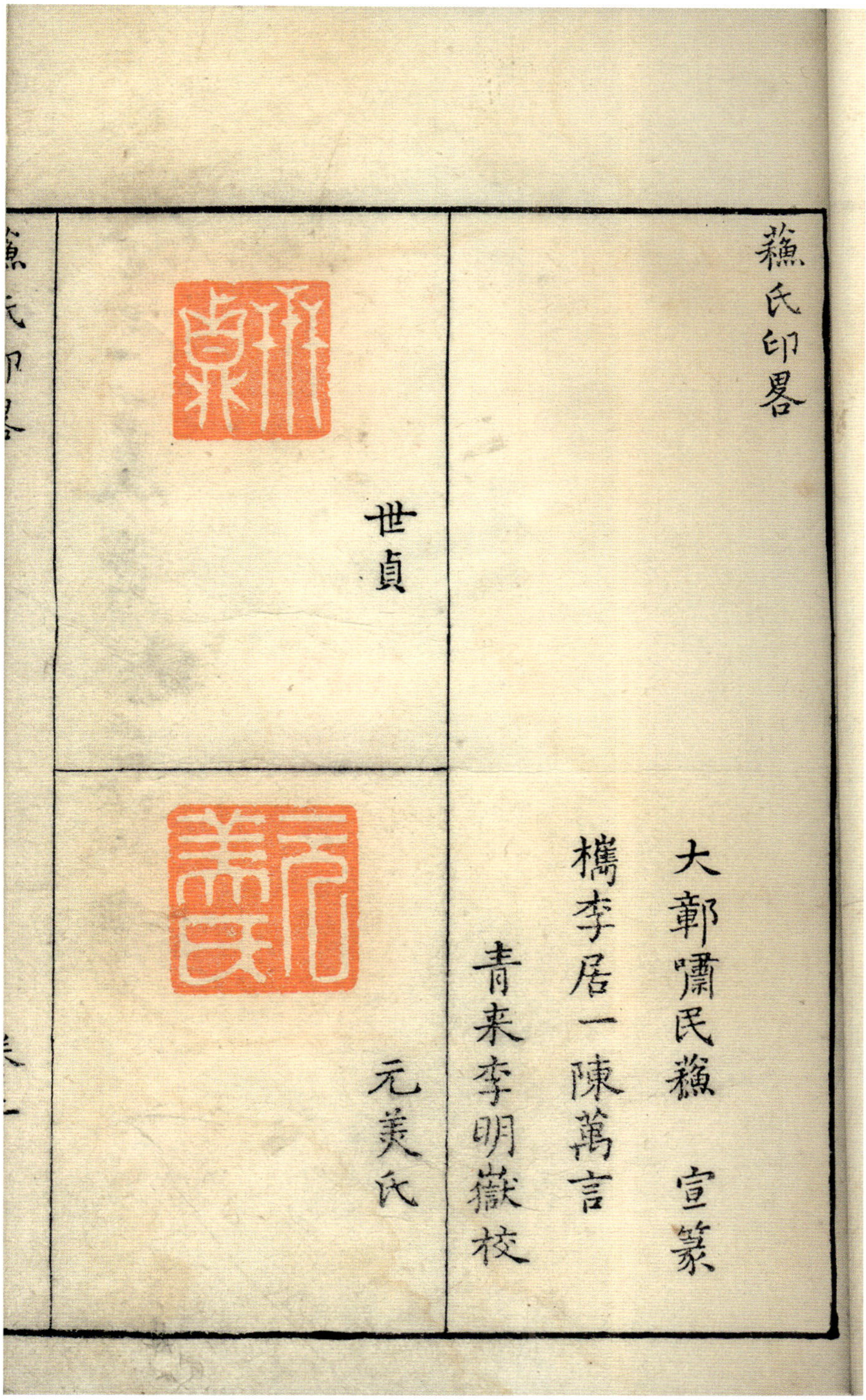

蘇氏印略三卷　明蘇宣篆刻並輯

明萬曆四十五年（1617）刻鈐印本。白口，四周單邊，框高 20 厘米，寬 14.5 厘米。蘇州圖書館藏。國家名録號 12664。

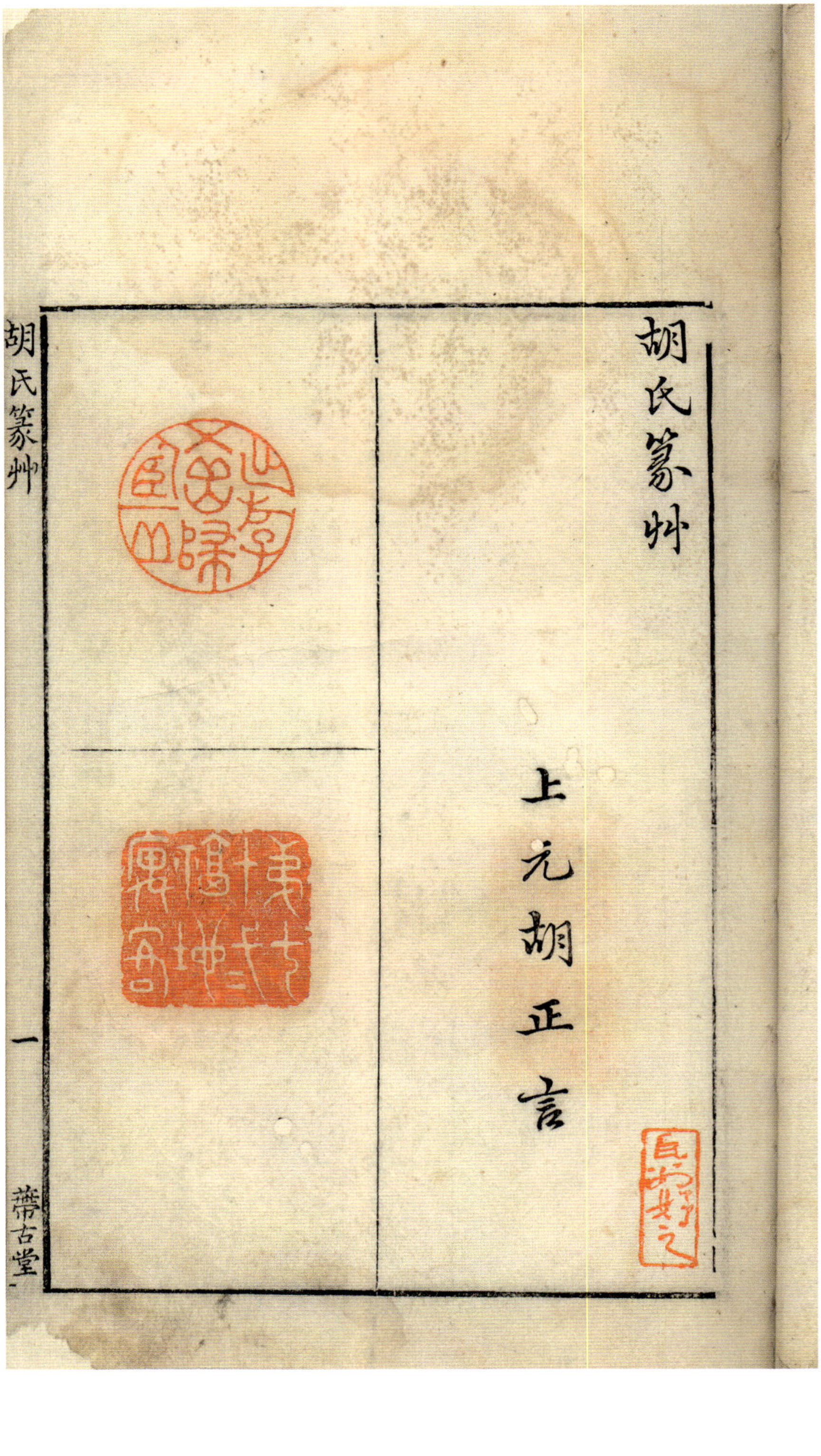

胡氏篆草一卷　清胡正言篆刻

清初蒂古堂刻鈐印本。白口，四周單邊，框高 18.2 厘米，寬 12 厘米。蘇州圖書館藏。國家名録號 12665。

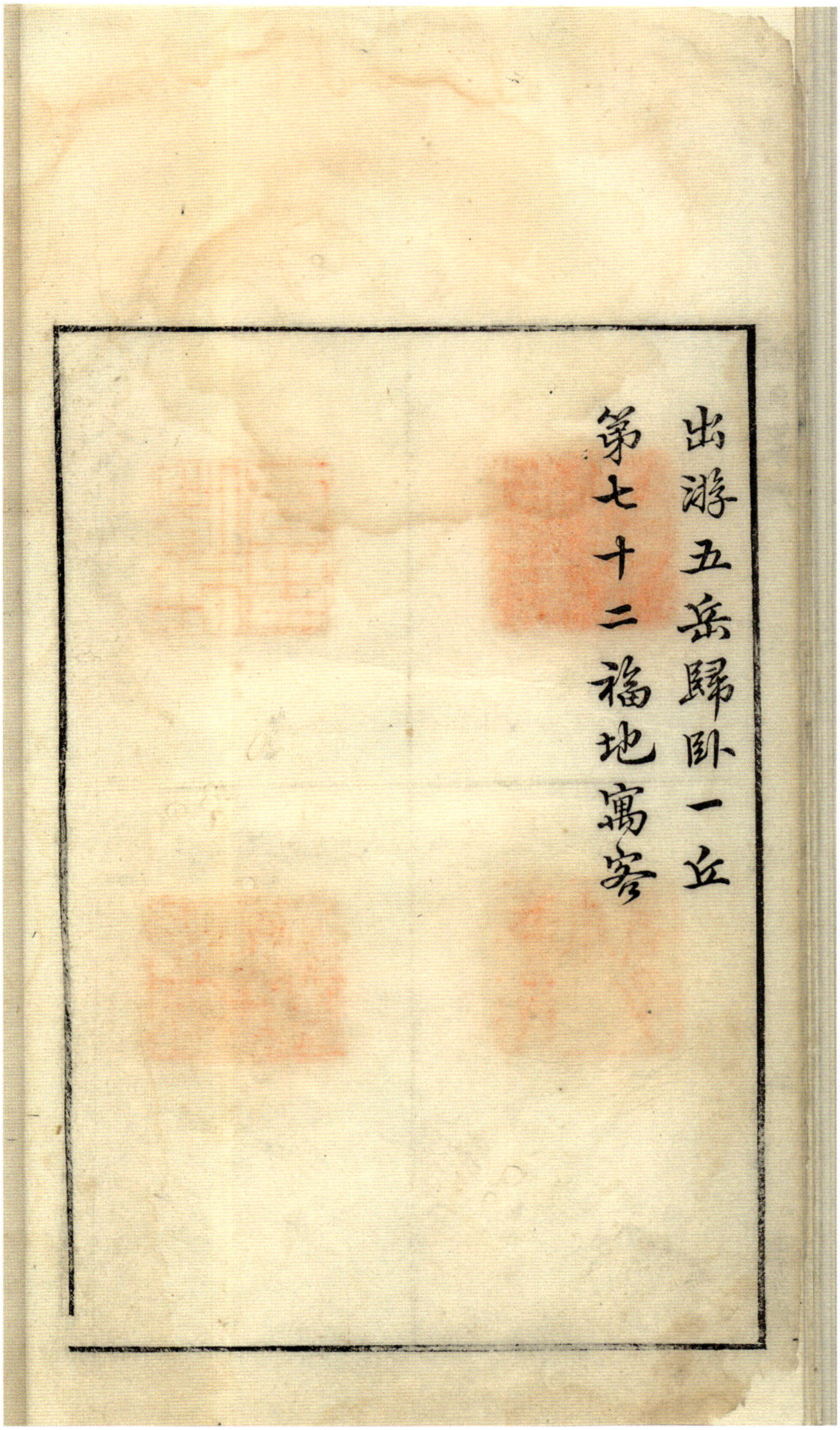

出游五岳歸卧一丘

第七十二福地寓客

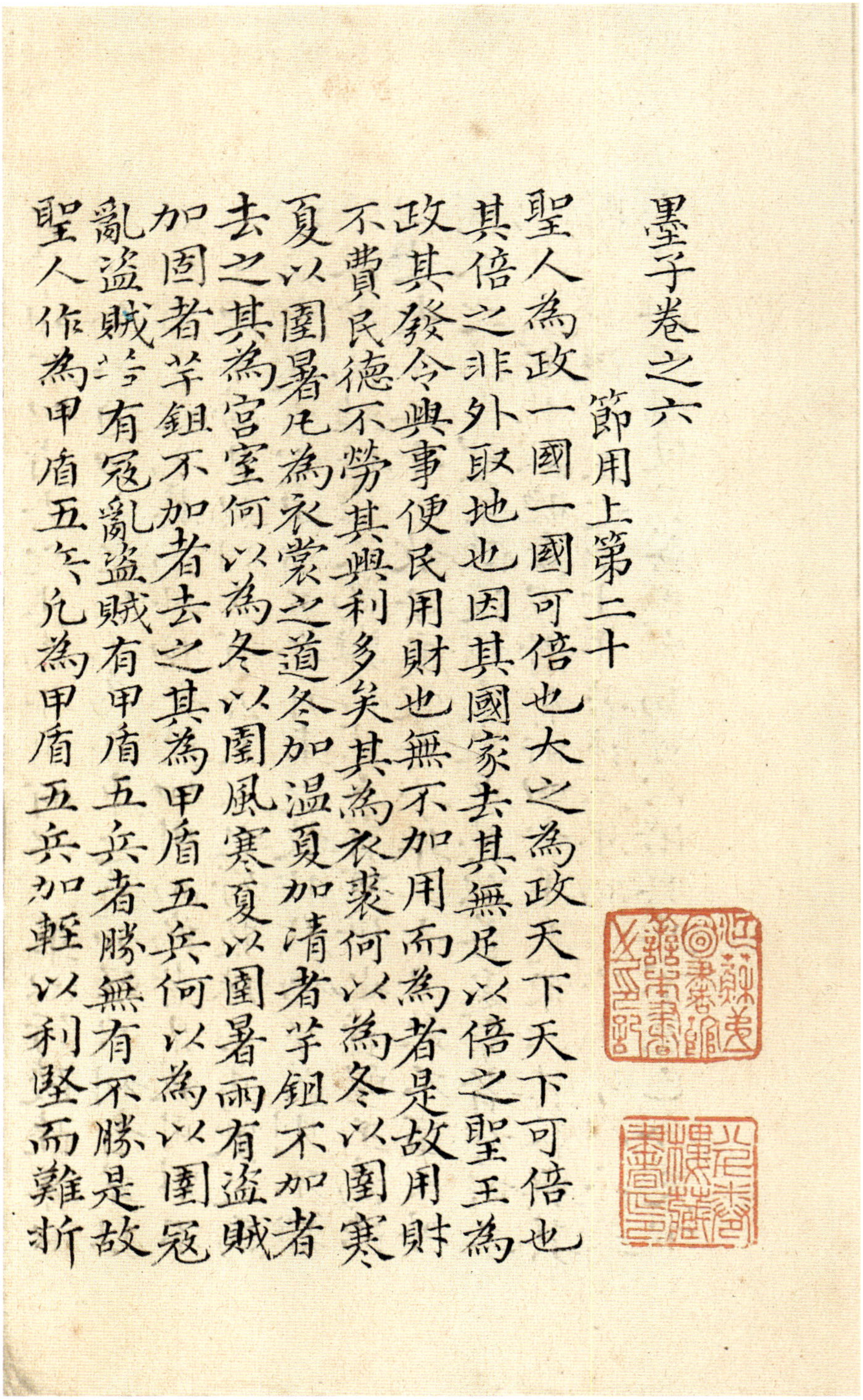
墨子卷之六
節用上第二十
聖人為政一國一國可倍也大之為政天下天下可倍也其倍之非外取地也因其國家去其無足以倍之聖王為政其發令興事使民用財也無不加用而為者是故用財不費民德不勞其興利多矣其為衣裘何以為冬以圉寒夏以圉暑凡為衣裳之道冬加溫夏加清者芊鉏不加者去之其為宮室何以為冬以圉風寒夏以圉暑雨有盜賊加固者芊鉏不加者去之其為甲盾五兵何以為以圉寇亂盜賊若有寇亂盜賊有甲盾五兵者勝無有不勝是故聖人作為甲盾五兵凡為甲盾五兵加輕以利堅而難折

墨子十五卷

清黄氏士禮居抄本。黄丕烈跋並録張丑跋，丁丙跋，孫詒讓題記。存十卷：六至十五。半葉11行，行22字。南京圖書館藏。國家名録號12668。

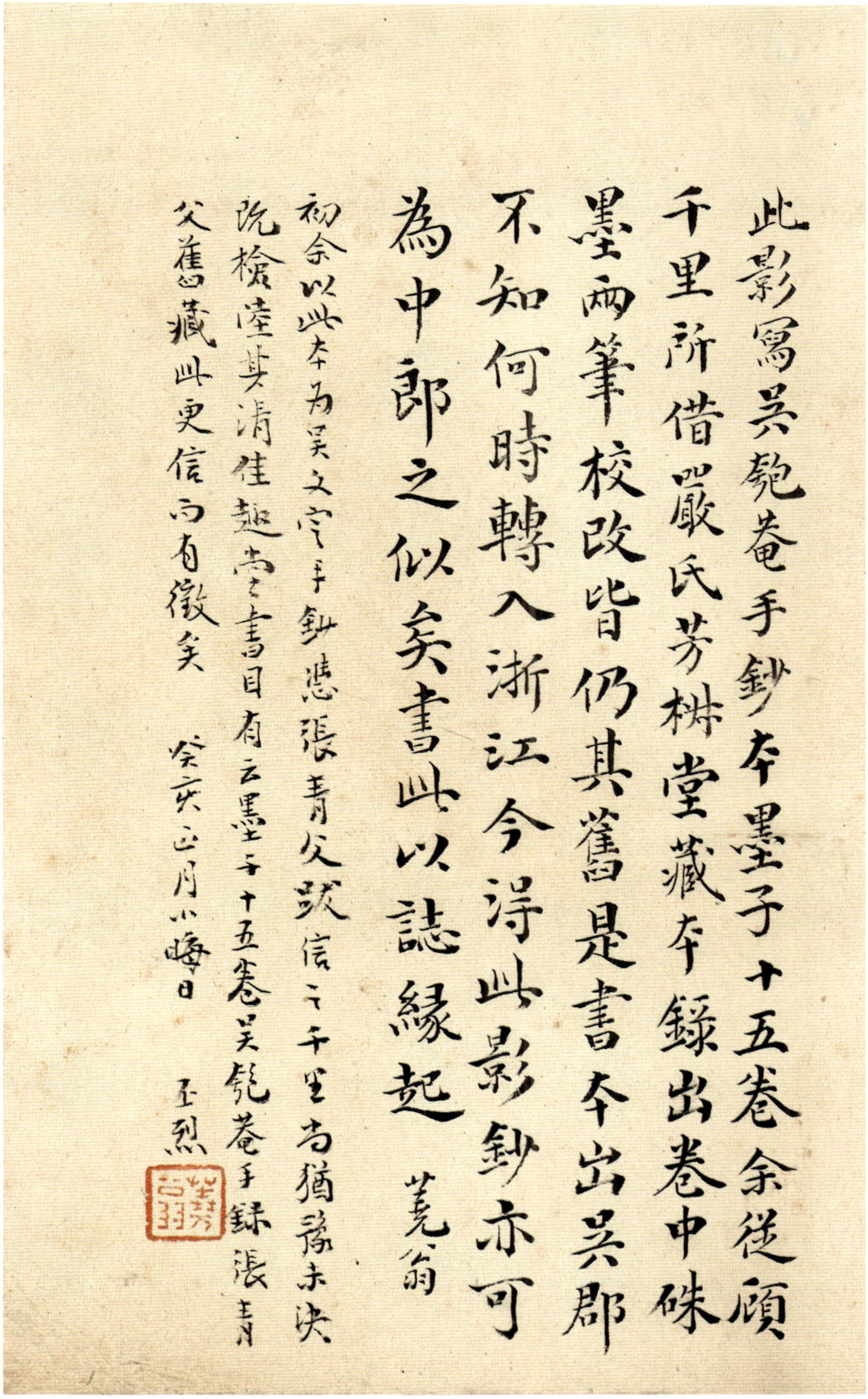

此影寫吳匏菴手鈔本墨子十五卷余從顧千里所借嚴氏芳椒堂藏本錄出卷中硃墨兩筆校改皆仍其舊是書本出吳郡不知何時轉入浙江今得此影鈔亦可為中郎之似矣書此以誌緣起　蕘翁

初余以此本為吳文定文定手鈔憑張青父跋信之信之千里尚猶豫未決既檢陸其清佳趣堂堂書目有云墨子十五卷吳匏菴手錄張青父舊藏此更信而有徵矣

癸亥正月小晦日　丕烈

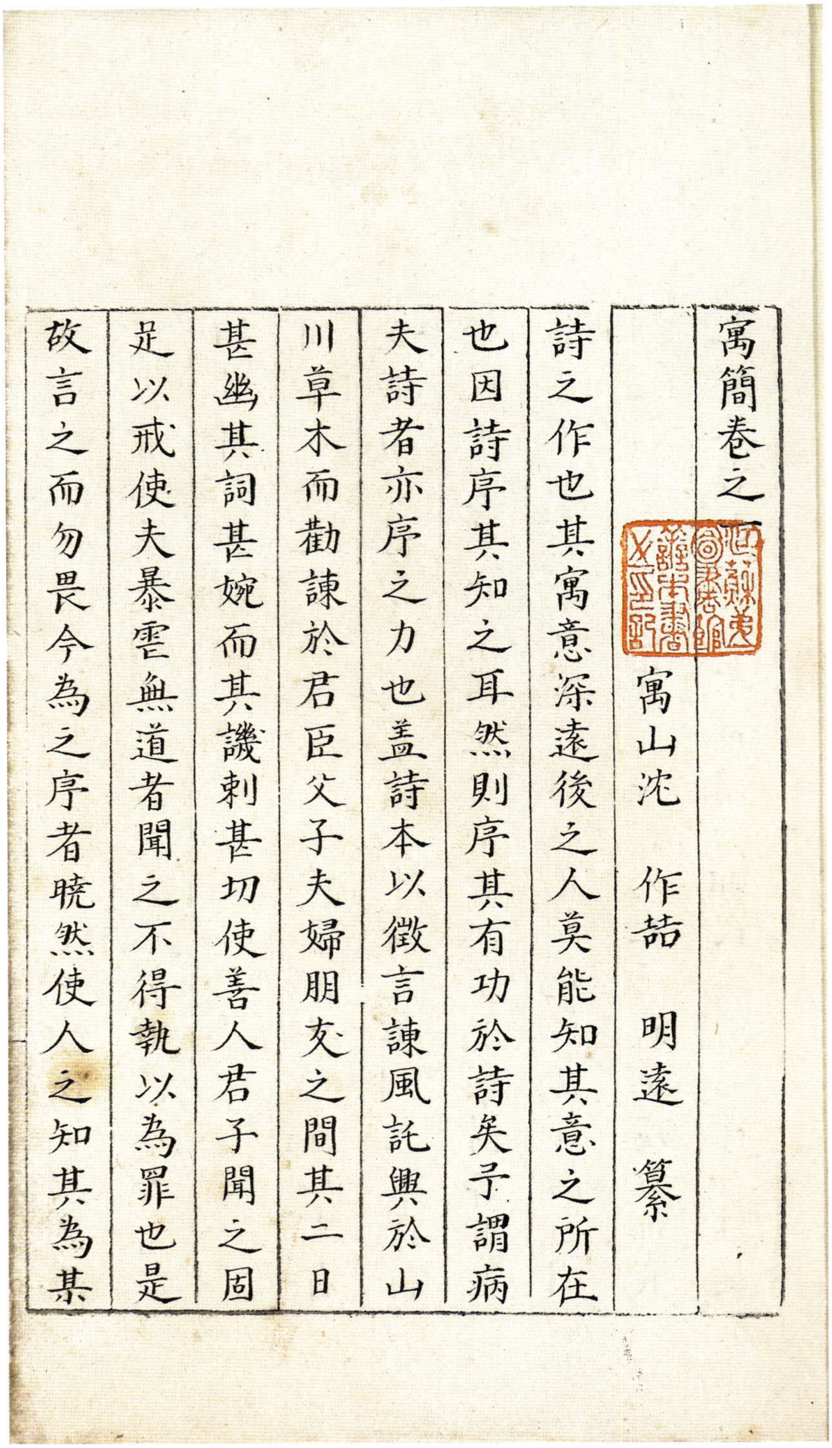
寓簡卷之一

寓山沈作喆明遠纂

詩之作也其寓意深遠後之人莫能知其意之所在也因詩序其知之耳然則序其有功於詩矣予謂病夫詩者亦序之力也蓋詩本以微言諫風託興於山川草木而勸諫於君臣父子夫婦朋友之間其旨甚幽其詞甚婉而其譏刺甚切使善人君子聞之固足以戒使夫暴戾無道者聞之不得執以為罪也是故言之而勿畏今為之序者曉然使人之知其為某

寓簡十卷　宋沈作喆撰

明抄本。丁申、丁丙跋。半葉9行，行20字，白口，四周單邊，框高20厘米，寬14.9厘米。南京圖書館藏。國家名録號12672。

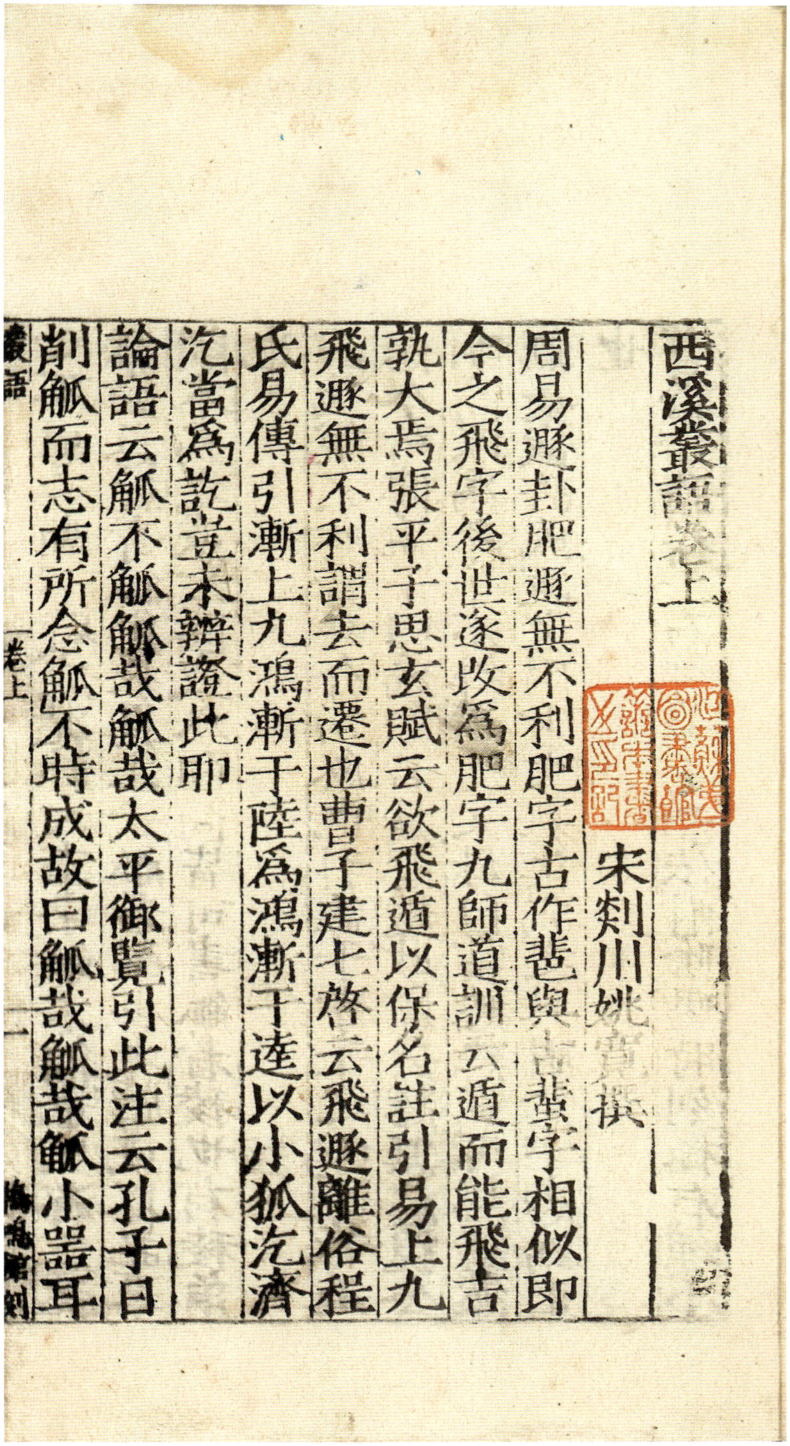

西溪叢語卷上

宋剡川姚寬撰

周易遯卦肥遯無不利肥字古作𩇯與古蜚字相似即今之飛字後世遂改爲肥字九師道訓云遯而能飛吉孰大焉張平子思玄賦云欲飛遯以保名註引易上九飛遯無不利謂去而遷也曹子建七啓云飛遯離俗程氏易傳引漸上九鴻漸于陸爲鴻漸于逵以小狐汔濟汔當爲訖豈未辯證此耶

論語云觚不觚觚哉觚哉太平御覽引此注云孔子曰削觚而志有所念觚不時成故曰觚哉觚哉觚小器耳

叢語　卷上　一　鶴鳴館刻

西溪叢語二卷　宋姚寬撰

明嘉靖二十七年（1548）俞憲鶴鳴館刻本（卷下配清抄本）。吴焯、丁丙跋。半葉10行，行21字，小字雙行，字數同，白口，四周單邊，框高18.4厘米，寬12.9厘米。南京圖書館藏。國家名録號12673。

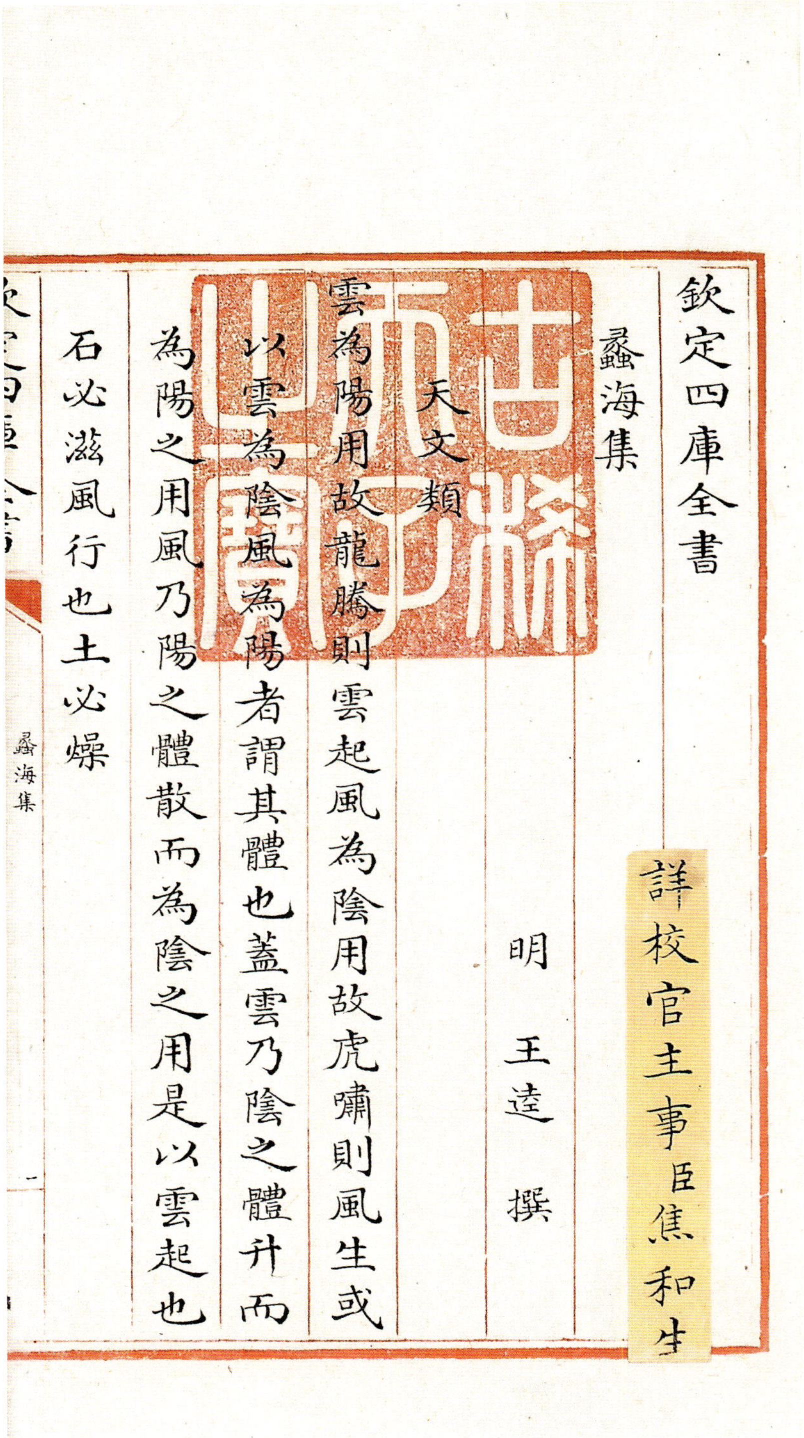
欽定四庫全書
蠡海集
明 王逵 撰
天文類
雲為陽用故龍騰則雲起風為陰用故虎嘯則風生或
以雲為陰風為陽者謂其體也蓋雲乃陰之體升而
為陽之用風乃陽之體散而為陰之用是以雲起也
石必滋風行也土必燥
欽定四庫全書
蠡海集
一
古稀天子之寶
詳校官主事臣焦和生

蠡海集一卷　明王逵撰

清乾隆内府寫南三閣四庫全書本。半葉8行，行21字，白口，四周雙邊，框高20.9厘米，寬13.9厘米。南京圖書館藏。國家名録號12675。

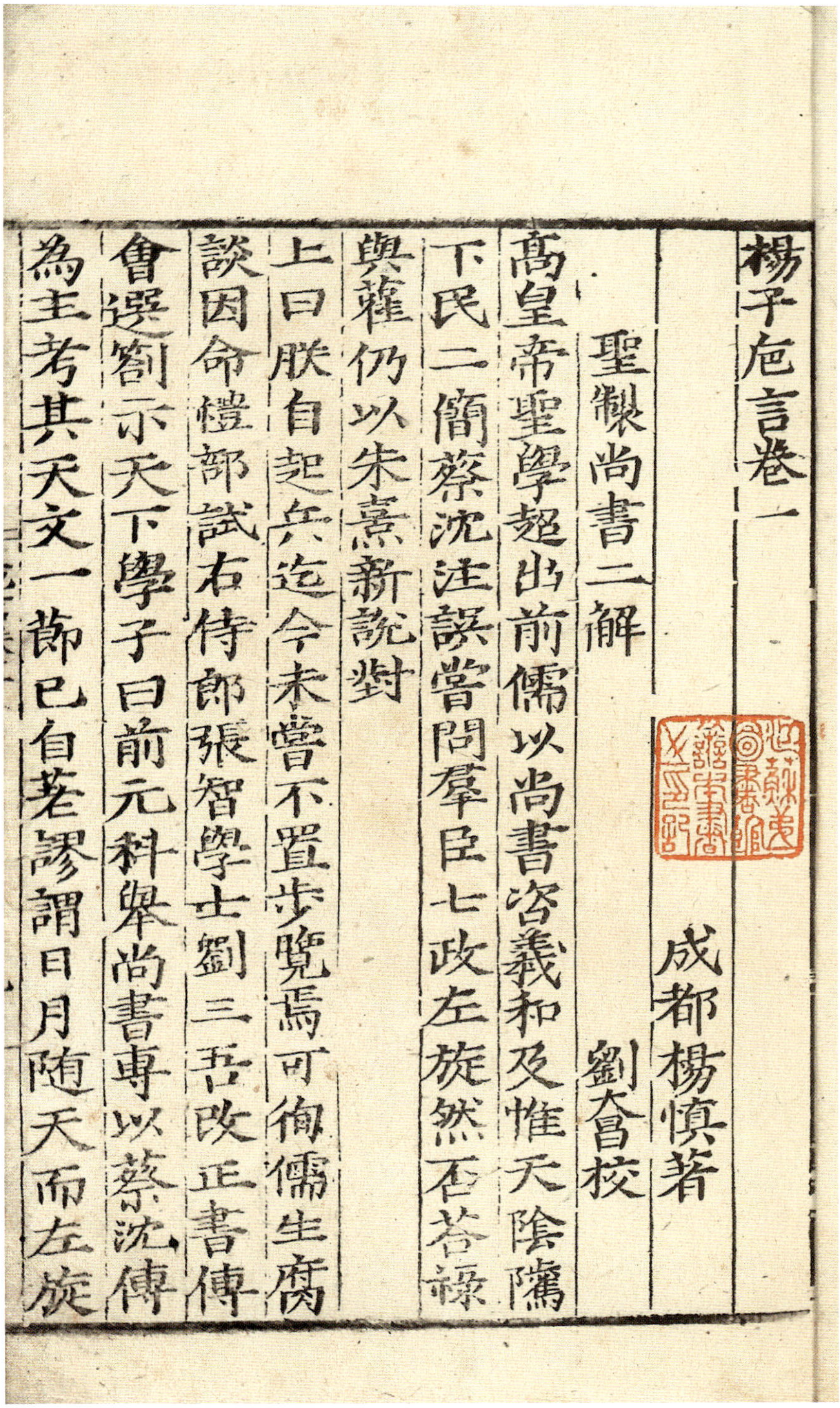

楊子巵言卷一

成都楊慎著

聖製尚書二解　劉大昌校

高皇帝聖學超出前儒以尚書咨羲和及惟天陰隲

下民二簡蔡沈注誤嘗問羣臣七政左旋然否荅祿

與權仍以朱熹新說對

上曰朕自起兵迄今未嘗不置步覽焉可徇儒生腐

談因命禮部試右侍郎張智學士劉三吾攷正書傳

會選劄示天下學子曰前元科舉尚書專以蔡沈傳

為主考其天文一節已自差謬謂日月隨天而左旋

楊子卮言六卷　明楊慎撰

明嘉靖四十三年（1564）劉大昌刻本。丁丙跋。半葉10行，行20字，白口，四周單邊，框高20.5厘米，寬14.6厘米。南京圖書館藏。國家名録號12676。

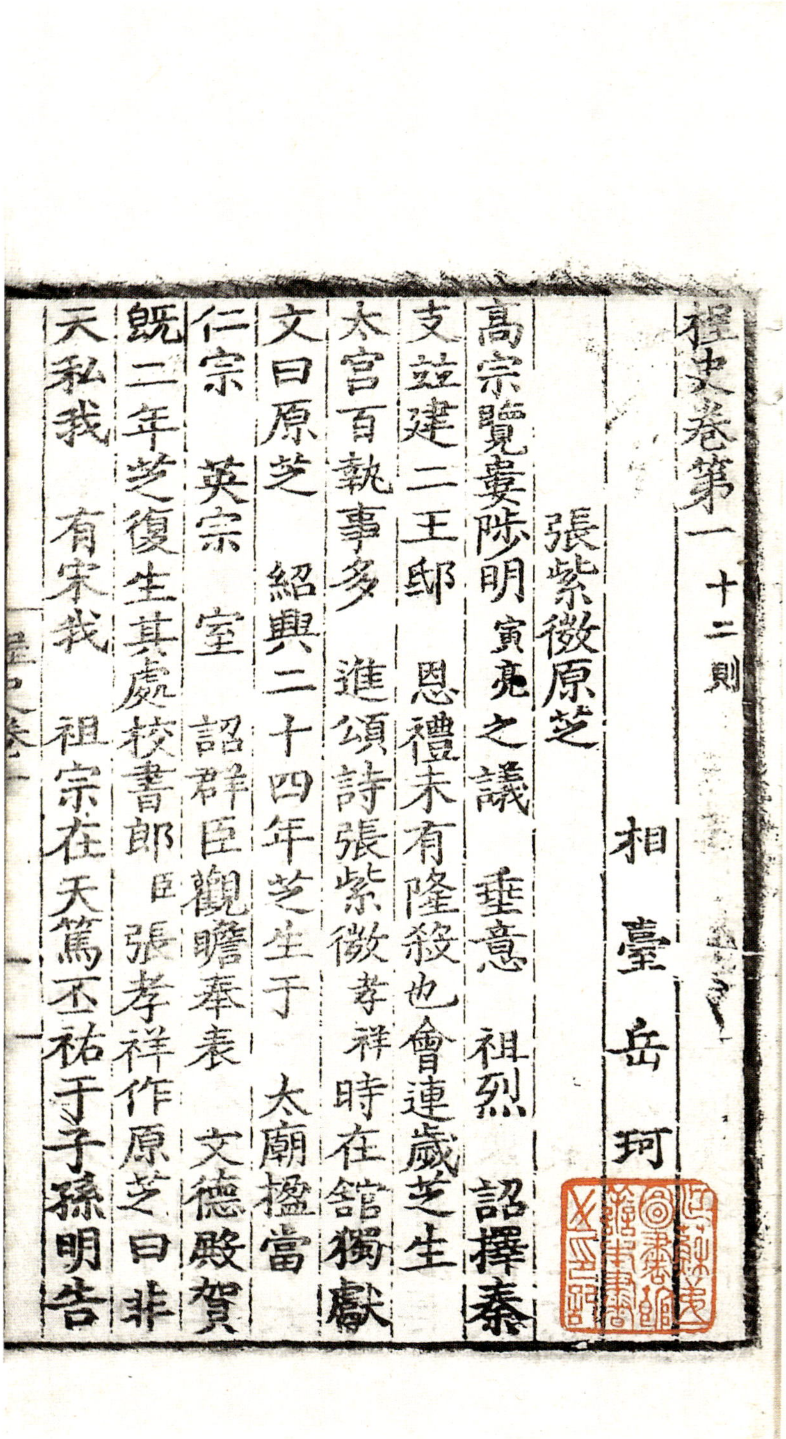

桯史卷第一　十二則

相臺岳珂

張紫微原芝

高宗覽婁陟明寅亮之議　垂意　祖烈　詔擇秦
支兹建二王邸　恩禮未有隆殺也會連歲芝生
太宫百執事多　進頌詩張紫微孝祥時在館獨獻
文曰原芝　紹興二十四年芝生于　太廟楹當
仁宗　英宗　室　詔群臣觀瞻奉表　文德殿賀
既二年芝復生其處校書郎臣　張孝祥作原芝曰非
天私我　有宋我　祖宗在天篤丕祐于子孫明告

桯史十五卷　宋岳珂撰　附録一卷

明嘉靖四年（1525）錢如京刻本。丁丙跋。半葉10行，行20字，黑口，四周單邊，框高18.9厘米，寬13厘米。南京圖書館藏。國家名録號12685。

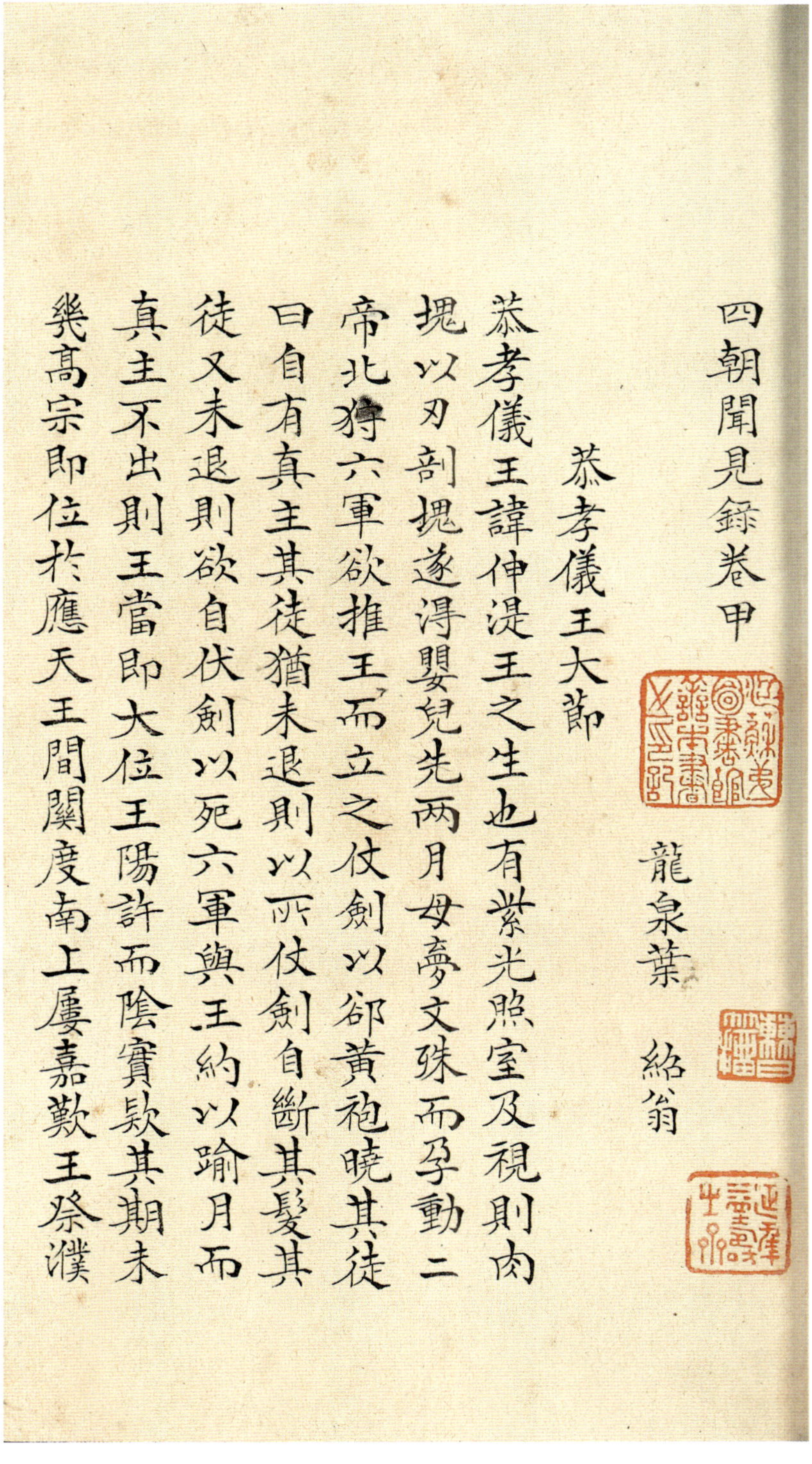

四朝聞見錄卷甲

龍泉葉　紹翁

恭孝儀王大節

恭孝儀王諱仲湜王之生也有紫光照室及視則肉塊以刃剖塊遂得嬰兒先兩月母夢文殊而孕動二帝北狩六軍欲推王而立之仗劍以卻黃袍曉其徒曰自有真主其徒猶未退則以所仗劍自斷其髮其徒又未退則欲自伏劍以死六軍與王約以踰月而真主不出則王當即大位王陽許而陰實款其期未幾高宗即位於應天王間關度南上屢嘉歎王癸濮

四朝聞見録五卷　宋葉紹翁撰

清初抄本。吴焯、丁丙跋。半葉10行，行20字，小字雙行，字數同。南京圖書館藏。國家名録號12686。

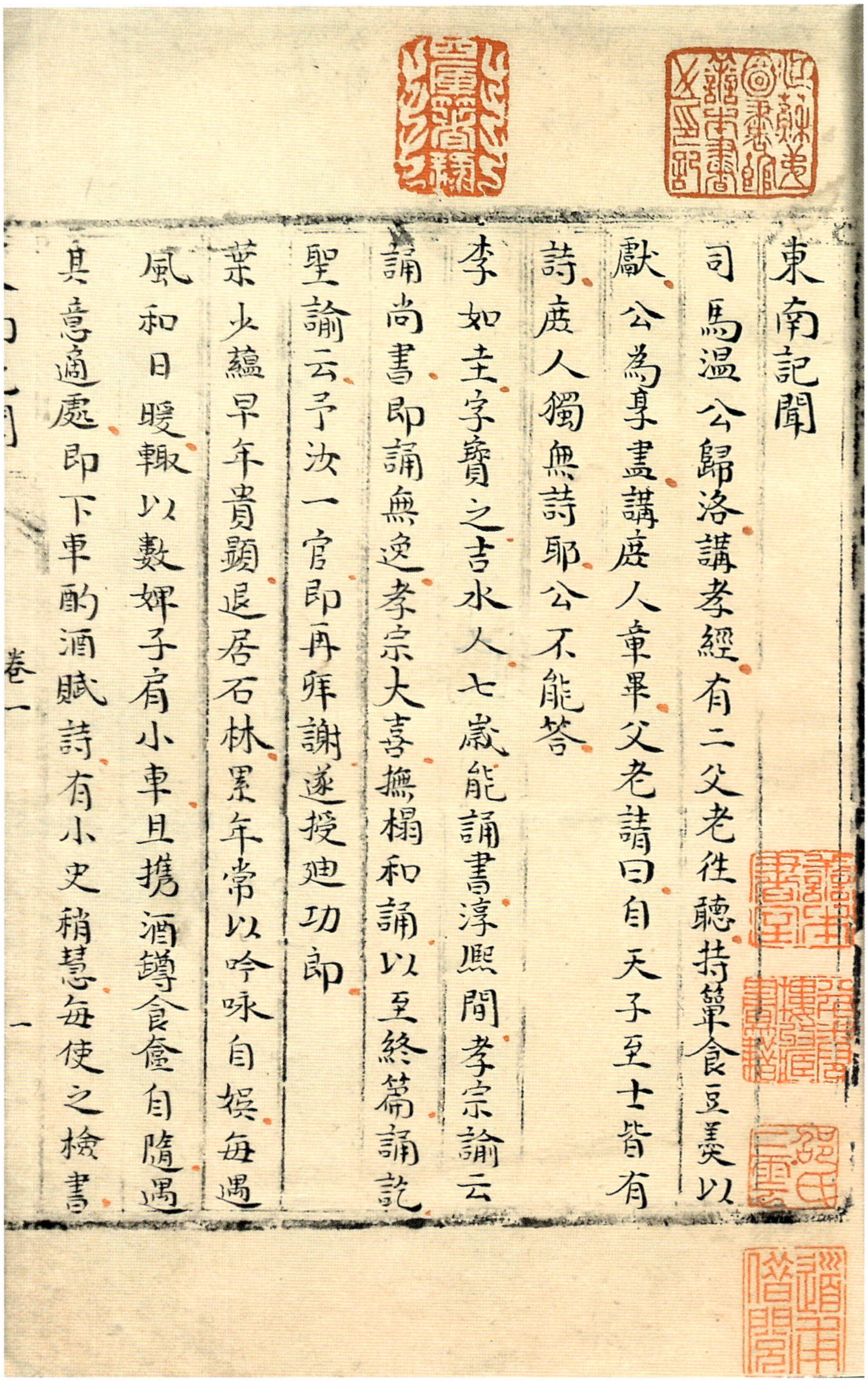

東南記聞

司馬温公歸洛講孝經有二父老往聽持簞食豆羹以獻公為享盡講庶人章畢父老請曰自天子至士皆有詩庶人獨無詩耶公不能答

李如圭字寶之吉水人七歲能誦書淳熙間孝宗諭云誦尚書即誦無逸孝宗大喜撫榻和誦以至終篇誦訖聖諭云予汝一官即再拜謝遂授廸功郎

葉少藴早年貴顯退居石林累年常以吟咏自娱每遇風和日暖輒以數婢子肩小車且携酒罇食奩自隨遇其意適處即下車酌酒賦詩有小史稍慧每使之檢書

卷一　一

東南記聞三卷

清初抄本。邵晉涵跋。半葉 10 行，行 21 字，白口，四周雙邊，框高 18.7 厘米，寬 15.2 厘米。南京圖書館藏。國家名録號 12687。

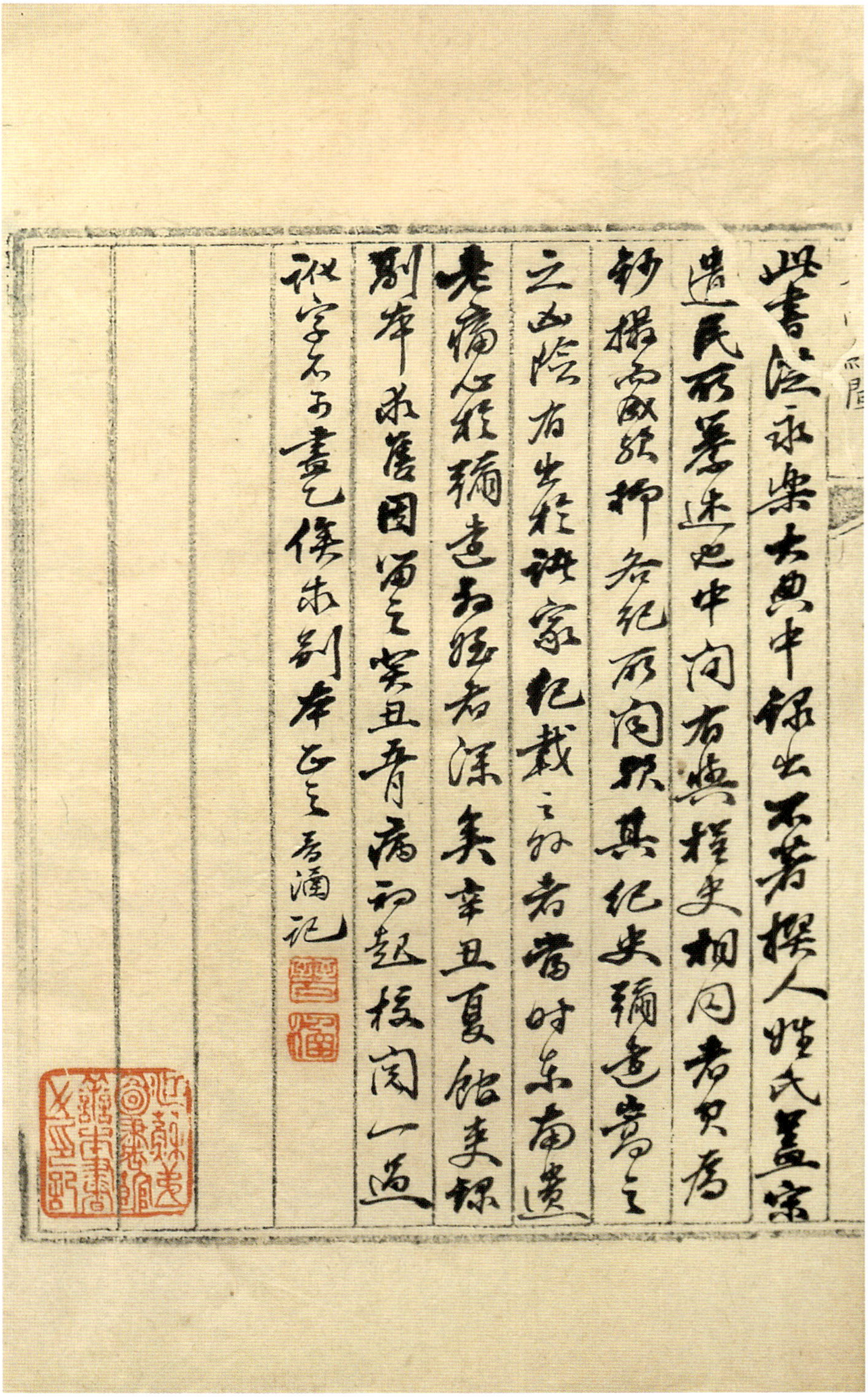

此書從永樂大典中錄出不著撰人姓氏蓋宋遺民所纂述也中間有與桯史相同者只爲鈔撮而成歟抑各紀所聞耳其紀史彌遠覓之之山陰有出於諸家紀載之外者當時東南遺老猶能稱述之者深矣辛丑夏館吏錄別本來舊因留之寔且脊瘡初起校閱一過訛字不可盡乙俟求別本正之 吾滄記

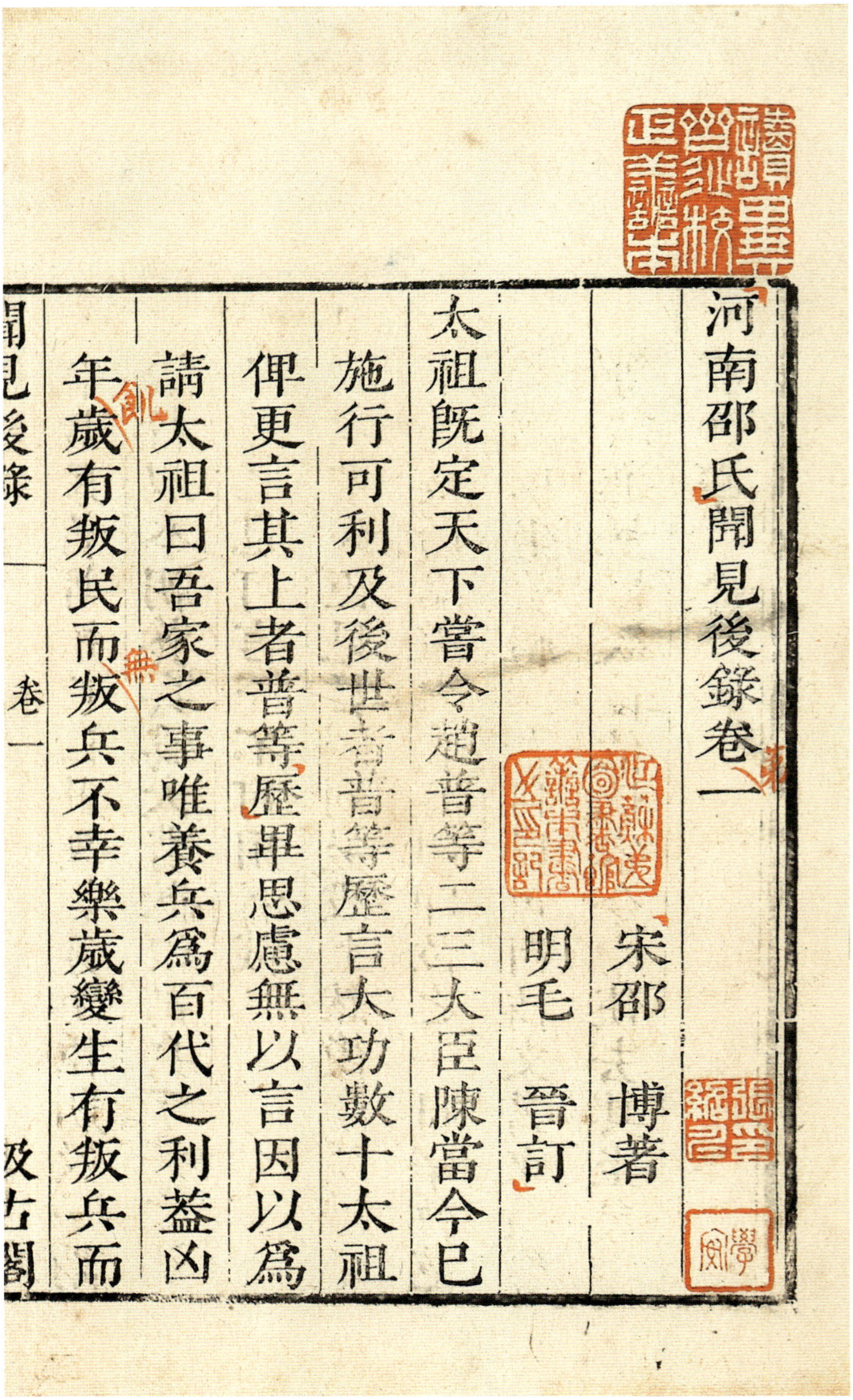

河南邵氏聞見後錄卷一

宋邵　博著

明毛　晉訂

太祖旣定天下嘗令趙普等二三大臣陳當今已施行可利及後世者普等歷言大功數十太祖俾更言其上者普等歷畢思慮無以言因以爲請太祖曰吾家之事唯養兵爲百代之利葢凶年歲有叛民而叛兵不幸樂歲變生有叛兵而

聞見後錄　卷一　汲古閣

河南邵氏聞見後録三十卷　宋邵博撰

明崇禎毛氏汲古閣刻津逮祕書本。黄丕烈校並跋，丁丙跋。半葉 8 行，行 19 字，白口，左右雙邊，框高 18.8 厘米，寬 13.8 厘米。南京圖書館藏。國家名録號 12688。

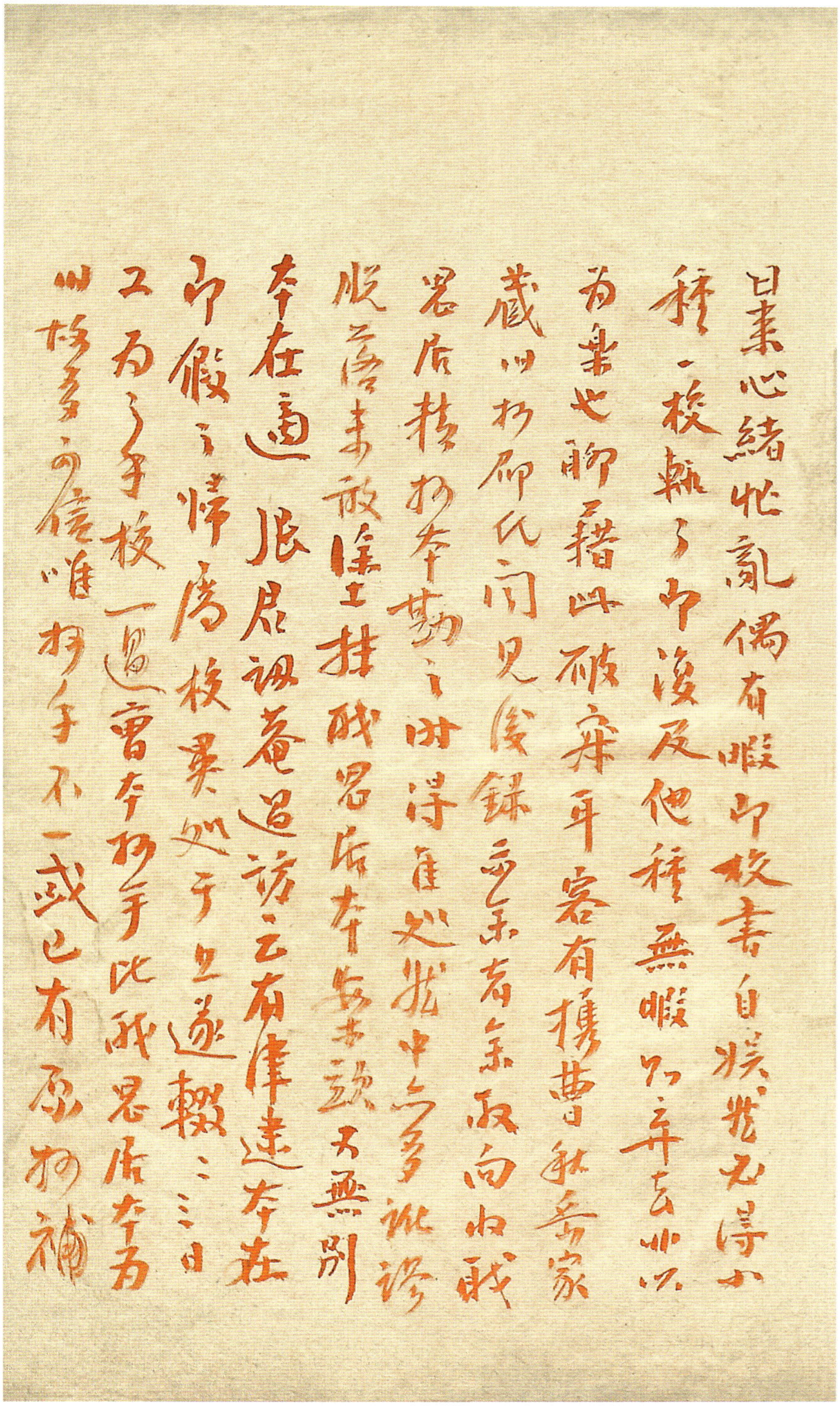
日來心緒忙亂偶有暇即校書自娛然尤得小
種一校輒了之即復及他種無暇不棄去以
爲樂也聊藉此破寂耳容有攜曹秋岳家
藏之抄本即從聞見後錄無宋本取向所我
君所借抄本勘之始得雖然中多訛誤
脫落未敢據士禮居所本多出數字無別
本在通 恨君訊庵過訪云有津逮本在
即假之歸爲校異如下旦送轍之三日
工夫之手校一過曾本抄手比我君所本爲
此條多而信惟抄手不一或也有原抄補

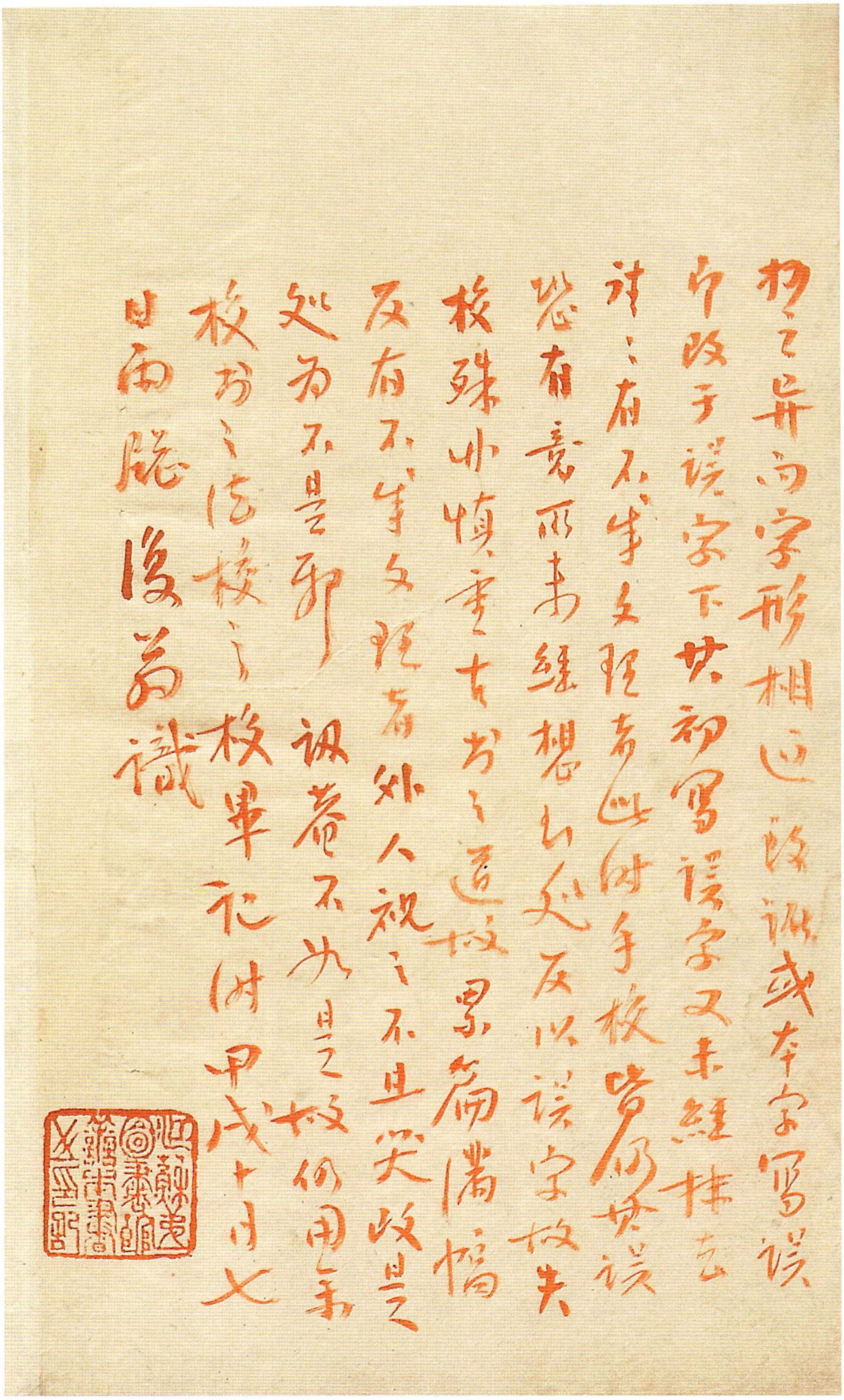

形之異而字形相近致訛或本字寫誤
而改于誤字下其初寫誤字又未經抹去
誌之有不能盡改故此附手校皆仍其誤
總有意爲未經揣出處反以誤字校失
校殊小慎重古書之道故累篇滿幅
反有不能盡改故外人視之不且笑改是之
處爲不是耶讀者不以是之故何用兼
校書之法校之校畢記附甲戌十月七
日雨牕復翁識

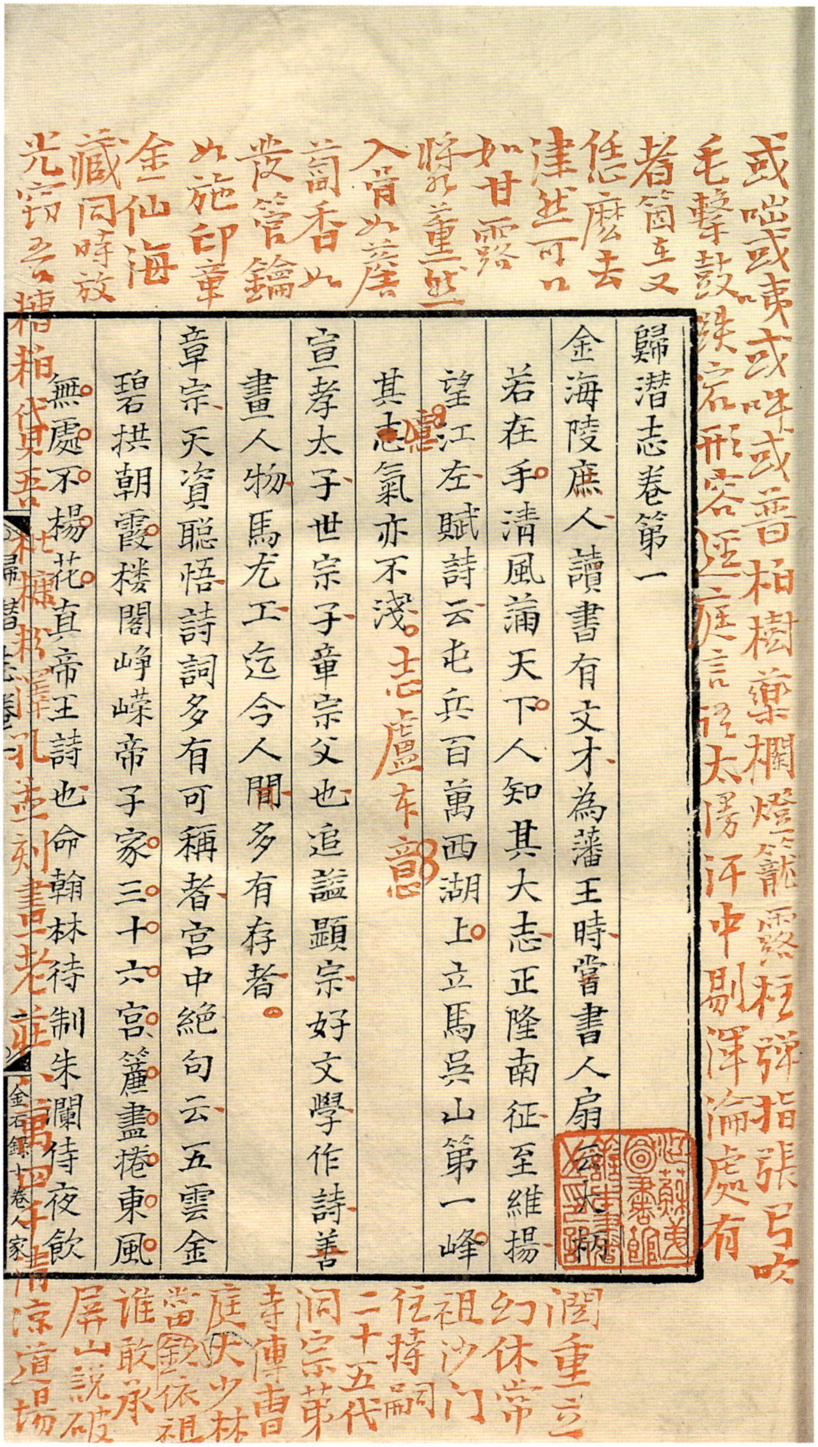

歸潛志十四卷　元劉祁撰　附録一卷

清乾隆三十一年（1766）鮑廷博抄本。鮑廷博校並跋，丁丙跋，丁秉衡題記。半葉10行，行21字，黑口，左右雙邊，框高19.1厘米，寬13.2厘米。南京圖書館藏。國家名録號12689。

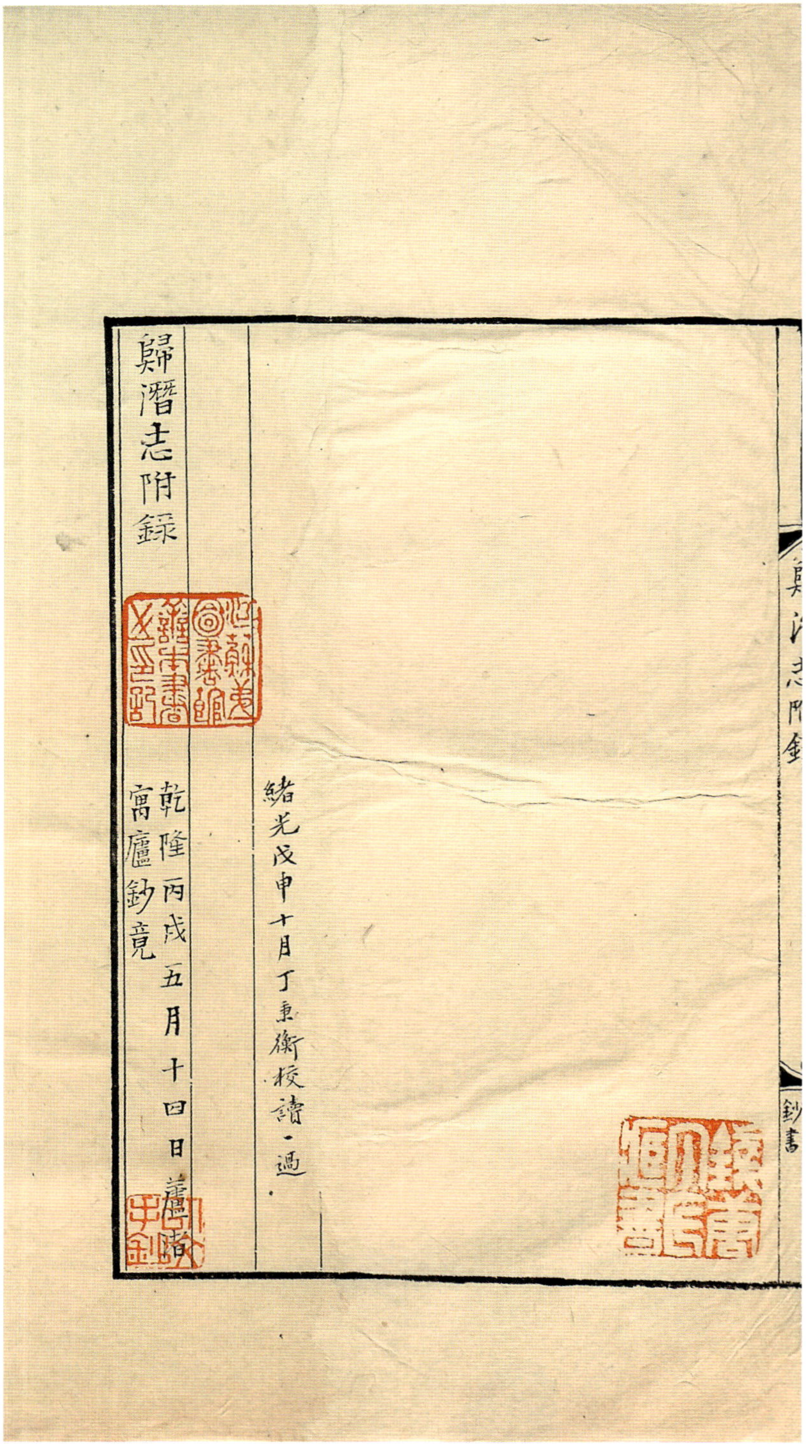

歸潛志附録

乾隆丙戌五月十四日蘆
寓廬鈔竟

緒光戊申十月丁秉衡校讀一過

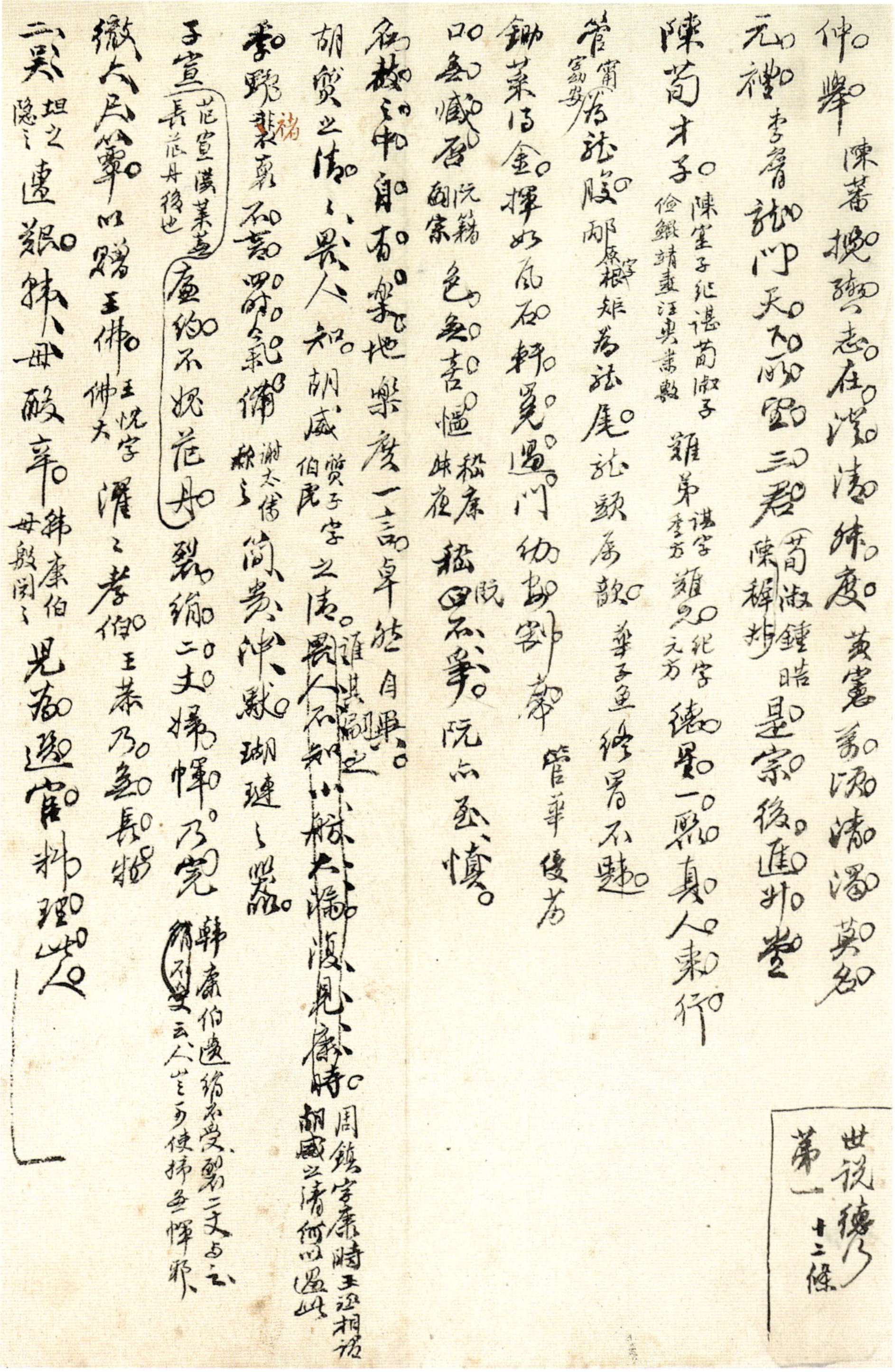

世説碎金不分卷　清祁寯藻撰

稿本。經折裝。南京圖書館藏。國家名録號 12695。

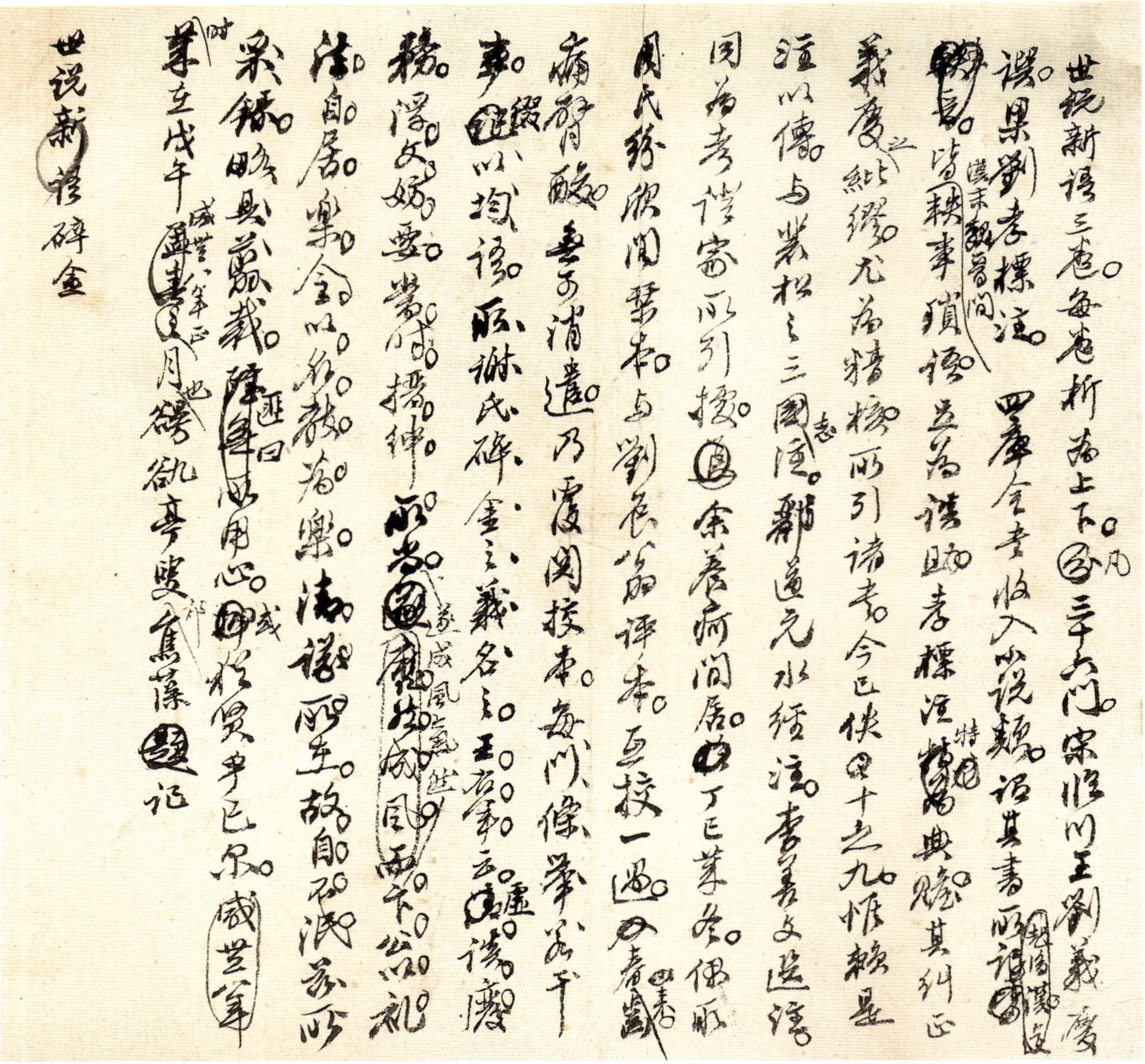
世說新語三卷。每卷析爲上下。凡三十六門。宋臨川王劉義慶撰。梁劉孝標注。四庫全書收入小說類。謂其書所記[illegible]漢末魏晉間[illegible]事。瑣[illegible]。足爲談助。孝標注特爲典贍。其糾正義慶之紕繆。尤爲精核。所引諸書今已佚其十之九。惟賴是注以傳。與裴松之三國志注。酈道元水經注。李善文選注同爲考證家所引據。[illegible]

[illegible]

世說新語碎金

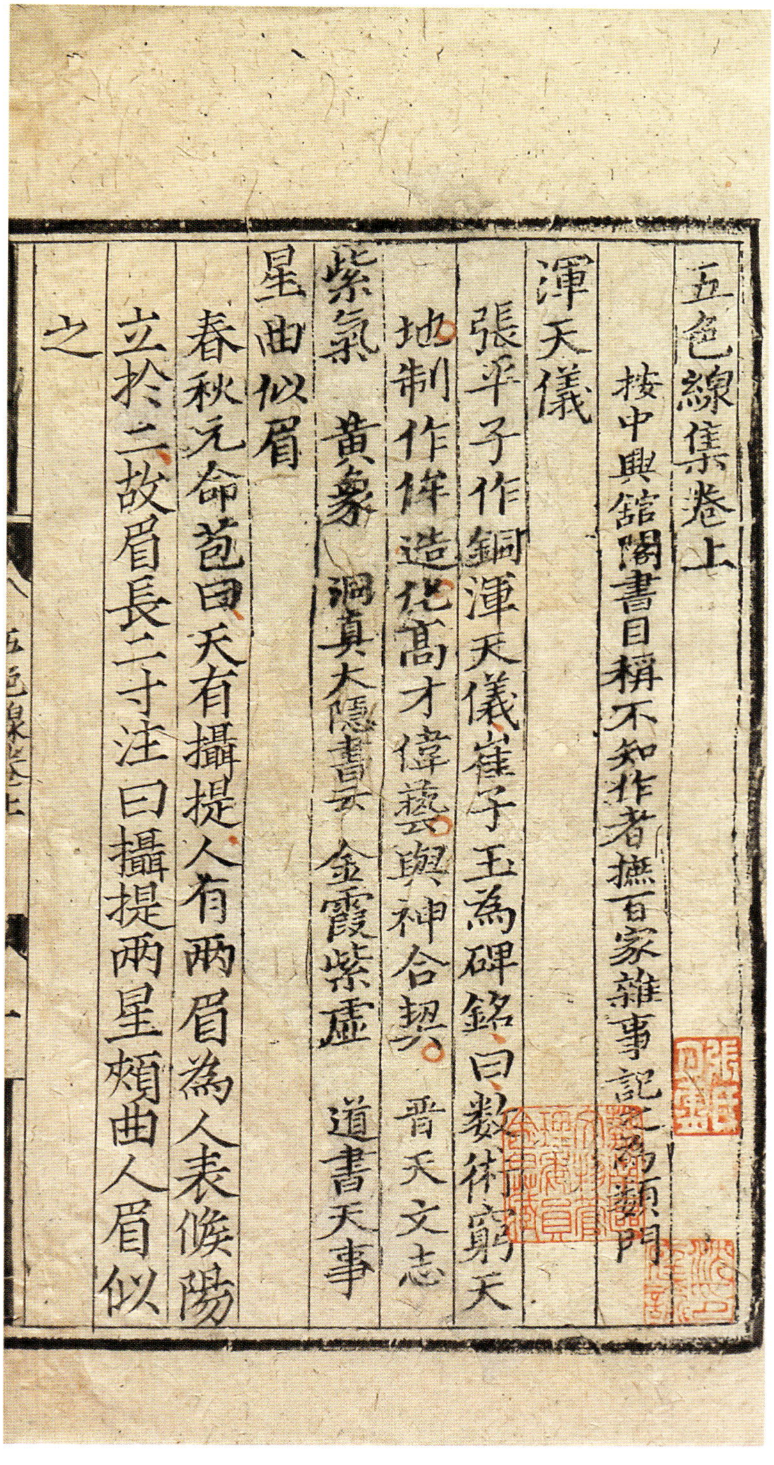
五色線集卷上
按中興館閣書目稱不知作者摭百家雜事記之為類門
渾天儀
張平子作銅渾天儀崔子玉為碑銘曰數術窮天
地制作侔造化高才偉藝與神合契　晉天文志
紫氣　黃象　洞真太隱書云　金霞紫虛　道書天事
星曲似眉
春秋元命苞曰天有攝提人有兩眉為人表候陽
立於二故眉長二寸注曰攝提兩星頰曲人眉似
之

五色綫集三卷

明弘治二年（1489）冀綺刻本。半葉10行，行20字，黑口，四周雙邊，框高18.9厘米，寬12.2厘米。南京圖書館藏。國家名録號12698。

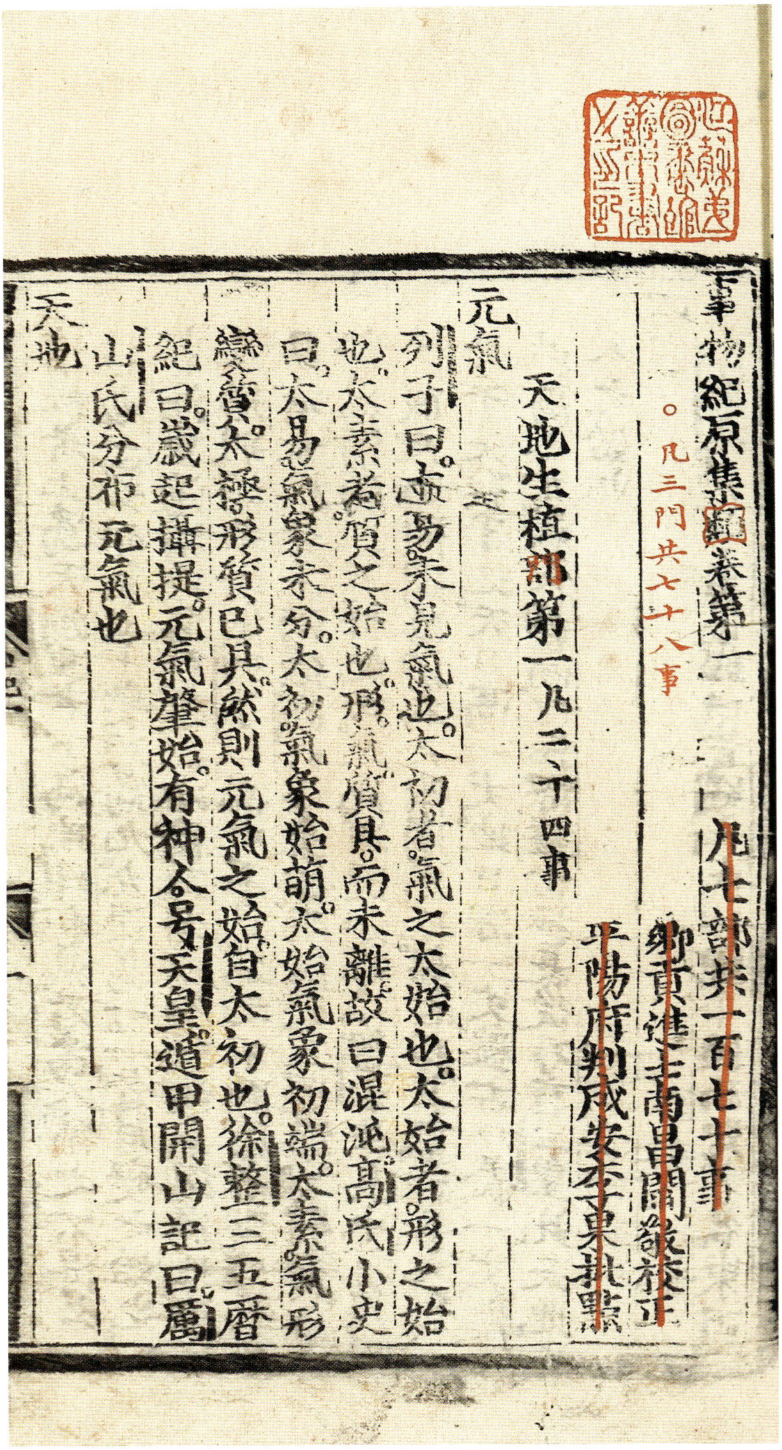

事物紀原集類十卷　宋高承輯

明成化八年（1472）李果刻本。沈巖校並跋，黄丕烈、丁丙跋。半葉12行，行24字，小字雙行，行32字，黑口，四周雙邊，框高19.6厘米，寬13.4厘米。南京圖書館藏。國家名録號12704。

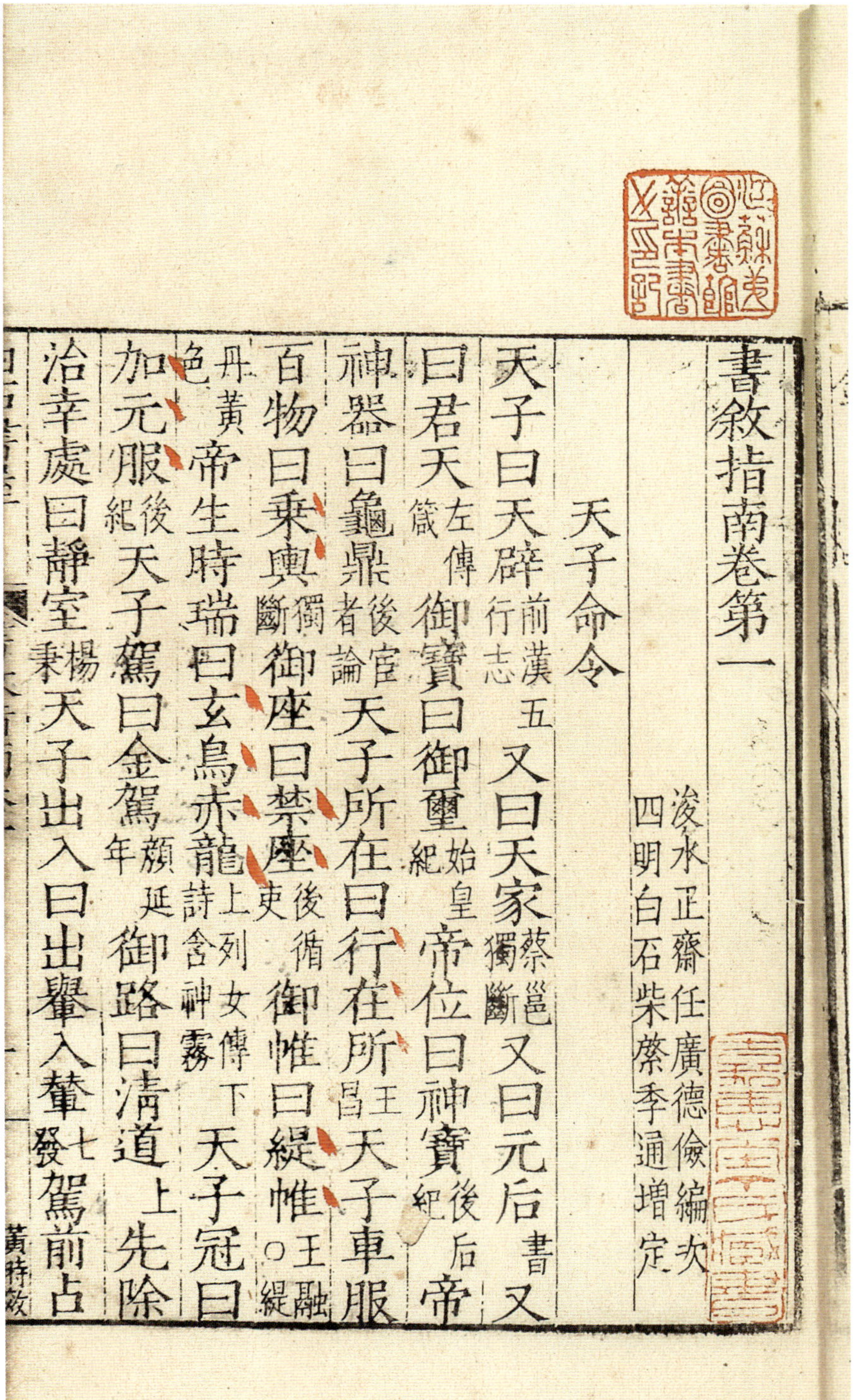

書叙指南卷第一

浚水正齋任廣德倹編次
四明白石柴縻季通增定

天子命令

天子曰天辟（前漢五行志）又曰天家（蔡邕獨斷）又曰元后（書）又曰君天（左傳箴）御寶曰御璽（始皇紀）帝位曰神寶（後后紀）帝

神器曰龜鼎（後官者論）天子所在曰行在所（王昌）天子車服

百物曰乘輿（獨斷）御座曰禁座（後循吏）御帷曰緹帷（王融○緹丹黄色）帝生時瑞曰玄烏赤龍（上列女傳下詩含神霧）天子冠曰

加元服（後紀）天子駕曰金駕（顔延年）御路曰清道上先除

治幸處曰靜室（揚秉）天子出入曰出蹕入輦（七發）駕前占

書叙指南十二卷　宋任廣輯

明嘉靖三十七年（1558）柴縻白石書屋刻本。丁丙跋。半葉10行，行20字，小字雙行，字數同，白口，左右雙邊，框高17.8厘米，寬13.8厘米。南京圖書館藏。國家名録號12706。

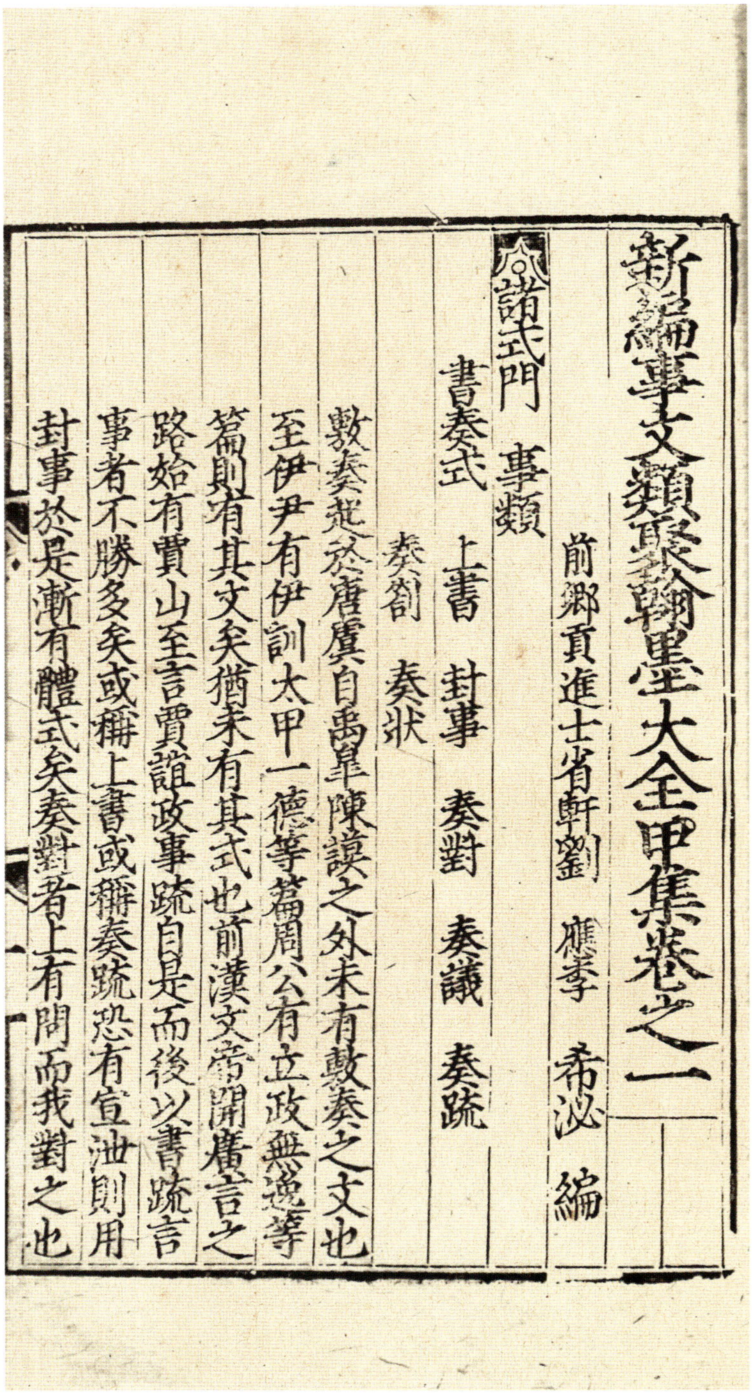

新編事文類聚翰墨大全甲集卷之一

前鄉貢進士省軒劉應李希泌編

諸式門　事類

書奏式　上書　封事　奏對　奏議　奏疏

奏劄　奏狀

敷奏起於唐虞自禹皋陳謨之外未有敷奏之文也至伊尹有伊訓太甲一德等篇周公有立政無逸等篇則有其文矣猶未有其式也前漢文帝開廣言之路始有賈山至言賈誼政事疏自是而後以書疏言事者不勝多矣或稱上書或稱奏疏恐有宣泄則用封事於是漸有體式矣奏對者上有問而我對之也

新編事文類聚翰墨大全　甲集十二卷　乙集十八卷　丙集十四卷　丁集十一卷　戊集十三卷　己集十二卷　庚集十五卷　辛集十六卷　壬集十七卷　癸集十七卷　後甲集十五卷　後乙集十三卷　後丙集十二卷　後丁集十四卷　後戊集九卷　元劉應李輯

明刻本。半葉12行，行24字，小字雙行，字數同，黑口，四周雙邊，框高15.8厘米，寬10.6厘米。南京圖書館藏。國家名録號12711。

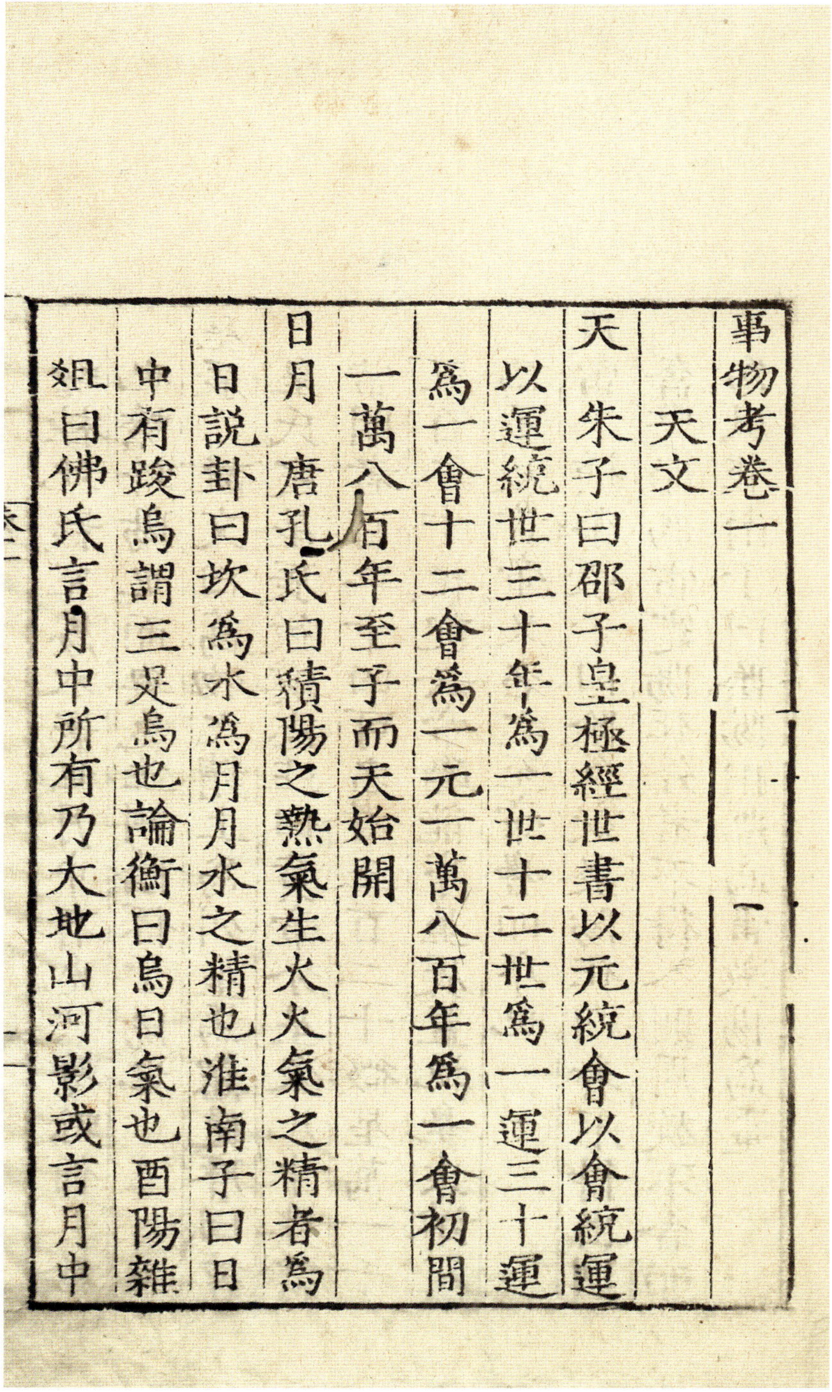
事物考卷一

天文

天　朱子曰邵子皇極經世書以元統會以會統運以運統世三十年爲一世十二世爲一運三十運爲一會十二會爲一元一萬八百年爲一會初間一萬八百年至子而天始開

日月　唐孔氏曰積陽之熱氣生火火氣之精者爲日說卦曰坎爲水爲月月水之精也淮南子曰日中有踆烏謂三足烏也論衡曰烏日氣也酉陽雜俎曰佛氏言月中所有乃大地山河影或言月中

事物考八卷　明王三聘輯

明嘉靖四十二年（1563）何起鳴刻本。半葉10行，行20字，白口，四周單邊，框高18.8厘米，寬13.7厘米。南京圖書館藏。國家名録號12712。

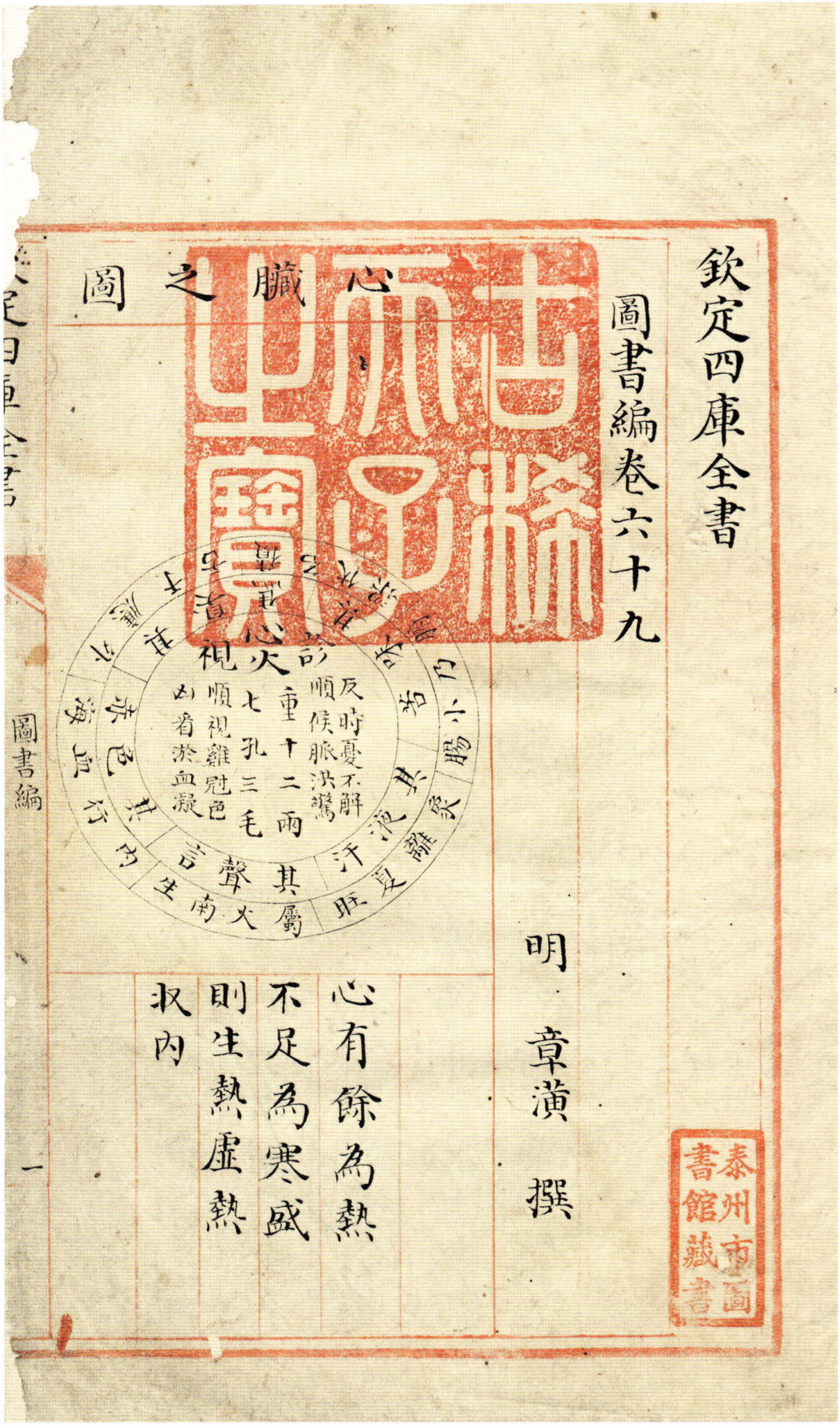

欽定四庫全書
圖書編卷六十九
明 章潢 撰
心臟之圖
古稀天子之寶
心有餘為熱
不足為寒盛
則生熱虛熱
収内
泰州市圖書館藏書

圖書編一百二十七卷　明章潢撰

清乾隆内府寫南三閣四庫全書本。存二卷：六十九至七十。半葉8行，行21字，小字雙行，字數同，白口，四周雙邊，框高20.7厘米，寬13.7厘米。泰州市圖書館藏。國家名録號12714。

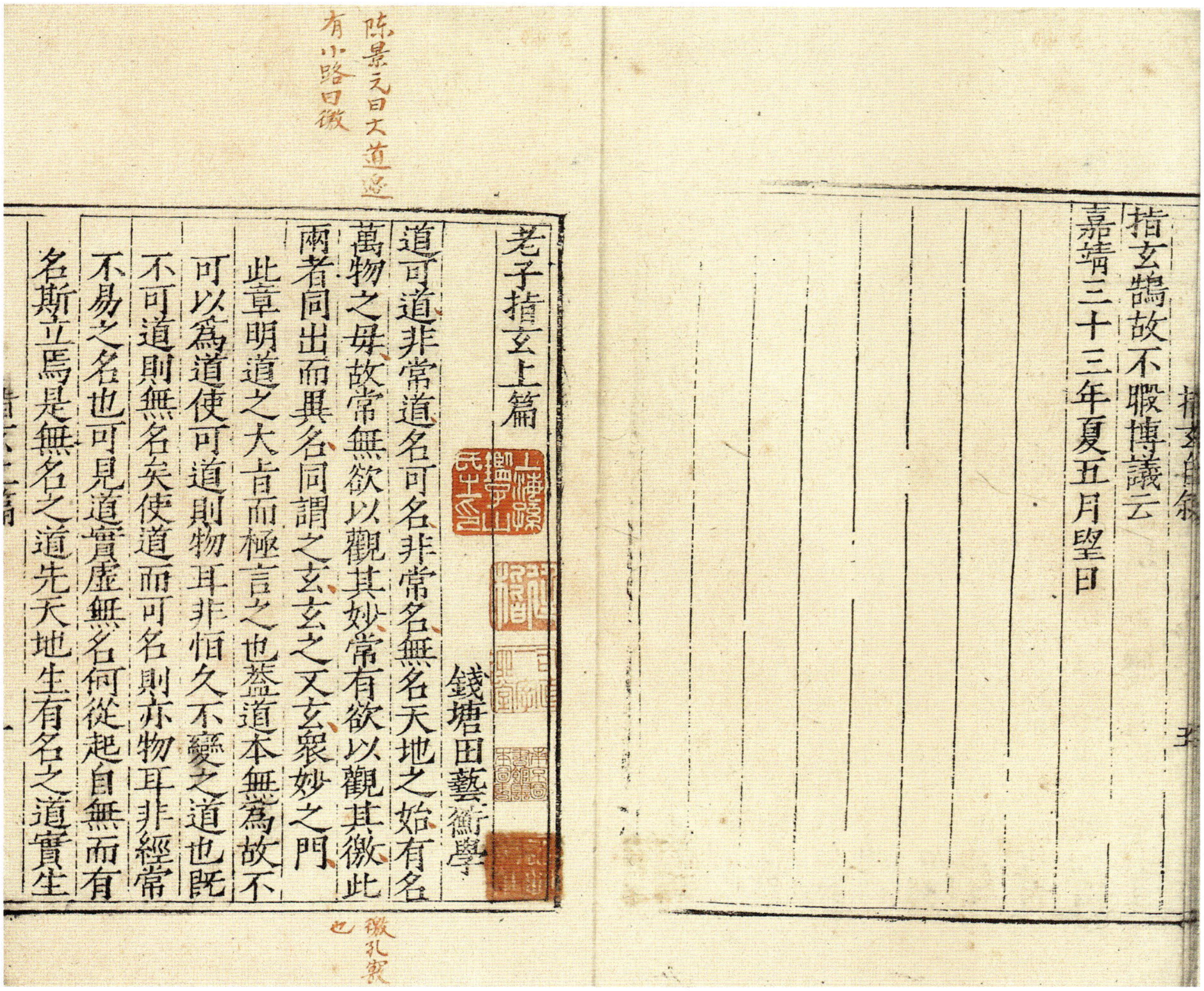

老子指玄二卷　明田藝蘅撰

明嘉靖刻本。半葉10行，行20字，小字雙行，字數同，白口，四周雙邊，框高17厘米，寬13厘米。南京圖書館藏。國家名録號12720。

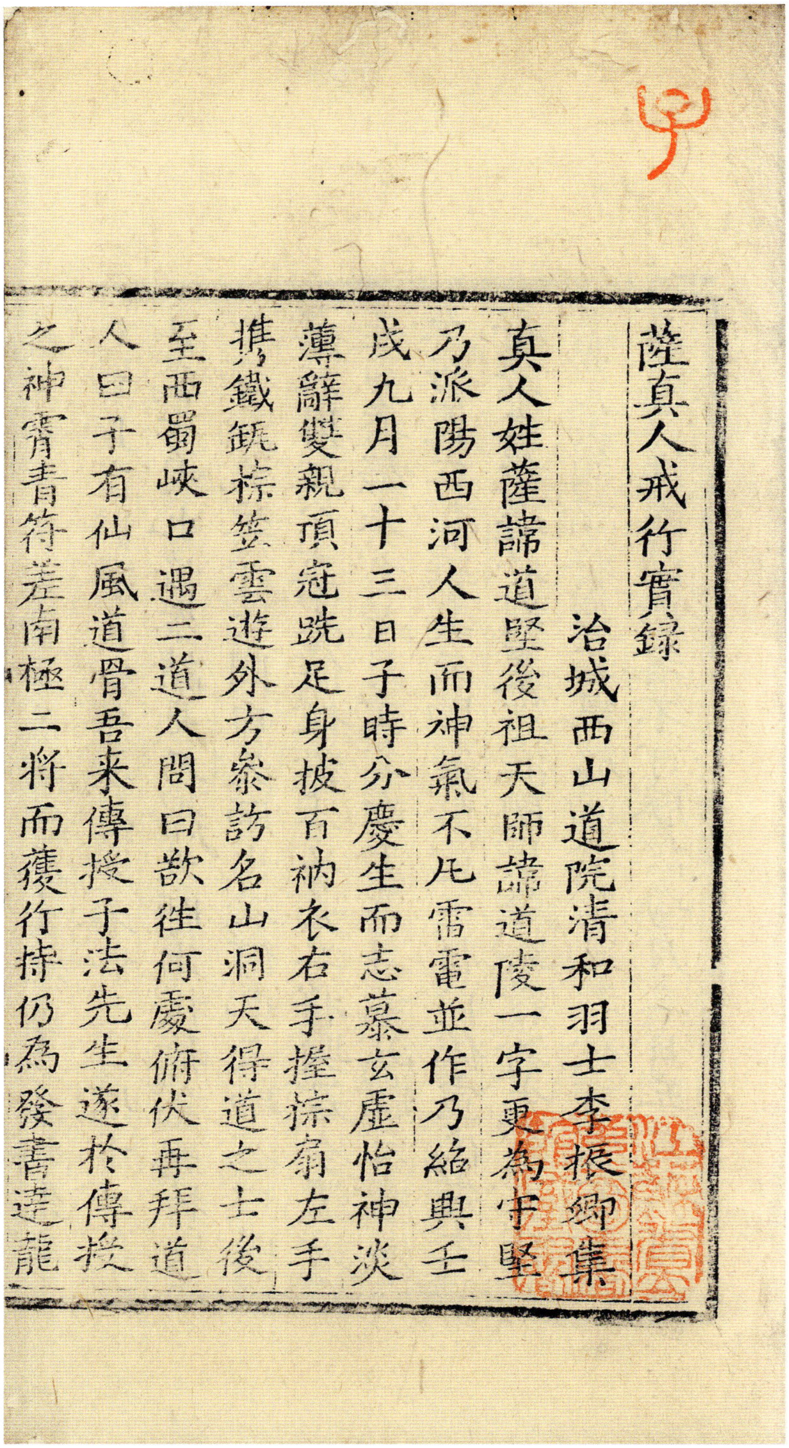

薩真人戒行實録

治城西山道院清和羽士李振卿集

真人姓薩諱道堅後祖天師諱道陵一字更為守堅乃派陽西河人生而神氣不凡雷電並作乃紹興壬戌九月一十三日子時分慶生而志慕玄虛怡神淡薄辭雙親頂冠跣足身披百衲衣右手挂棕扇左手携鐵瓢棕笠雲遊外方參訪名山洞天得道之士後至西蜀峽口遇二道人問曰欲往何處俯伏再拜道人曰子有仙風道骨吾來傳授子法先生遂於傳授之神霄青符差南極二將而獲行持仍為發書達龍

薩真人戒行實録一卷　明李振卿輯

明嘉靖二年（1523）章興刻本。半葉10行，行20字，白口，四周雙邊，框高19厘米，寬13.1厘米。南京圖書館藏。國家名録號12722。

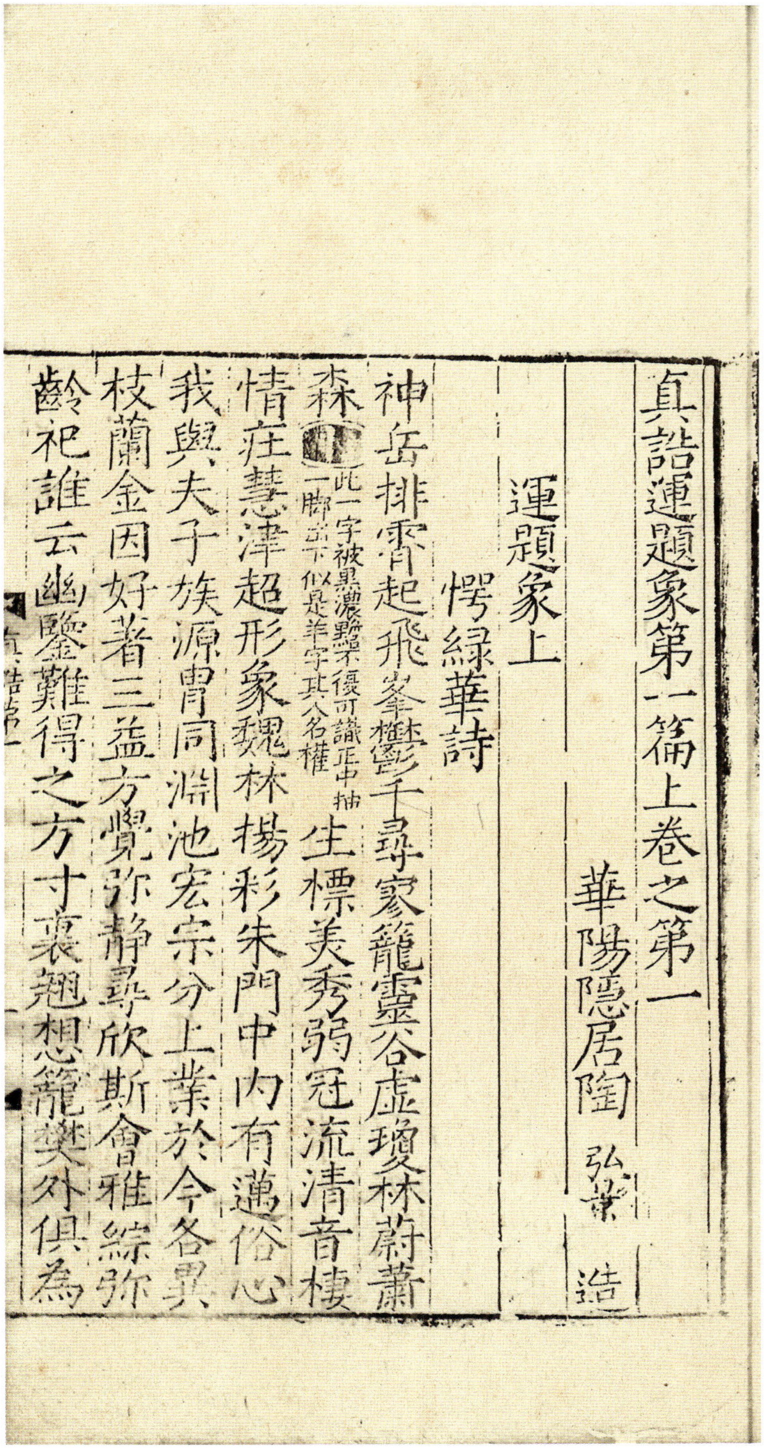
真誥運題象第一篇上卷之第一
華陽隱居陶 弘景 造
運題象上
愕緑華詩
神岳排霄起飛峯鬱千尋寥籠靈谷虛瓊林蔚蕭
森■此一字被黑濃黯不復可識正中抽一脚出下似是羊字共八名權生標美秀弱冠流清音棲
情莊慧津超形象魏林揚彩朱門中内有邁俗心
我與夫子族源冑同淵池宏宗分上業於今各異
枝蘭金因好著三益方覺彌靜尋欣斯會雅綜彌
齡祀誰云幽鑒難得之方寸裏翹想籠樊外俱為

真誥十卷　梁陶弘景撰

明嘉靖元年（1522）章興刻本。存八卷：一至八。半葉 10 行，行 19 字，小字雙行，字數不定，白口，左右雙邊。框高 18 厘米，寬 13.1 厘米。南京圖書館藏。國家名録號 12723。

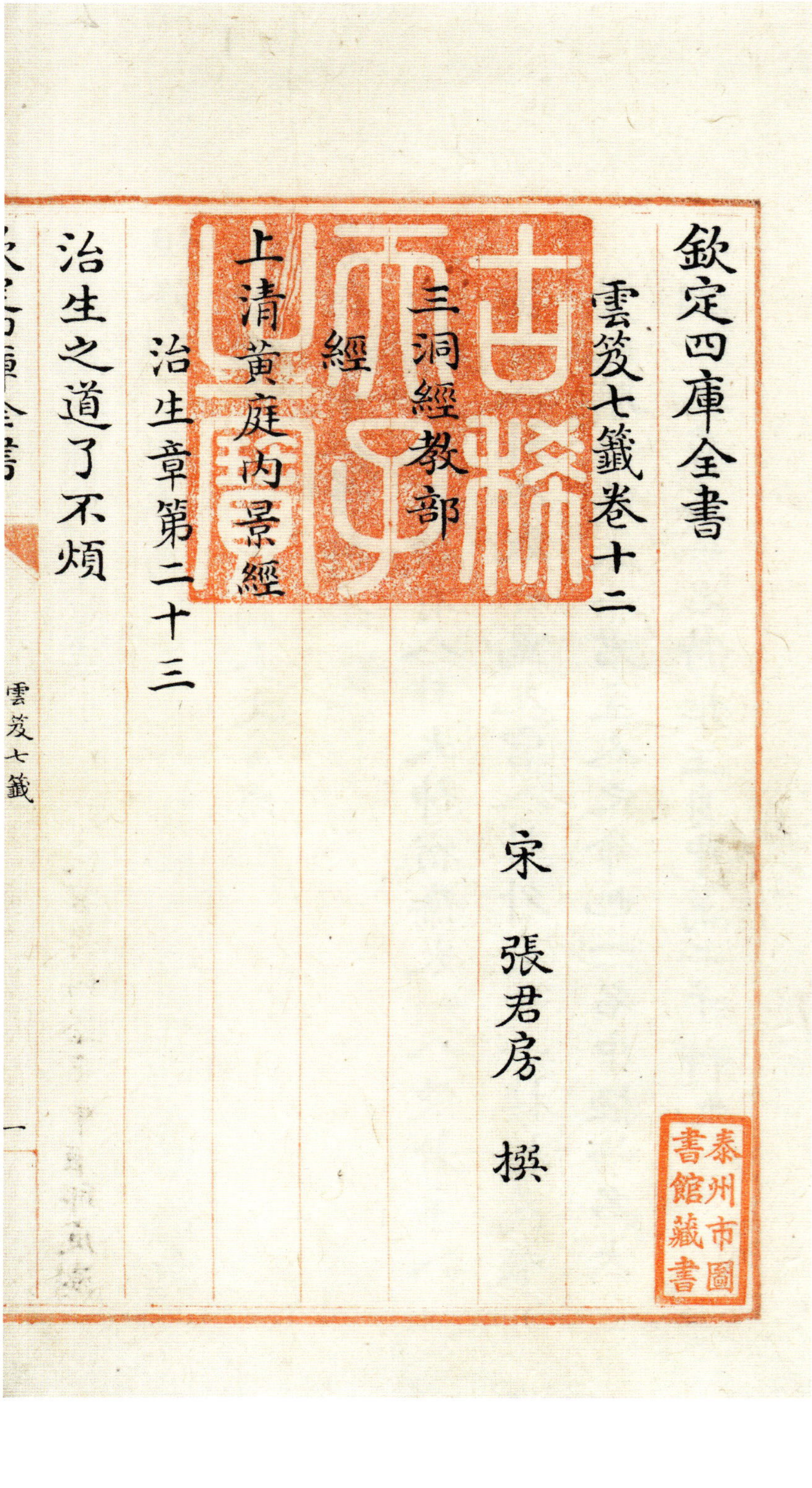
欽定四庫全書
雲笈七籤卷十二
宋 張君房 撰
三洞經教部
經
上清黄庭内景經
治生章第二十三
治生之道了不煩

雲笈七籤一百二十二卷　宋張君房撰

清乾隆内府寫南三閣四庫全書本。存一卷：十二。半葉8行，行21字，小字雙行，字數同，白口，四周雙邊，框高21厘米，寬13.8厘米。泰州市圖書館藏。國家名録號12724。

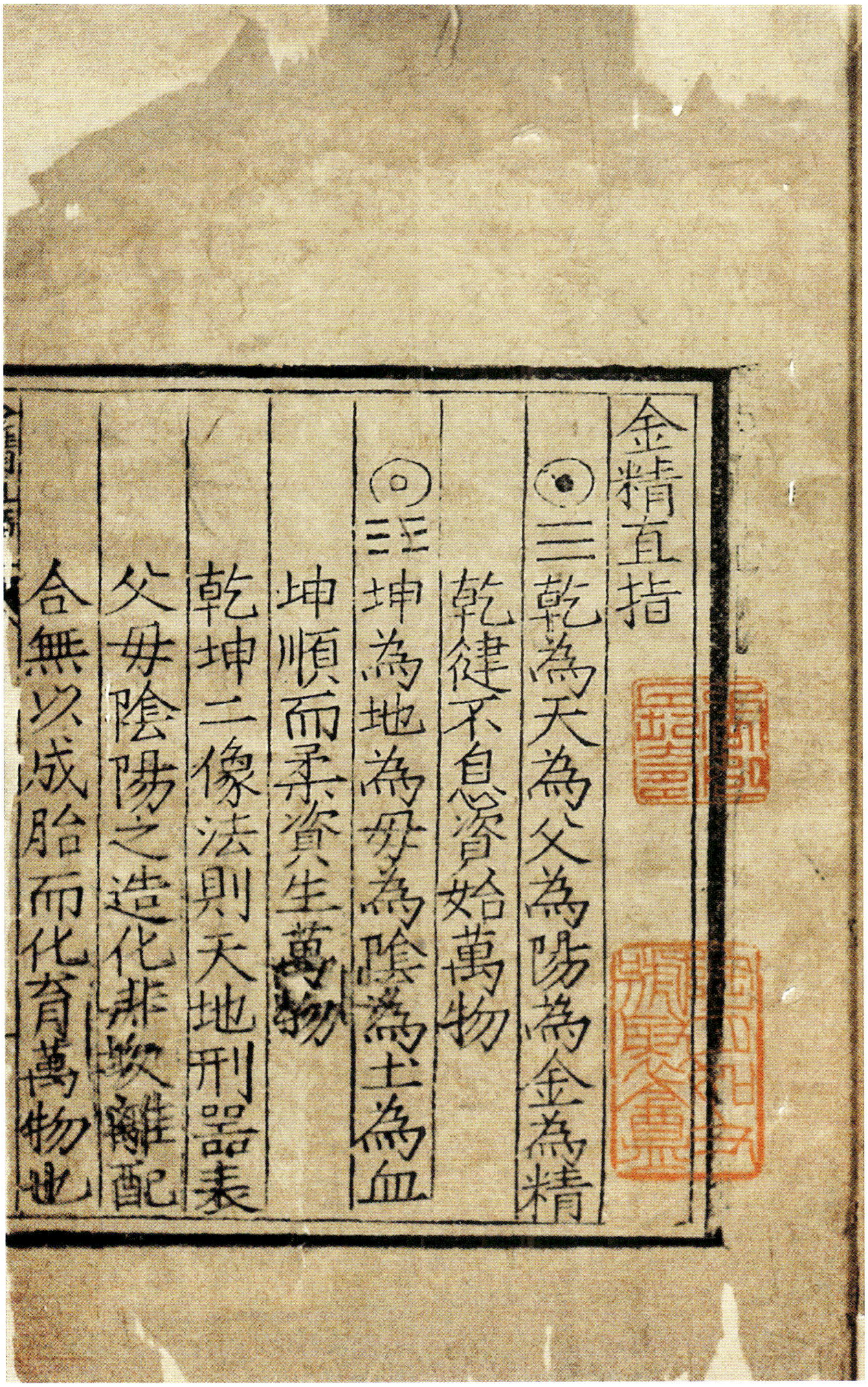
金精直指
◉☰乾為天為父為陽為金為精
乾健不息資始萬物
◎☷坤為地為母為陰為土為血
坤順而柔資生萬物
乾坤二像法則天地刑器表
父母陰陽之造化非欲離配
合無以成胎而化育萬物也

金精直指一卷

明嘉靖三十八年（1559）朱觀熰刻本。半葉8行，行14字，白口，四周雙邊，框高11厘米，寬8.5厘米。南京圖書館藏。國家名録號12725。

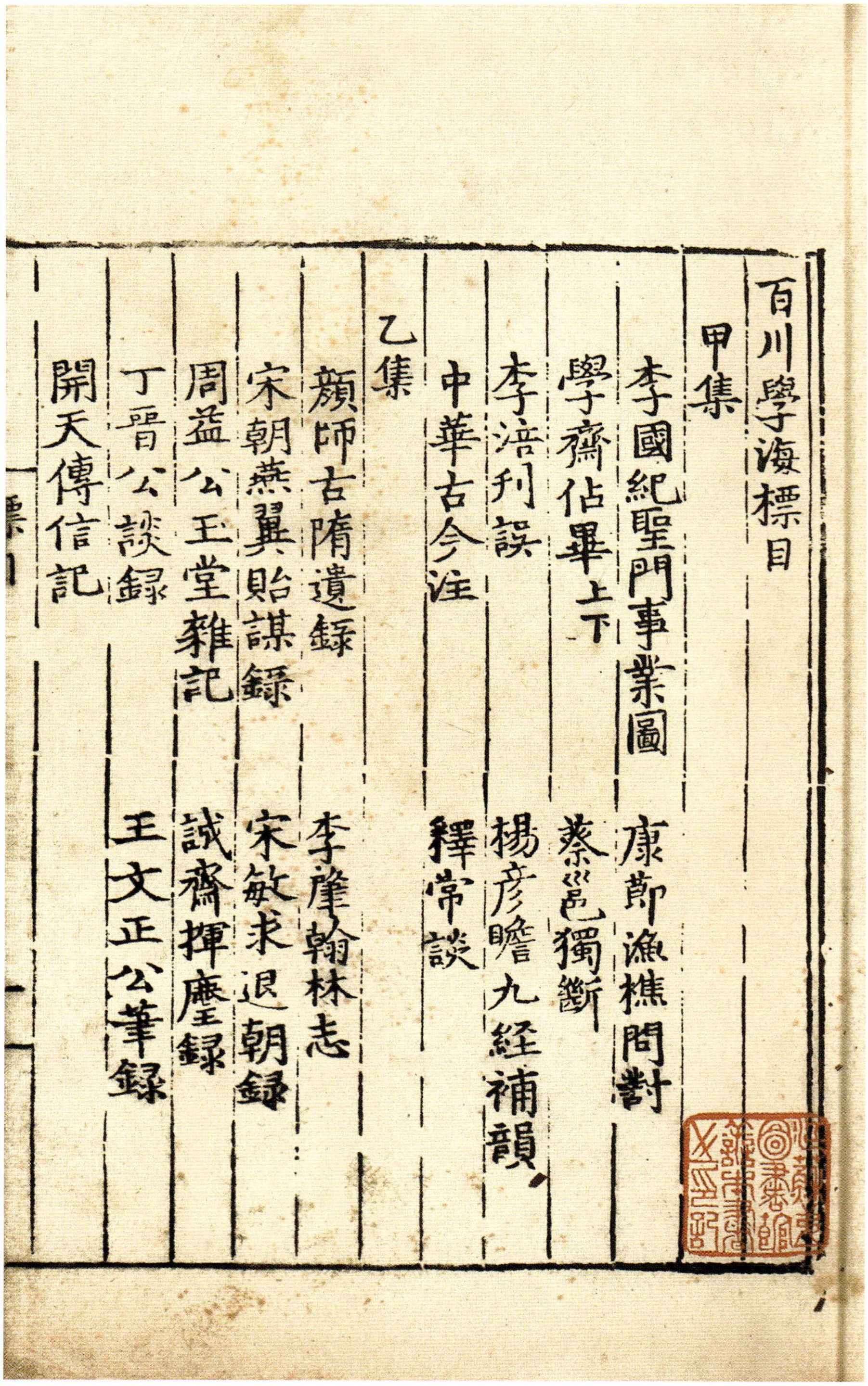
百川學海標目
甲集
李國紀聖門事業圖　康節漁樵問對
學齋佔畢上下　蔡邕獨斷
李涪刊誤　楊彦瞻九經補韻
中華古今注　釋常談
乙集
顏師古隋遺録　李肇翰林志
宋朝燕翼貽謀録　宋敏求退朝録
周益公玉堂雜記　誠齋揮麈録
丁晋公談録　王文正公筆録
開天傳信記

百川學海一百種一百七十九卷　宋左圭輯

明弘治十四年（1501）華珵刻本。丁丙跋。半葉12行，行20字，小字雙行，字數同，白口，左右雙邊，框高20厘米，寬14.6厘米。南京圖書館藏。國家名録號12726。

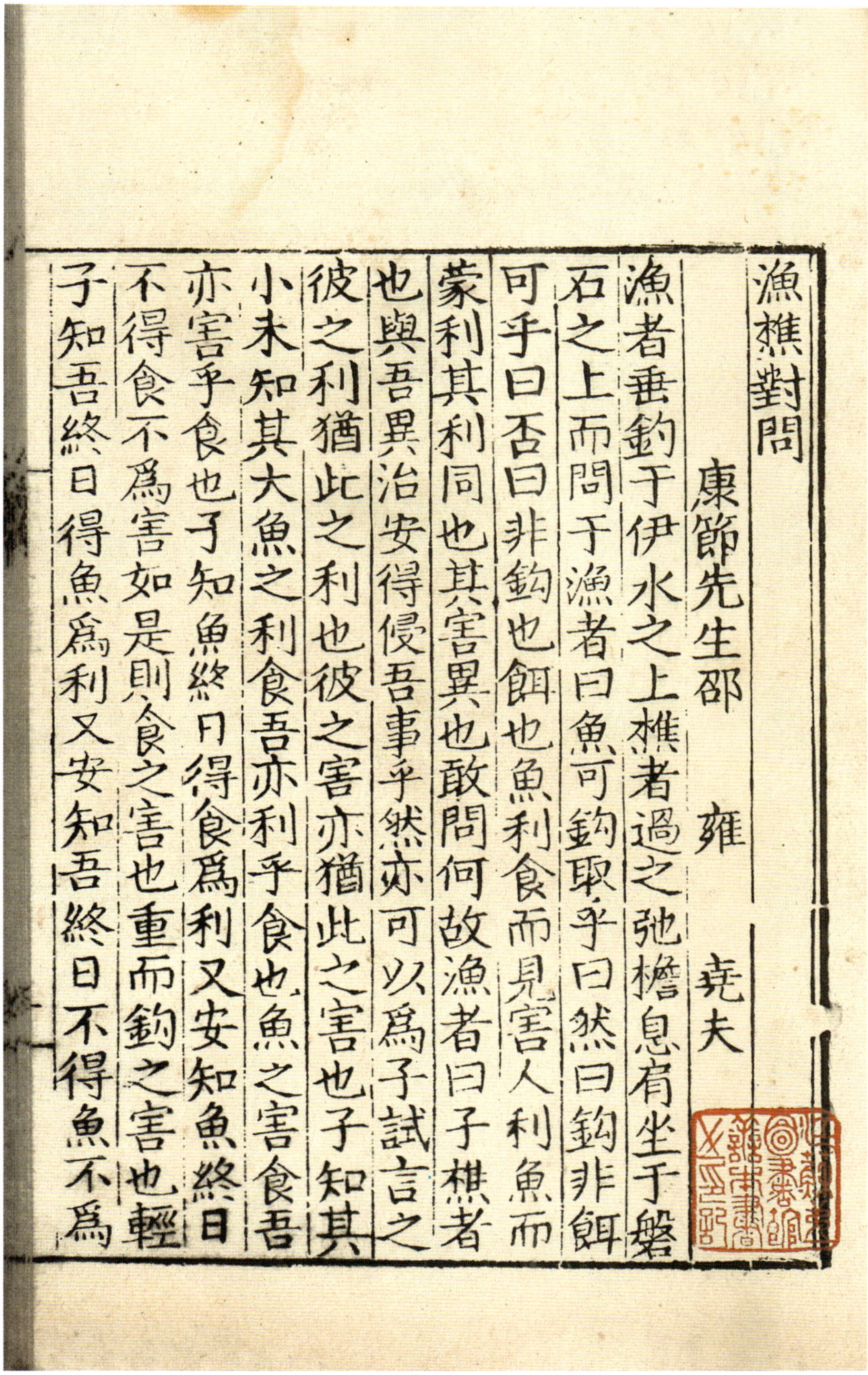
漁樵對問

康節先生邵　雍　堯夫

漁者垂釣于伊水之上樵者過之弛擔息肩坐于磐石之上而問于漁者曰魚可釣取乎曰然曰釣非餌可乎曰否曰非釣也餌也魚利食而見害人利魚而蒙利其利同也其害異也敢問何故漁者曰子樵者也與吾異治安得侵吾事乎然亦可以爲子試言之彼之利猶此之利也彼之害亦猶此之害也子知其小未知其大魚之利食吾亦利乎食也魚之害食吾亦害乎食也子知魚終日得食爲利又安知魚終日不得食不爲害如是則食之害也重而釣之害也輕子知吾終日得魚爲利又安知吾終日不得魚不爲

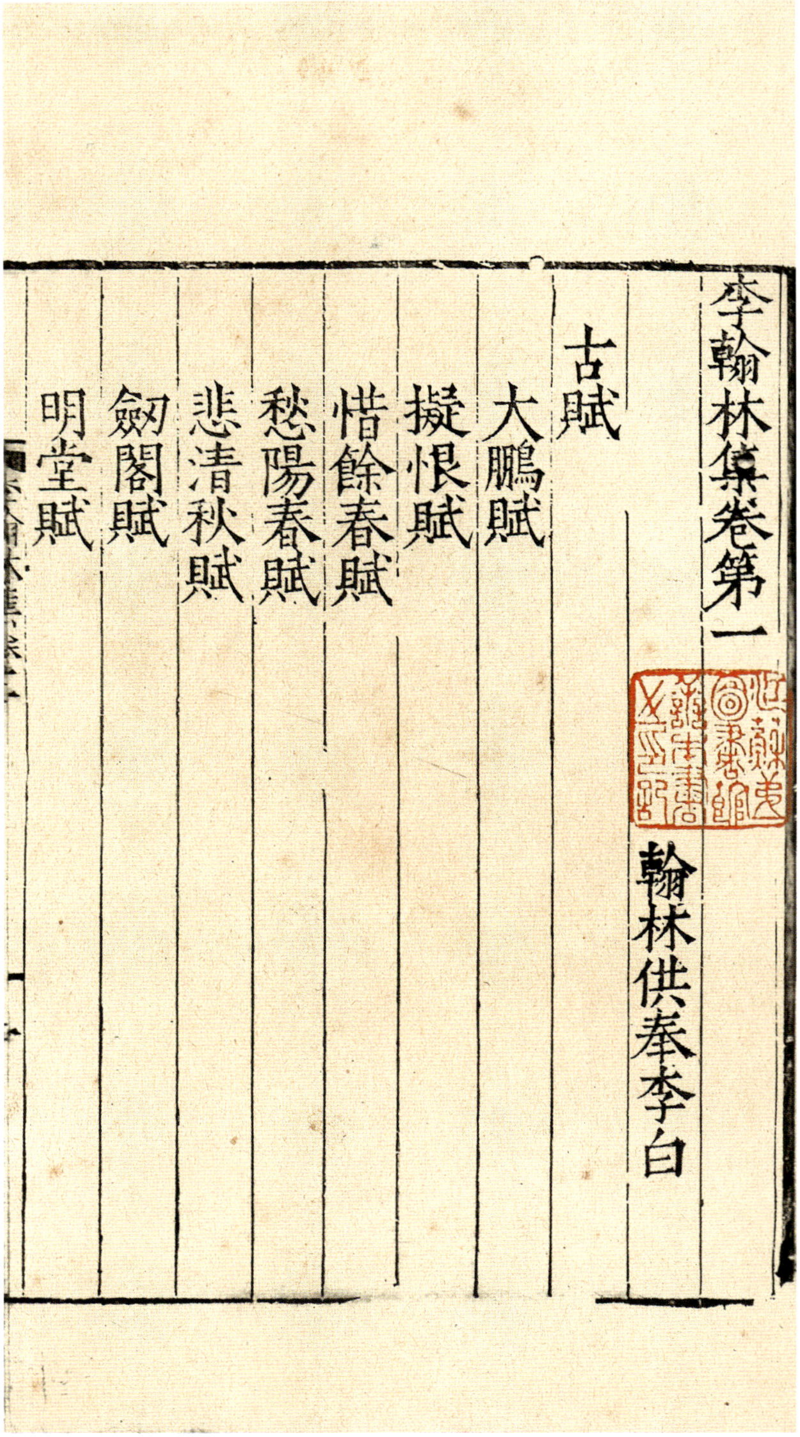

李翰林集卷第一

翰林供奉李白

古賦

大鵬賦

擬恨賦

惜餘春賦

愁陽春賦

悲清秋賦

劒閣賦

明堂賦

李翰林集十卷　唐李白撰

明正德十四年（1519）陸元大刻本。丁丙跋。半葉10行，行18字，小字雙行，字數同，白口，左右雙邊，框高17.6厘米，寬12.8厘米。南京圖書館藏。國家名録號12731。

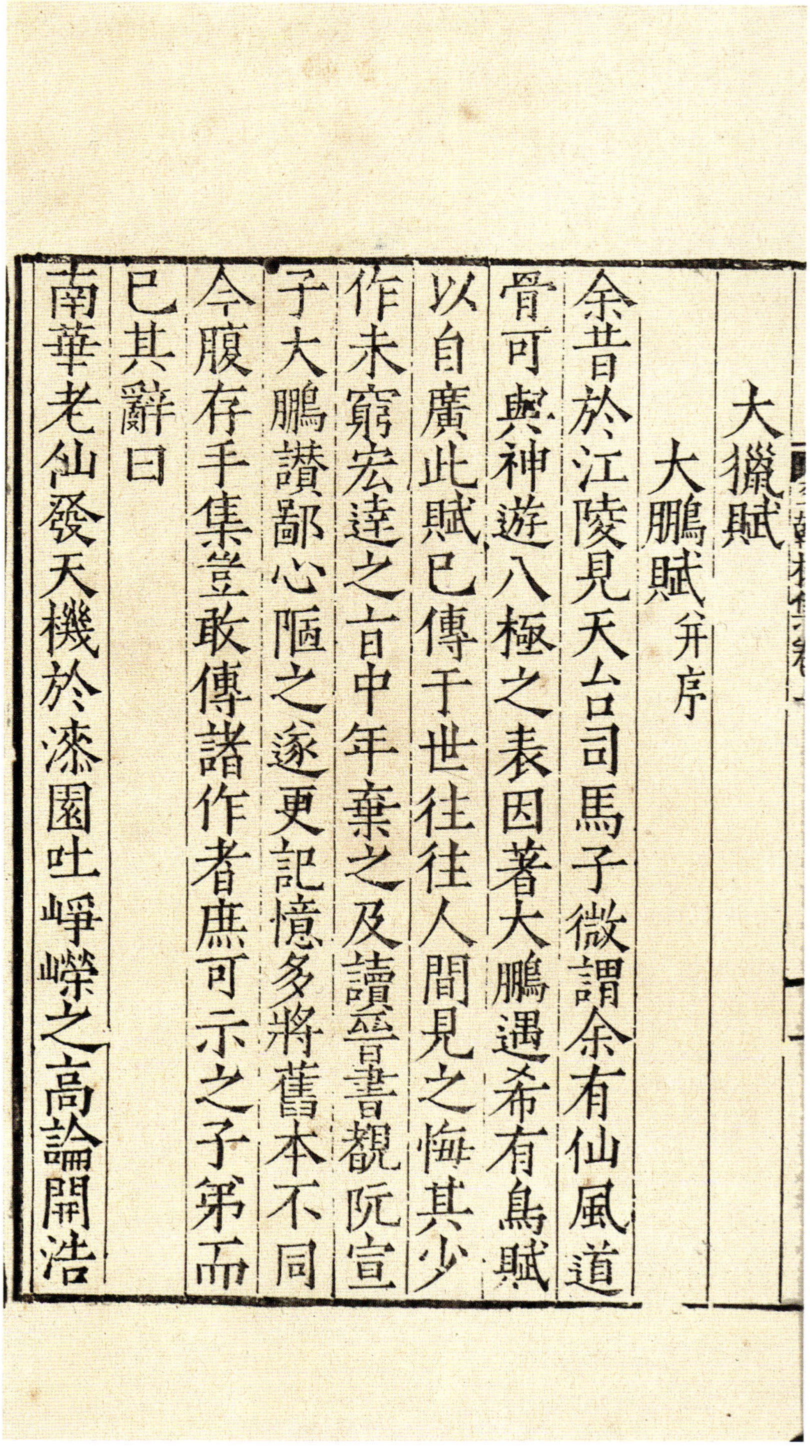

大獵賦

大鵬賦 幷序

余昔於江陵見天台司馬子微謂余有仙風道骨可與神遊八極之表因著大鵬遇希有鳥賦以自廣此賦已傳于世往往人間見之悔其少作未窮宏達之旨中年棄之及讀晉書覩阮宣子大鵬讚鄙心陋之遂更記憶多將舊本不同今腹存手集豈敢傳諸作者庶可示之子弟而已其辭曰

南華老仙發天機於漆園吐崢嶸之高論開浩

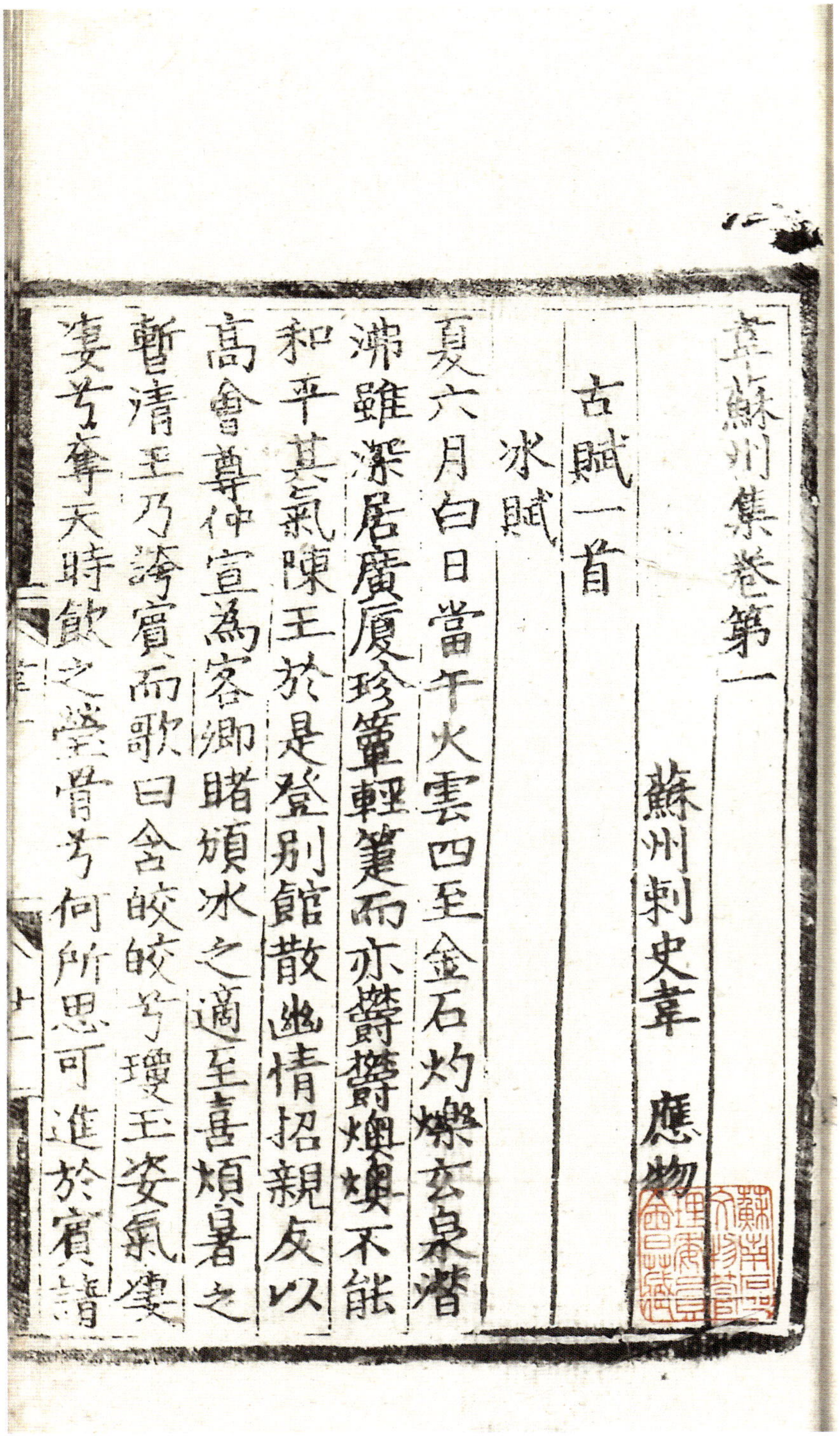
韋蘇州集卷第一
蘇州刺史韋　應物
古賦一首
冰賦
夏六月白日當午火雲四至金石灼爍玄泉潛
沸雖潔居廣廈珍簟輕箑而亦鬱鬱燠燠不能
和平其氣陳王於是登別館散幽情招親友以
高會尊仲宣為客卿睹頒冰之適至喜煩暑之
暫清王乃誇賓而歌曰皎皎兮瓊玉姿氣凄
凄兮奪天時歛之瑩骨兮何所思可進於賓請

韋蘇州集十卷　拾遺一卷　唐韋應物撰

明弘治九年（1496）李瀚、劉玘刻本。半葉10行，行18字，小字雙行，字數同，黑口，四周雙邊，框高18.7厘米，寬13.5厘米。南京圖書館藏。國家名録號12732。

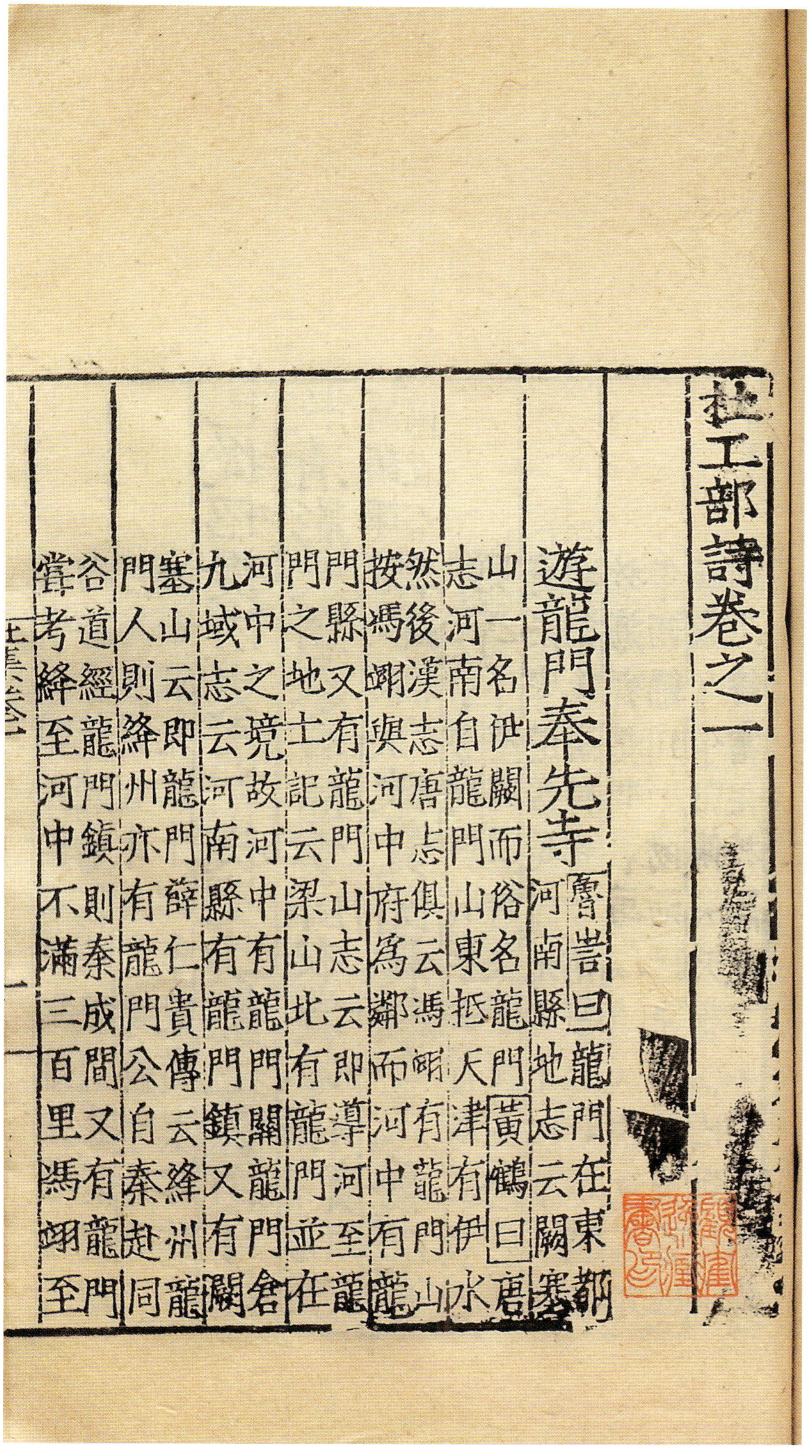
杜工部詩卷之一

遊龍門奉先寺魯訔曰龍門在東都河南縣地志云闕塞山一名伊闕而俗名龍門黃鶴曰唐志河南自龍門山東抵天津有伊水然後漢志唐志俱云馮翊有龍門山按馮翊與河中府爲鄰而河中有龍門縣又有龍門山志云即導河至龍門之地土記云梁山北有龍門並在河中之境故河中有龍門關龍門倉九域志云河南縣有龍門鎮又有闕塞山云即龍門薛仁貴傳云絳州龍門人則絳州亦有龍門公自秦赴同谷道經龍門鎮則秦成間又有龍門嘗考絳至河中不滿三百里馮翊至

杜集卷一　一

杜工部詩二十卷　文集二卷　唐杜甫撰　宋黄鶴補注　附録一卷

明嘉靖二十四年（1545）戴鯨刻本。半葉9行，行17字，小字雙行，字數同，白口，四周單邊，框高18.2厘米，寬14.1厘米。南京圖書館藏。國家名録號12733。

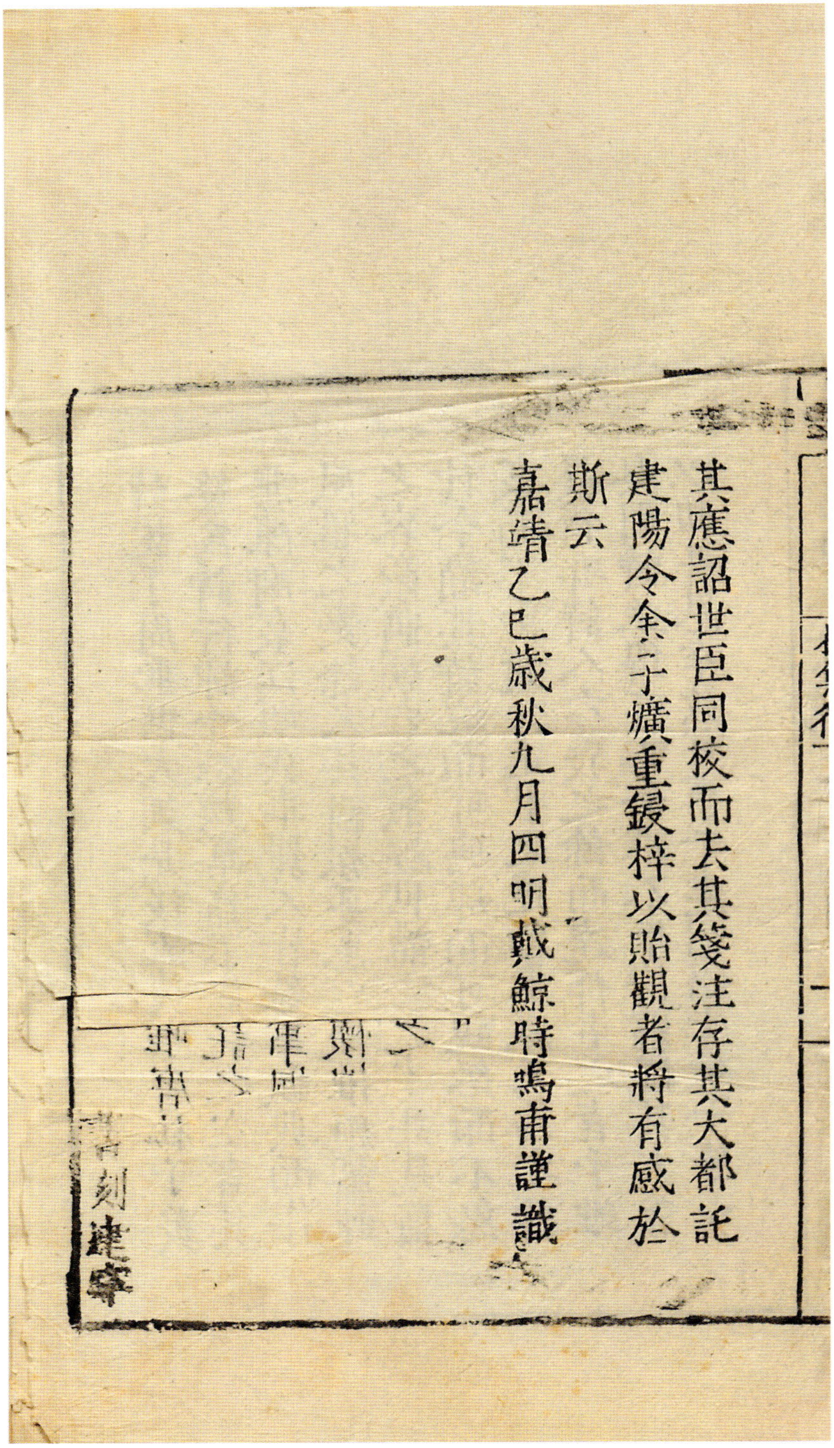

其廌詔世臣同校而去其箋注存其大都託
建陽令余子爌重鋟梓以貽觀者將有感於
斯云
嘉靖乙巳歲秋九月四明戴鯨時鳴甫謹識

[illegible]刻建寧

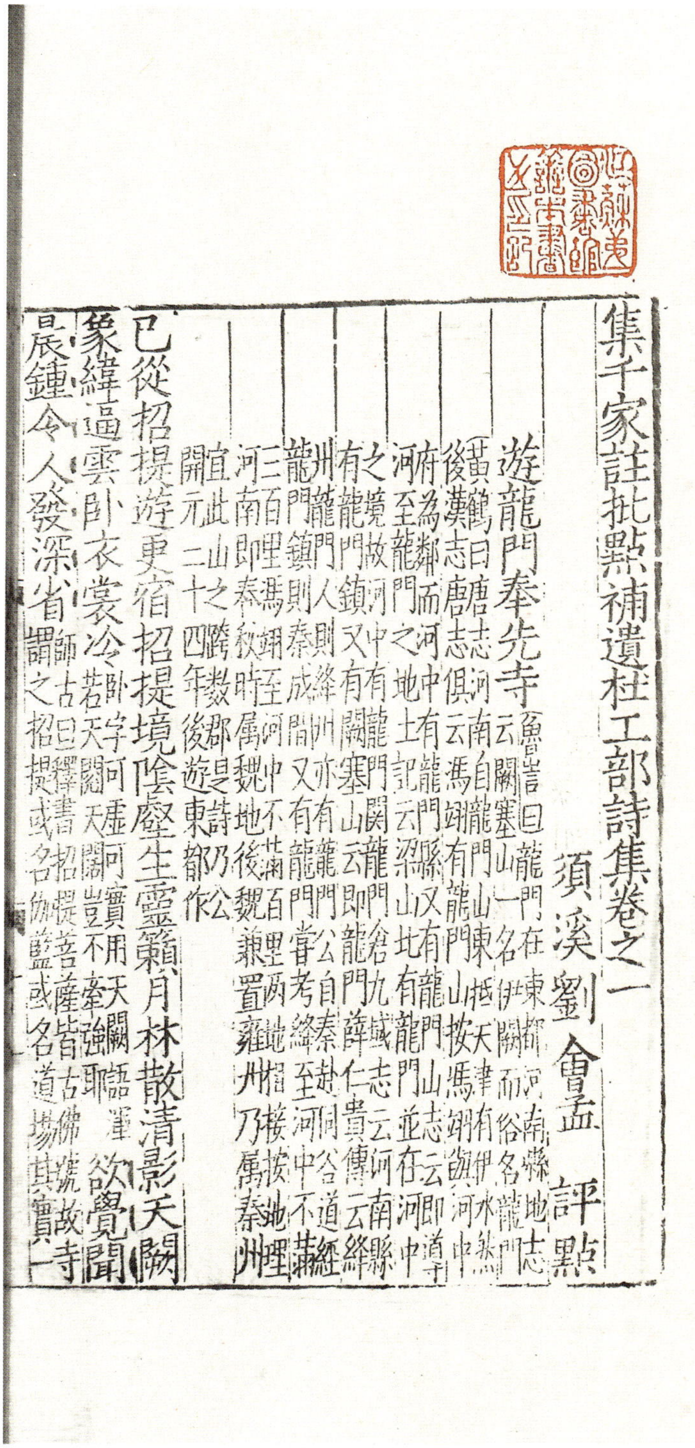

集千家注批點補遺杜工部詩集二十卷　唐杜甫撰　宋黄鶴補注　宋劉辰翁評點　年譜一卷　附録一卷

明嘉靖九年（1530）王九之刻本。丁丙跋。半葉12行，行22至23字，小字雙行，字數同，白口，四周單邊，框高20厘米，寬13厘米。南京圖書館藏。國家名録號12734。

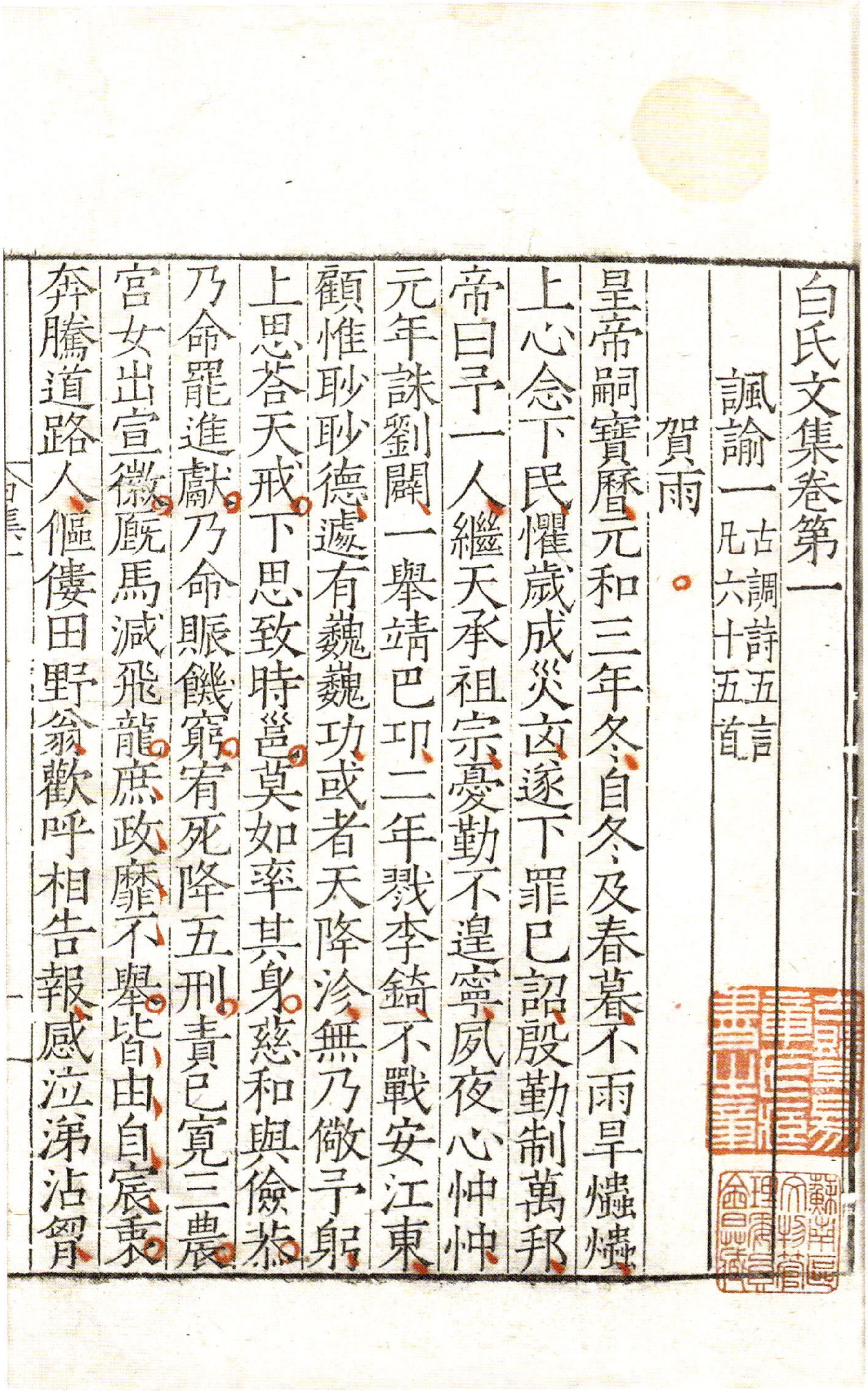

白氏文集卷第一

諷諭一 古調詩五言 凡六十五首

賀雨

皇帝嗣寶曆元和三年冬自冬及春暮不雨旱爞爞上心念下民懼歲成災凶遂下罪己詔殷勤制萬邦帝曰予一人繼天承祖宗憂勤不遑寧夙夜心忡忡元年誅劉闢一舉靖巴邛二年戮李錡不戰安江東顧惟眇眇德遽有巍巍功或者天降沴無乃儆予躬上思荅天戒下思致時邕莫如率其身慈和與儉恭乃命罷進獻乃命賑饑窮宥死降五刑責己寬三農宮女出宣徽廄馬減飛龍庶政靡不舉皆由自宸衷奔騰道路人傴僂田野翁歡呼相告報感泣涕沾胷

白氏文集七十一卷　唐白居易撰

明嘉靖十七年（1538）伍忠光龍池草堂刻本。半葉 12 行，行 20 字，小字雙行，字數同，白口，左右雙邊，框高 19.1 厘米，寬 15.4 厘米。南京圖書館藏。國家名録號 12739。

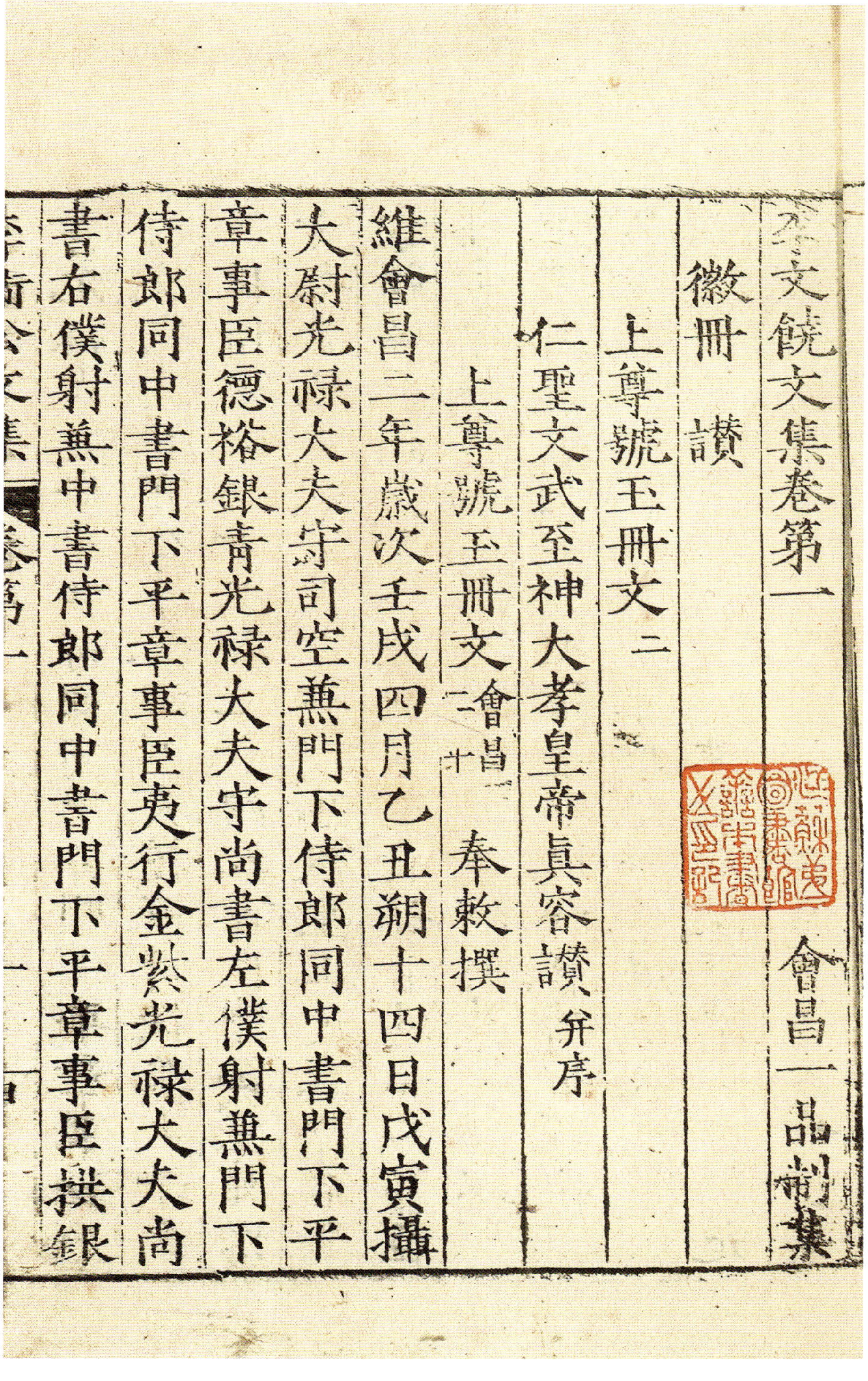

李文饒文集二十卷　别集十卷　外集四卷　唐李德裕撰

明刻本（文集卷十一至十七、别集卷七至十、外集配明天啓刻本，别集卷六配清抄本）。黄丕烈校並跋，張紹仁、丁丙跋。半葉10行，行20字，小字雙行，字數同，白口，左右雙邊，框高19.7厘米，寬15.1厘米。南京圖書館藏。國家名録號12740。

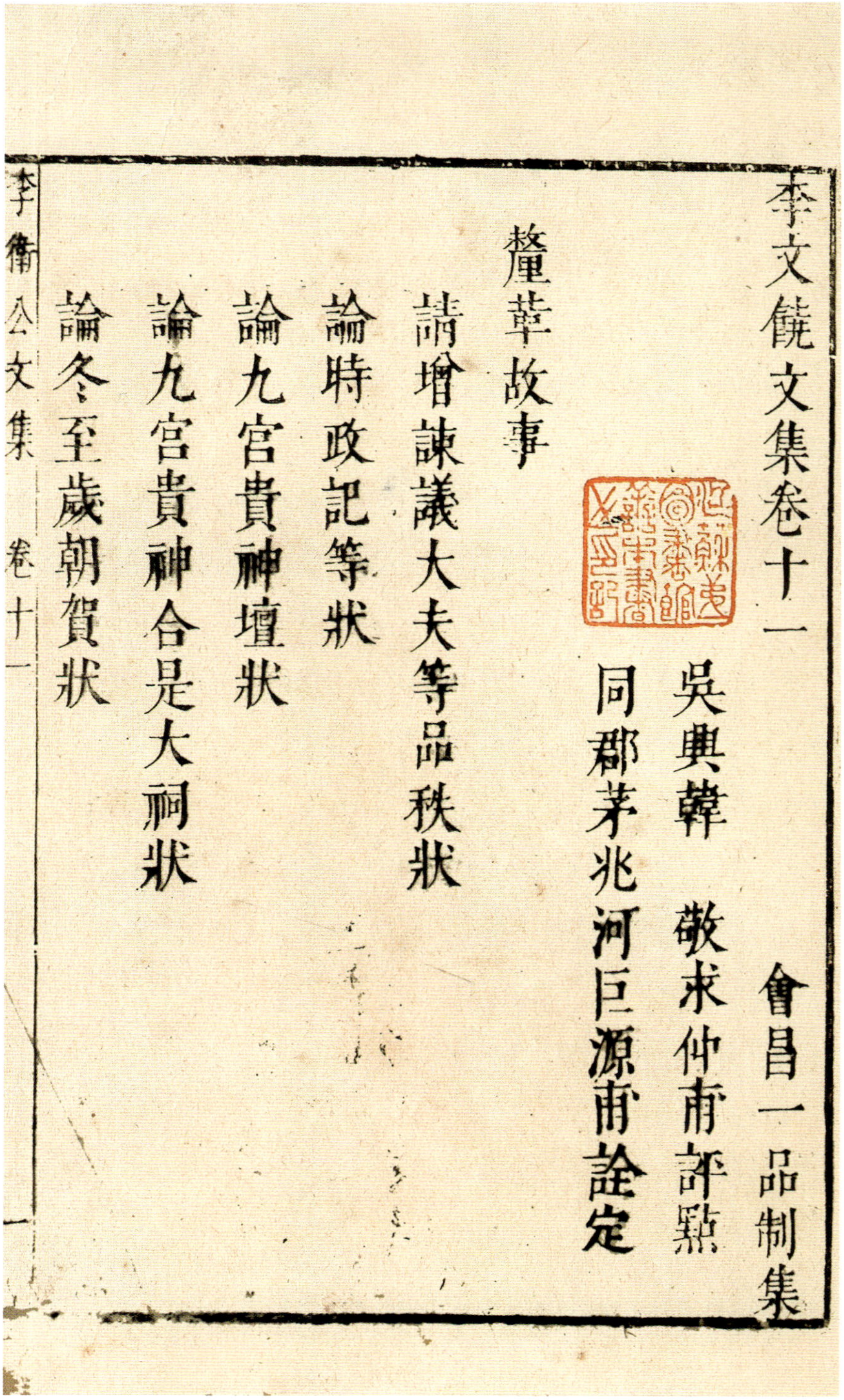

李文饒文集卷十一　　會昌一品制集

吳興韓　敬求仲甫評點

同郡茅兆河巨源甫詮定

釐革故事

請增諫議大夫等品秩狀

論時政記等狀

論九宫貴神壇狀

論九宫貴神合是大祠狀

論冬至歲朝賀狀

李衛公文集　卷十一　一

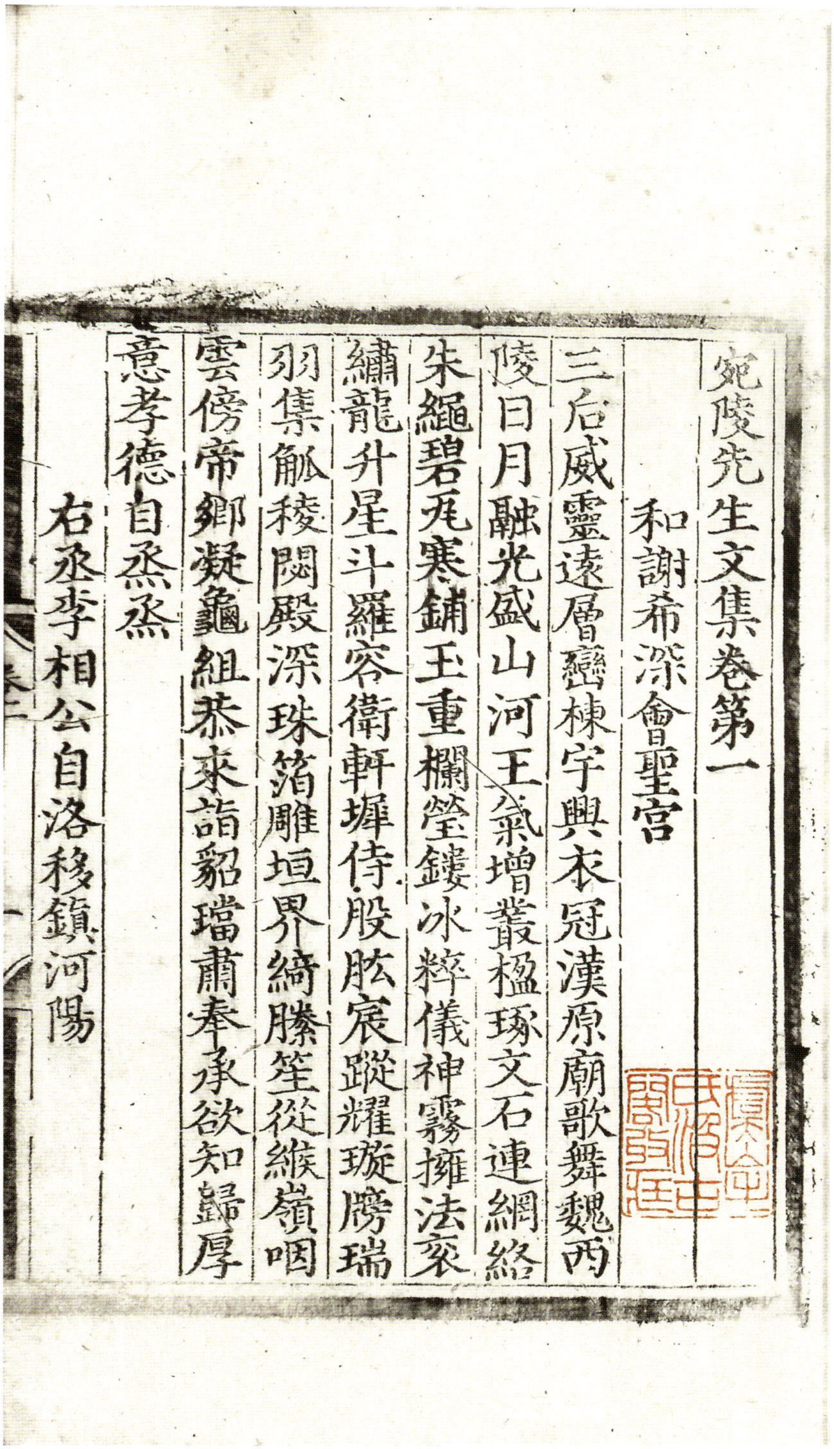

宛陵先生文集卷第一

和謝希深會聖宮

三后威靈遠層巒棟宇興衣冠漢原廟歌舞魏西陵日月融光盛山河王氣增叢楹琢文石連綱絡朱繩碧瓦寒鋪玉重欄瑩鏤冰粹儀神霧擁法衮繡龍升星斗羅容衛軒墀侍股肱宸蹤耀璇牓瑞羽集觚稜閟殿深珠箔雕垣界綺縢笙從纖嶺咽雲傍帝鄉凝龜組恭來詣貂璫肅奉承欲知歸厚意孝德自烝烝

右丞李相公自洛移鎮河陽

宛陵先生文集六十卷　拾遺一卷　宋梅堯臣撰　附録一卷

明正統四年（1439）袁旭刻本。半葉10行，行19字，小字雙行，字數不定，黑口，四周雙邊，框高19.3厘米，寬14.7厘米。南京圖書館藏。國家名録號12746。

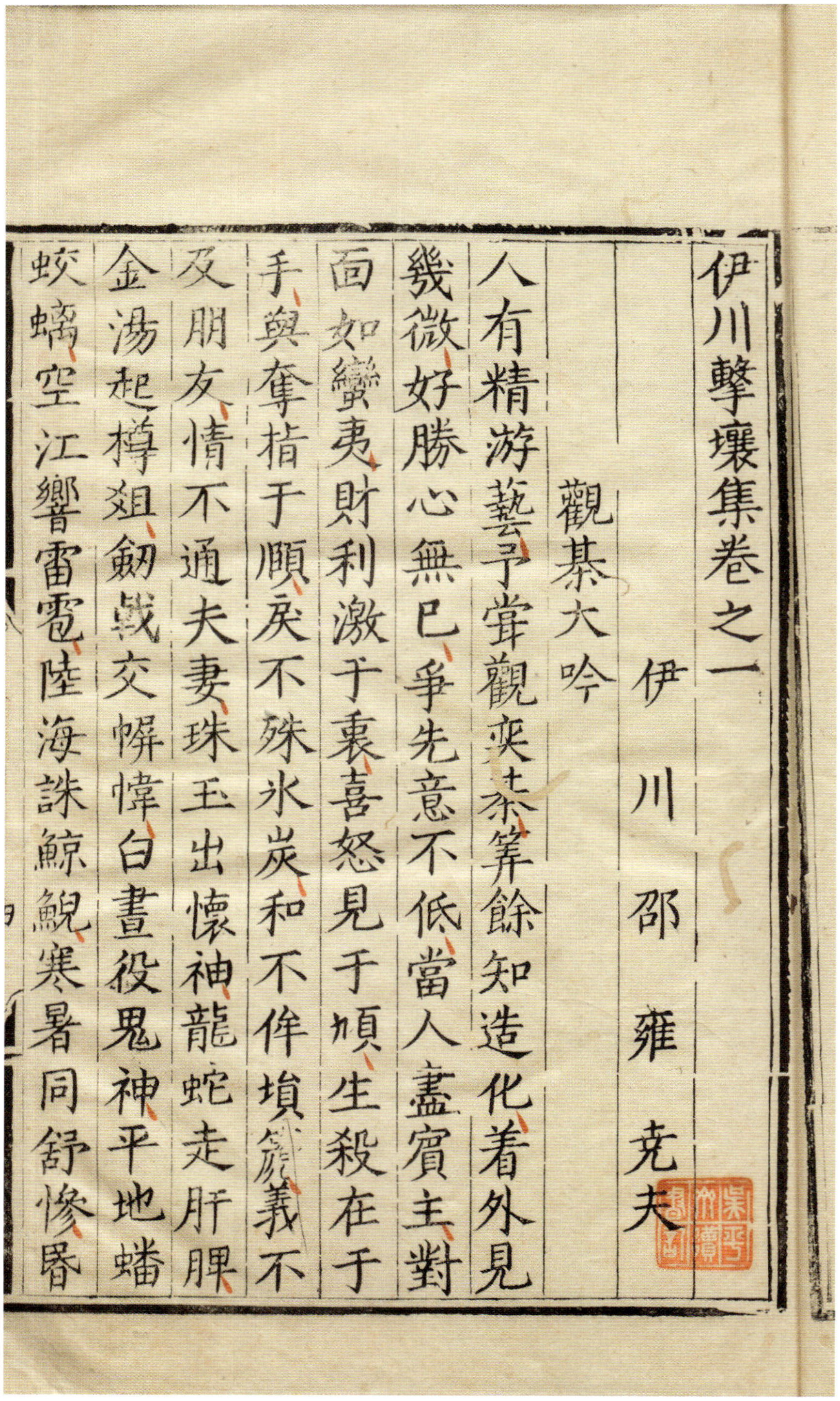
伊川擊壤集卷之一
伊川　邵　雍　堯夫
觀棊大吟
人有精游藝予甞觀奕棊筭餘知造化着外見
幾微好勝心無已爭先意不低當人盡賔主對
面如蠻夷財利激于衷喜怒見于頰生殺在于
手與奪指于頤戾不殊氷炭和不侔塤篪義不
及朋友情不通夫妻珠玉出懷袖龍蛇走肝脾
金湯起樽俎劒戟交幃幄白晝役鬼神平地蟠
蛟螭空江響雷霆陸海誅鯨鯢寒暑同舒慘昏

伊川擊壤集二十卷　集外詩一卷　宋邵雍撰

明成化畢亨刻十六年（1480）劉本重修本。吴雲跋。半葉 10 行，行 18 字，小字雙行，字數同，黑口，四周雙邊，框高 24.6 厘米，寬 17.1 厘米。南京圖書館藏。國家名録號 12747。

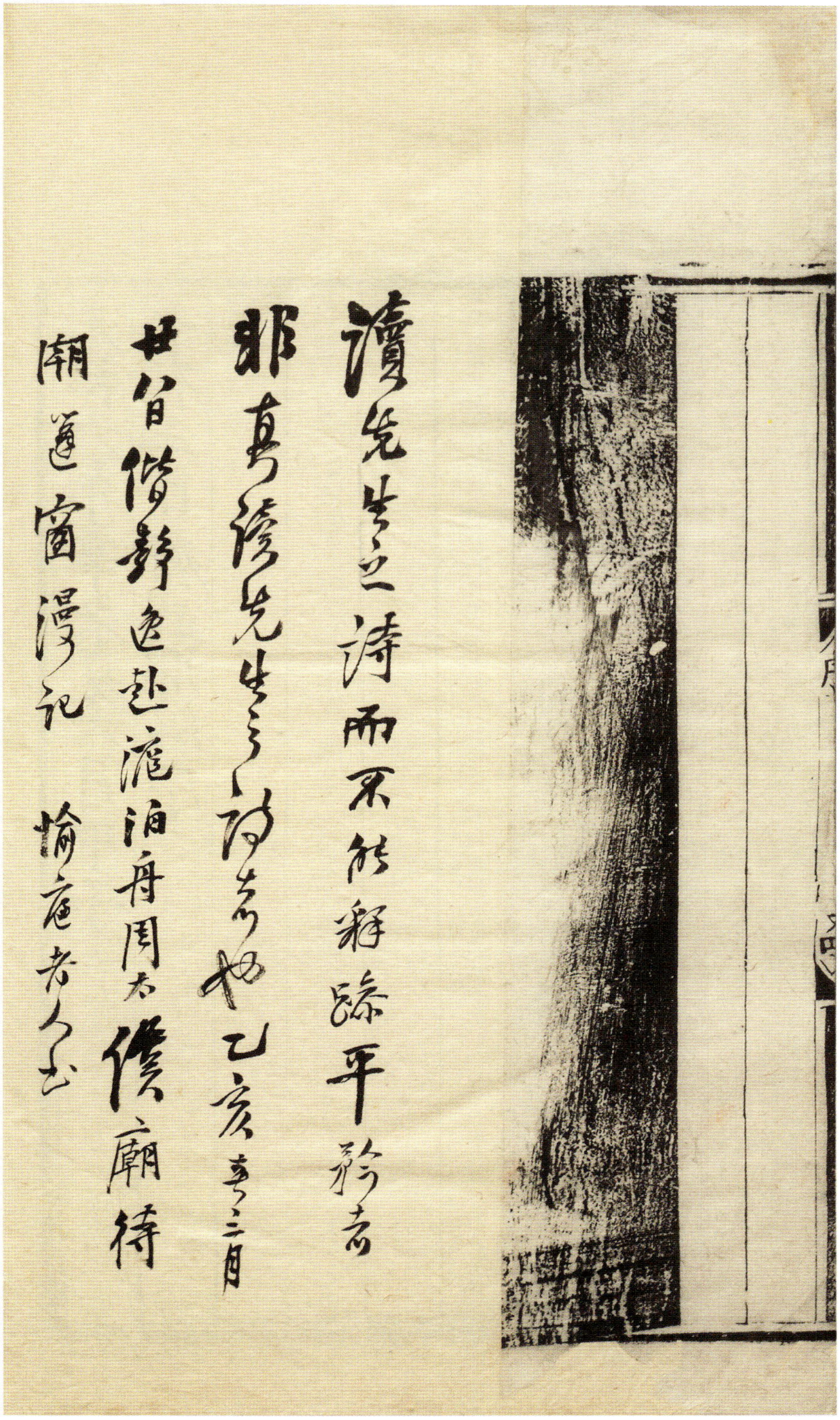
讀先生之詩而不能釋然乎於言
非真讀先生之詩者也 乙亥年三月
廿日偕靜逸赴滬泊舟周太僕廟待
潮蓬窗漫記 榆庭老人書

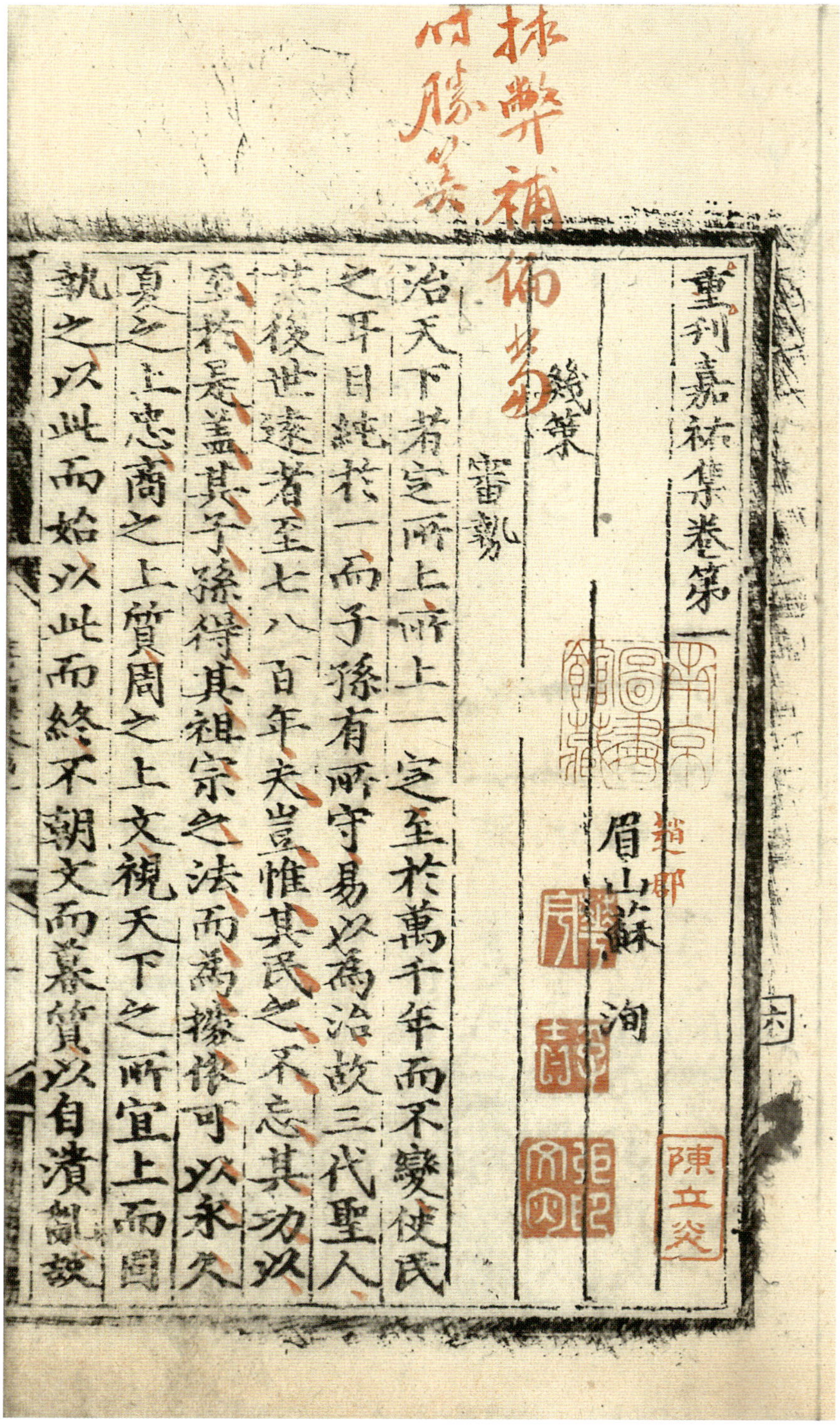

重刊嘉祐集十五卷　宋蘇洵撰

明弘治四年（1491）陸里刻本。繆荃孫校。半葉10行，行21字，黑口，四周雙邊，框高20.4厘米，寬13.4厘米。南京圖書館藏。國家名録號12752。

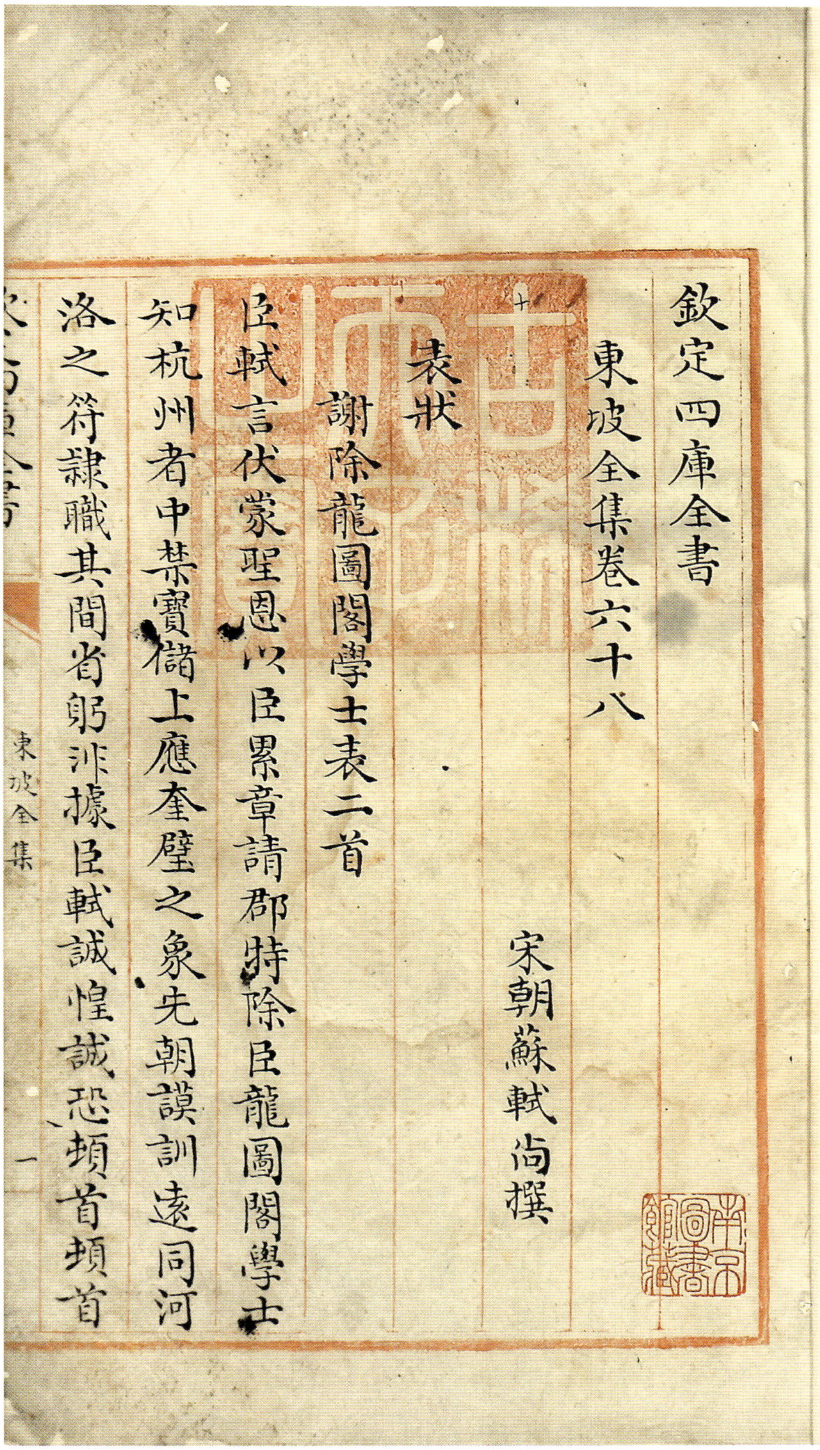

東坡全集一百十五卷　宋蘇軾撰

清乾隆内府寫南三閣四庫全書本。存二卷：六十八至六十九。半葉8行，行21字，白口，四周雙邊，框高20.6厘米，寬13.8厘米。南京圖書館藏。國家名録號12753。

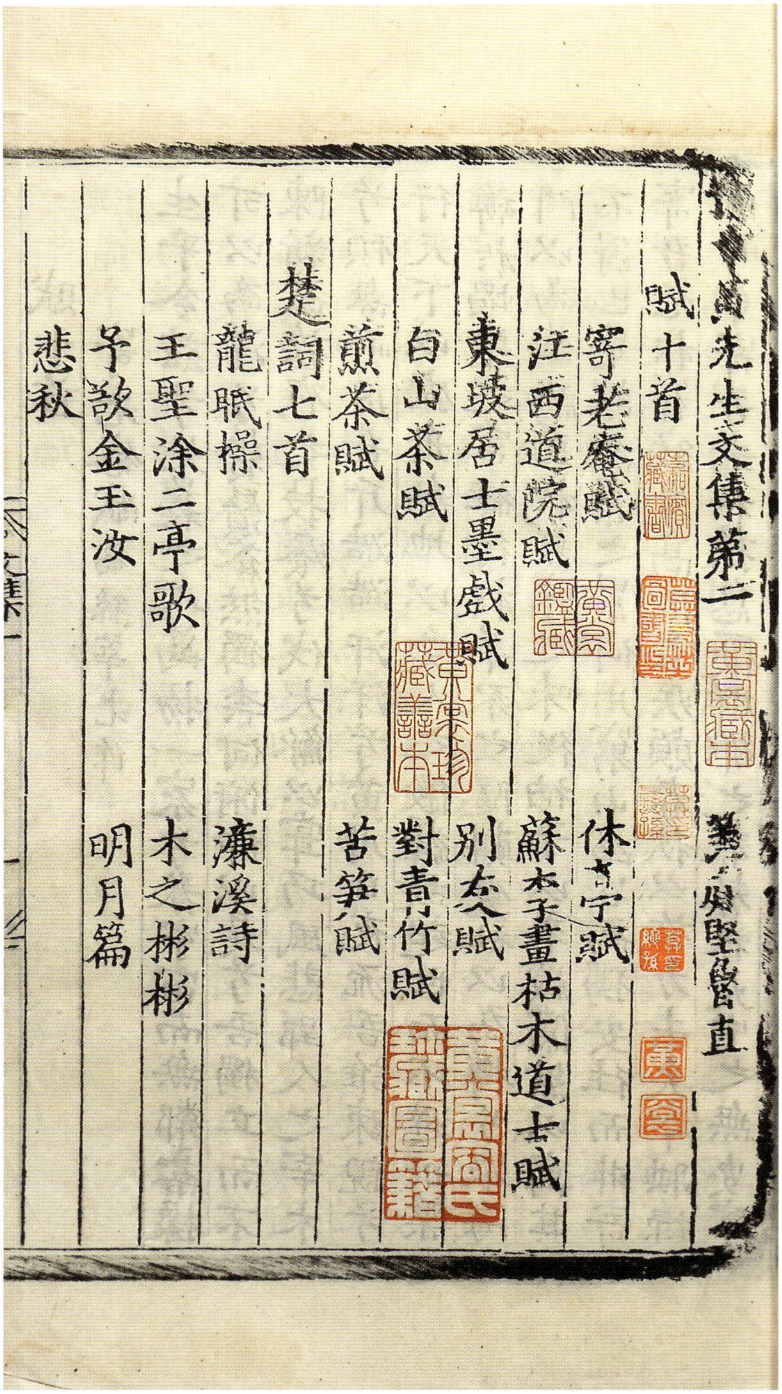
先生文集第一
堅魯直
賦十首
寄老菴賦
休亭賦
江西道院賦
蘇李畫枯木道士賦
東坡居士墨戲賦
別友賦
白山茶賦
對青竹賦
煎茶賦
苦筍賦
楚詞七首
龍眠操
濂溪詩
王聖涂二亭歌
木之彬彬
予欲金玉汝
明月篇
悲秋

豫章黄先生文集三十卷　外集十四卷　別集二十卷　簡尺二卷　詞一卷　宋黄庭堅撰　山谷先生年譜三十卷　宋黄㽦撰　山谷黄先生別傳一卷　明周季鳳撰　青社黄先生伐檀集二卷　宋黄庶撰

明弘治葉天爵刻嘉靖六年（1527）喬遷、余載仕重修本。莫友芝校並題識，黄裳跋。半葉12行，行21至22字，小字雙行，行22字，白口，四周雙邊，框高23.6厘米，寬15.5厘米。南京圖書館藏。國家名録號12755。

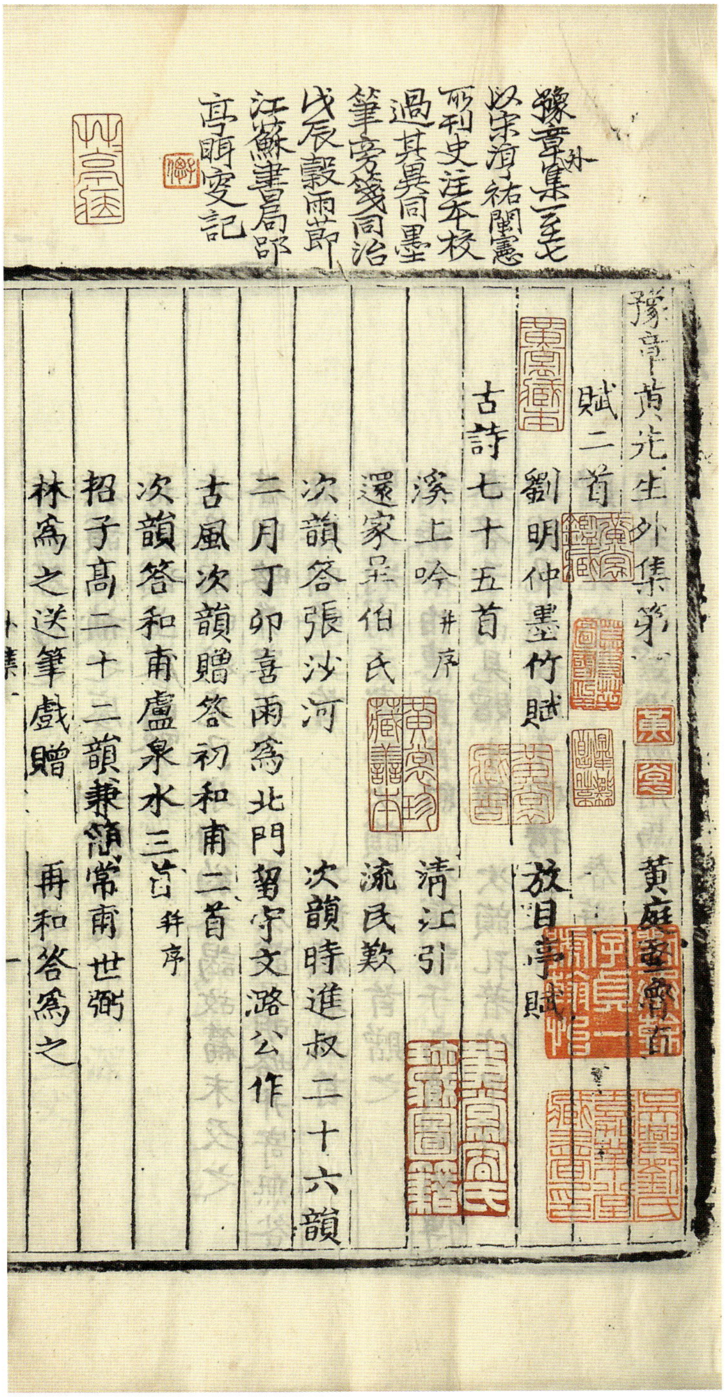
豫章集外一至七
以宋淳祐閩憲
所刊史注本校
過其異同墨
筆旁箋同治
戊辰穀雨節
江蘇書局郘
亭眲叟記

豫章黄先生外集第一　黄庭堅魯直

賦二首

劉明仲墨竹賦　放目亭賦

古詩七十五首

溪上吟 并序　清江引

還家呈伯氏　流民歎

次韻答張沙河　次韻時進叔二十六韻

二月丁卯喜雨爲北門留守文潞公作

古風次韻贈答初和甫二首

次韻答和甫盧泉水三首 并序

招子高二十二韻兼簡常甫世弼

林爲之送筆戲贈　再和答爲之

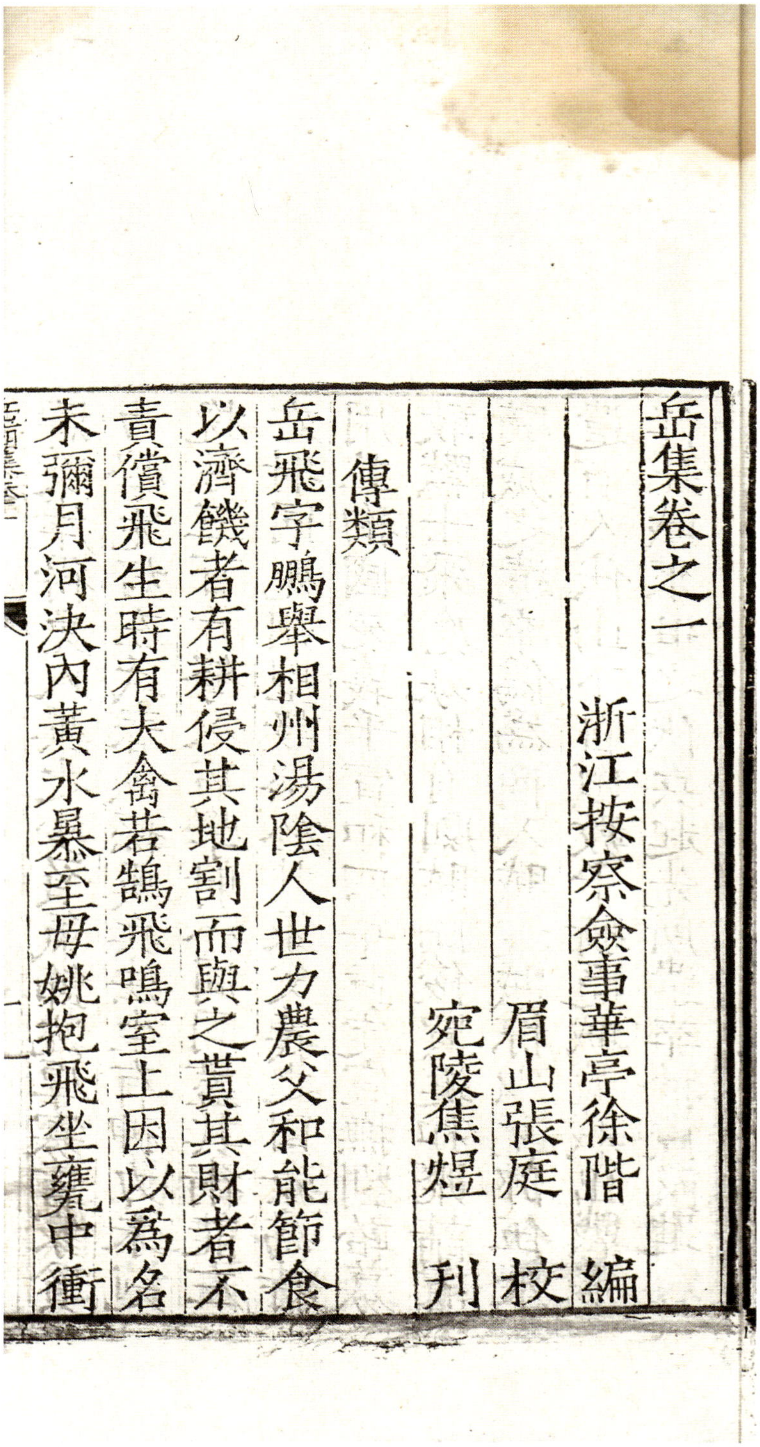

岳集卷之一

浙江按察僉事華亭徐階　編

眉山張庭　校

宛陵焦煜　刊

傳類

岳飛字鵬舉相州湯陰人世力農父和能節食以濟饑者有耕侵其地割而與之貰其財者不責償飛生時有大禽若鵠飛鳴室上因以爲名未彌月河決內黃水暴至母姚抱飛坐甕中衝

岳集五卷　宋岳飛撰　明徐階輯

明嘉靖十五年（1536）焦煜刻本。半葉9行，行18字，小字雙行，字數同，白口，左右雙邊，框高18.1厘米，寬13.7厘米。南京圖書館藏。國家名録號12763。

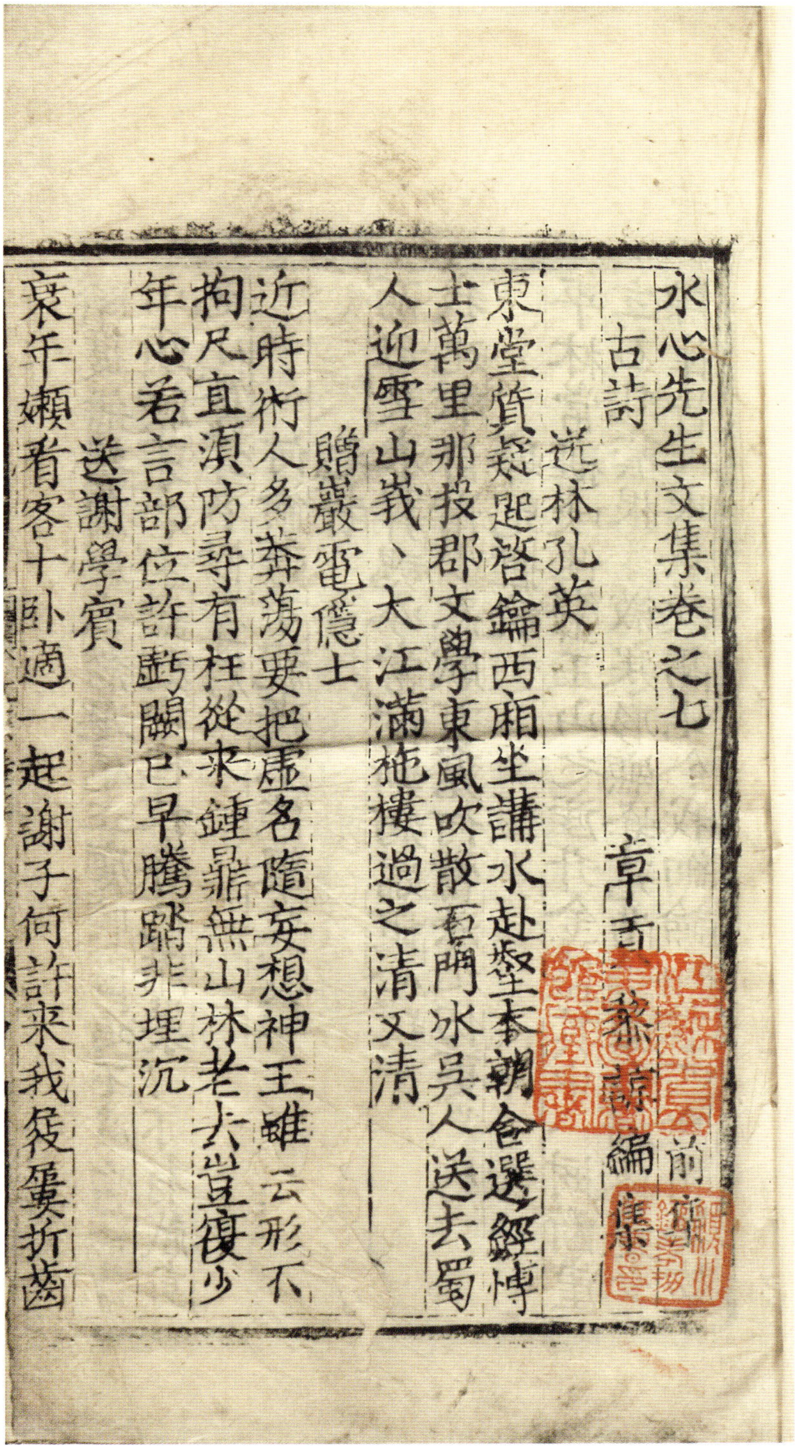
水心先生文集卷之七
古詩　　章貢黎諒編集
送林孔英
東堂質疑退啓鑰西廂坐講水赴壑本朝合選經博
士萬里那投郡文學東風吹散百門水吴人送去蜀
人迎雪山峩峩大江滿拖樓過之清又清
贈巖電隱士
近時術人多奔蕩要把虛名隨妄想神王雖云形不
拘尺直須防尋有枉從來鍾鼎無山林老大豈復少
年心若言部位許戲闕已早騰踏非埋沉
送謝學賓
衰年嬾看客十卧適一起謝子何許來我疲羸折齒

水心先生文集二十九卷　宋葉適撰

明正統十三年（1448）至景泰二年（1451）黎諒刻本（卷一至六、十五至二十二、二十九配清丁氏竹書堂抄本）。劉體仁批，羅椝校，丁立誠跋。半葉12行，行20字，黑口，四周雙邊，框高20.7厘米，寬13.4厘米。南京圖書館藏。國家名録號12768。

明清時期

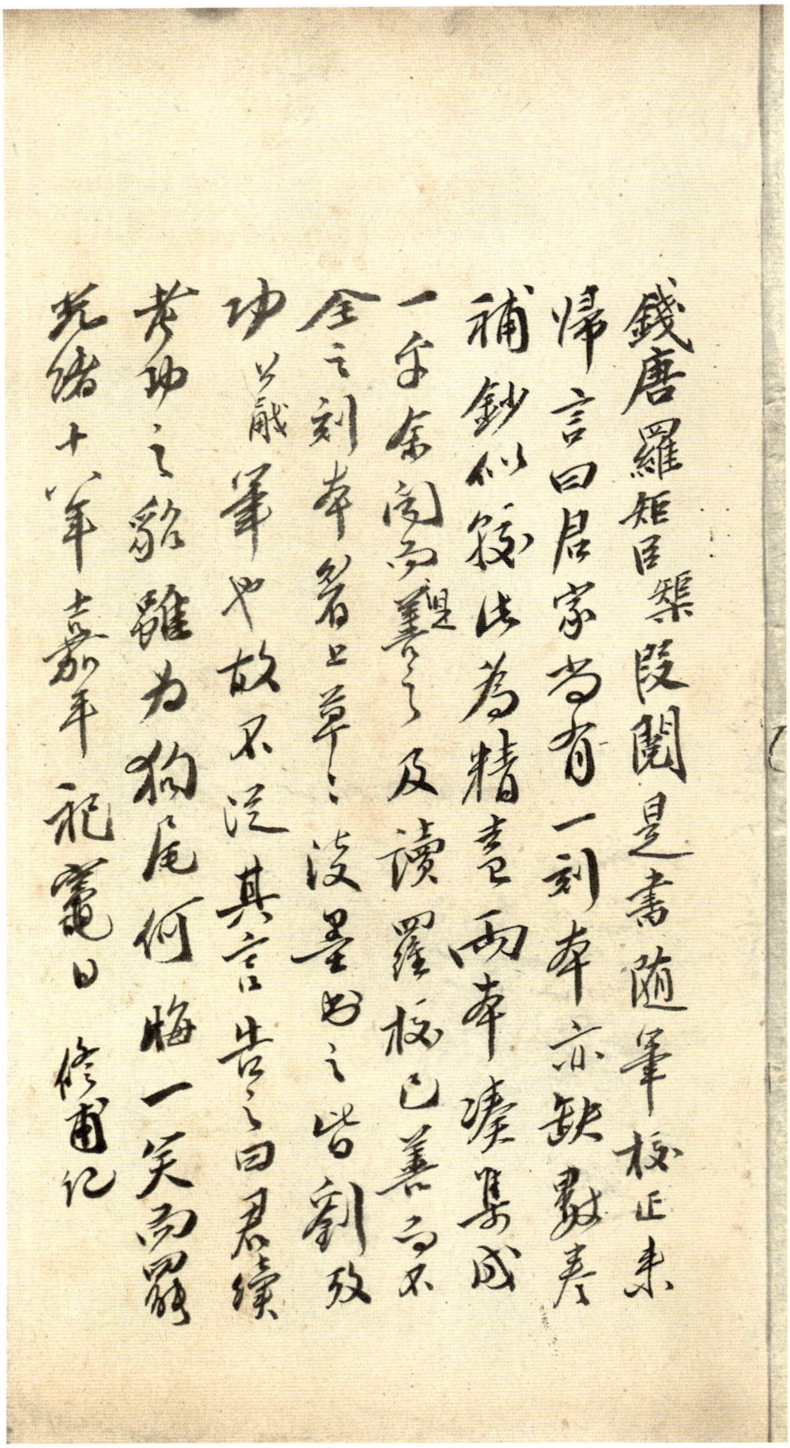
錢唐羅矩臣榘跋閱是書隨筆校正，來
歸言曰：君家尚有一刻本，亦缺數卷，
補鈔似錄，此為精。壹兩本湊集成
一全，余閱而善之，及讀羅校，已善而不
全之刻本，略上草草，淩墨出之，皆劉攷
功收藏筆也，故不從其言，告之曰：君續
黃功之貂，雖為狗尾，何悔？一笑而罷。
光緒十八年壬辰年祀竈日 修甫記

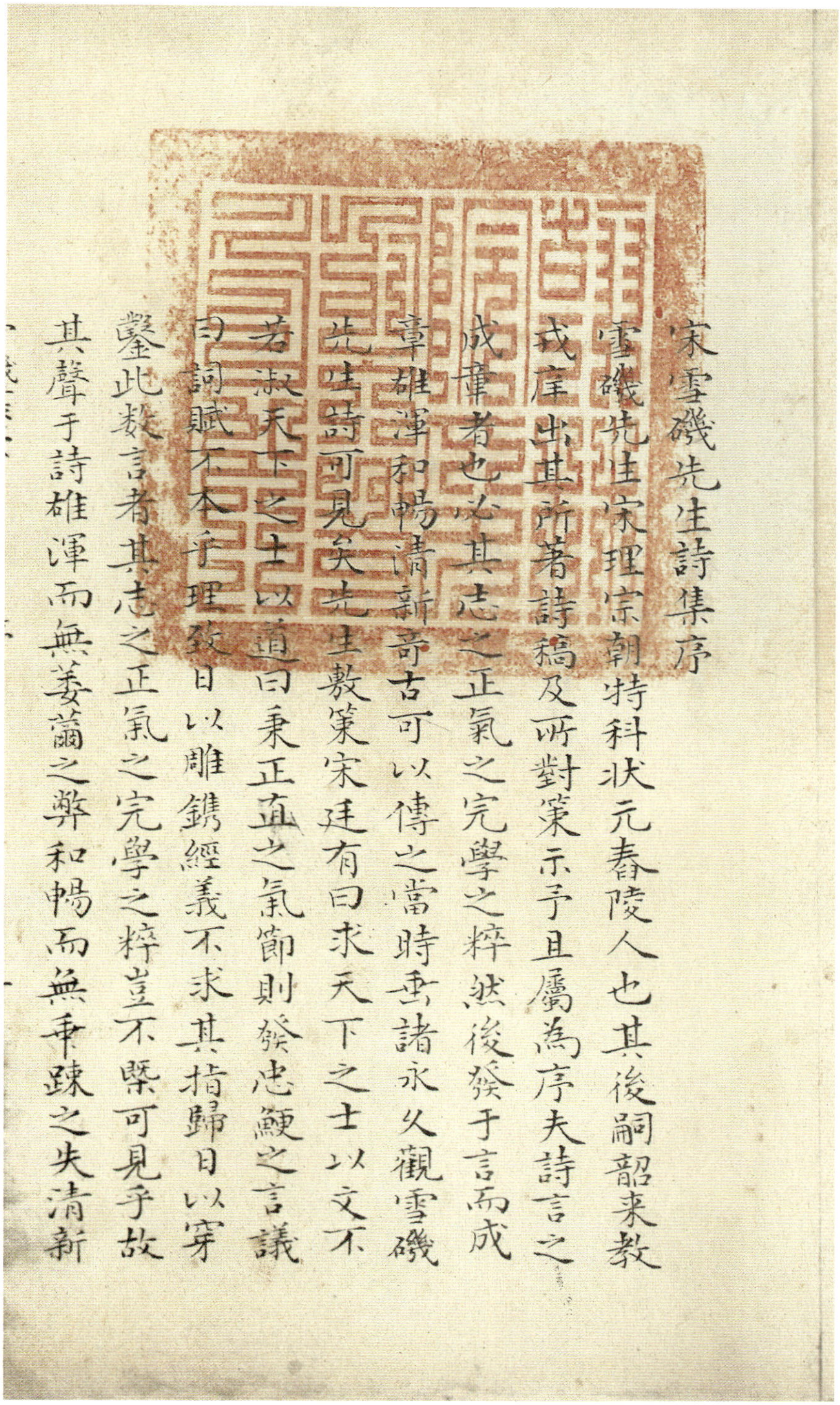

雪磯叢稿五卷　宋樂雷發撰

清抄本（四庫底本）。半葉10行，行22字。南京圖書館藏。國家名録號12770。

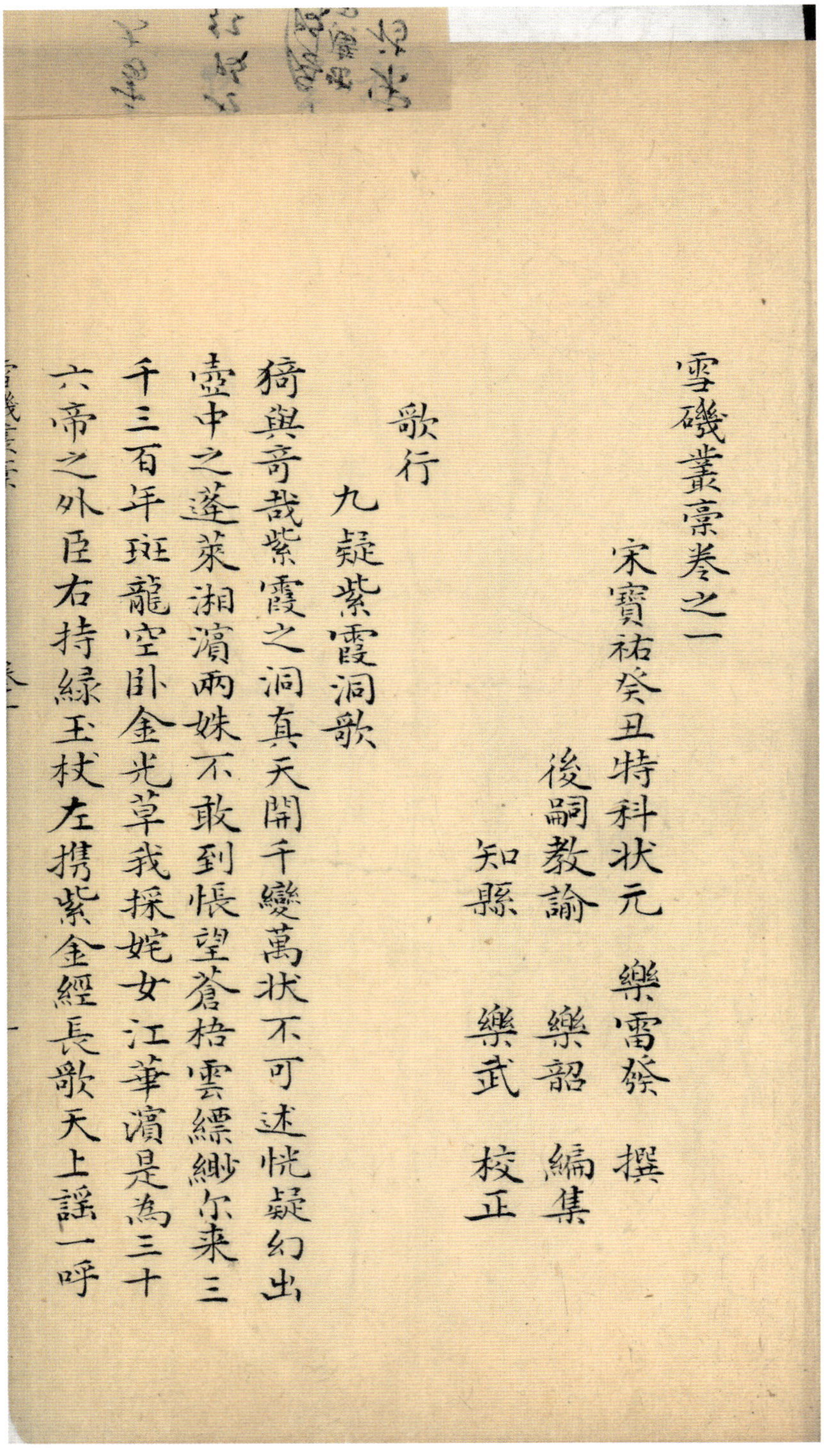

雲磯叢稾卷之一

宋寶祐癸丑特科狀元　樂雷發　撰

後嗣教諭　樂韶　編集

知縣　樂武　校正

歌行

九疑紫霞洞歌

猗歟奇哉紫霞之洞真天開千變萬狀不可述恍疑幻出壺中之蓬萊湘濱兩妹不敢到悵望蒼梧雲縹緲尓来三千三百年斑龍空卧金光草我採姹女江華濱是為三十六帝之外臣右持緑玉杖左携紫金經長歌天上謡一呼

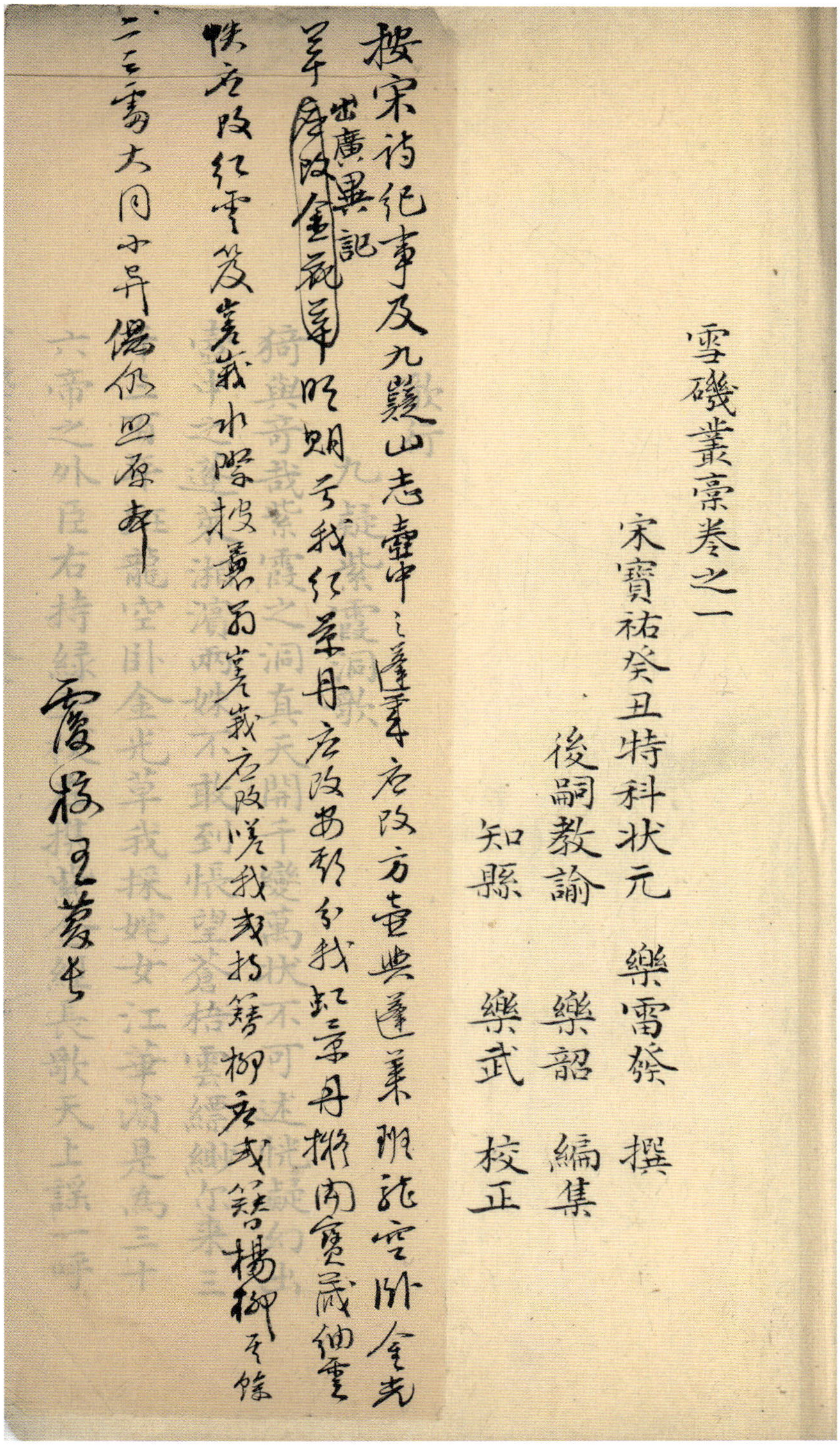

雩礫叢稾卷之一

宋寶祐癸丑特科狀元 樂雷發 撰

後嗣教諭 樂韶 編集

知縣 樂武 校正

按宋詩紀事及九疑山志壺中之蓬萊原改方壺與蓬萊班龍空卧金光草（出廣異記）原改金龍草照明乎我紅草丹原改安歌乎我虹之草丹攜閬寶藏紬雲帙原改紅雲笈崖藏水際按蒻菖崖藏原改嗟我或捋簪柳原或簪楊柳乎餘二三處大同小異偶仍照原本

霞樓王蔡書

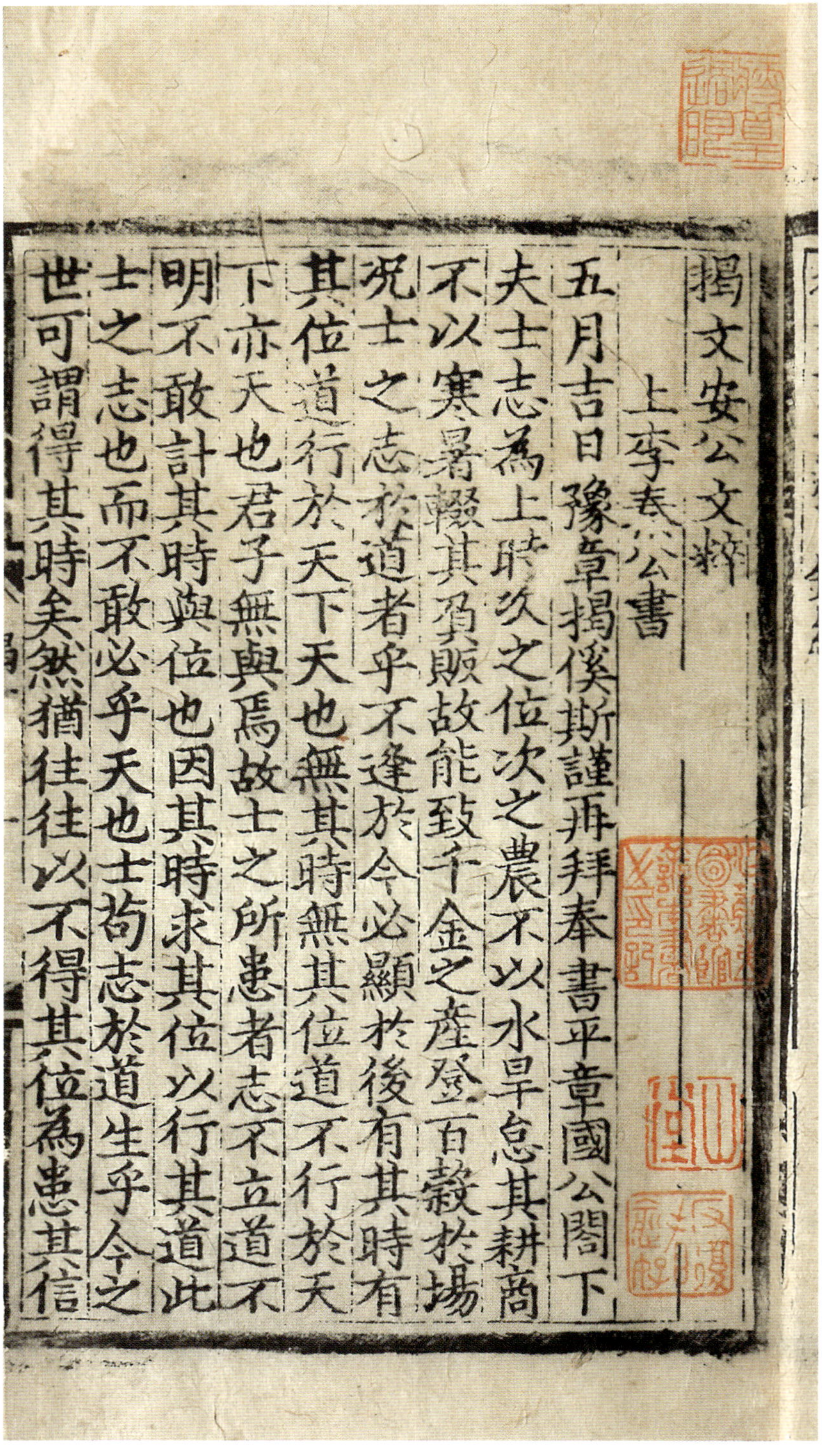
揭文安公文粹
上李秦公書
五月吉日豫章揭傒斯謹再拜奉書平章國公閤下
夫士志為上[illegible][illegible]之位次之農不以水旱怠其耕商
不以寒暑輟其負販故能致千金之產登百穀於場
況士之志於道者乎不逢於今必顯於後有其時有
其位道行於天下天也無其時無其位道不行於天
下亦天也君子無與焉故士之所患者志不立道不
明不敢計其時與位也因其時求其位以行其道此
士之志也而不敢必乎天也士苟志於道生乎今之
世可謂得其時矣然猶往往以不得其位為患其信

揭文安公文粹一卷　元揭傒斯撰

明天順五年（1461）沈琮廣州府學刻本。丁丙跋。半葉 11 行，行 20 字，黑口，四周雙邊，框高 19.7 厘米，寬 13 厘米。南京圖書館藏。國家名録號 12781。

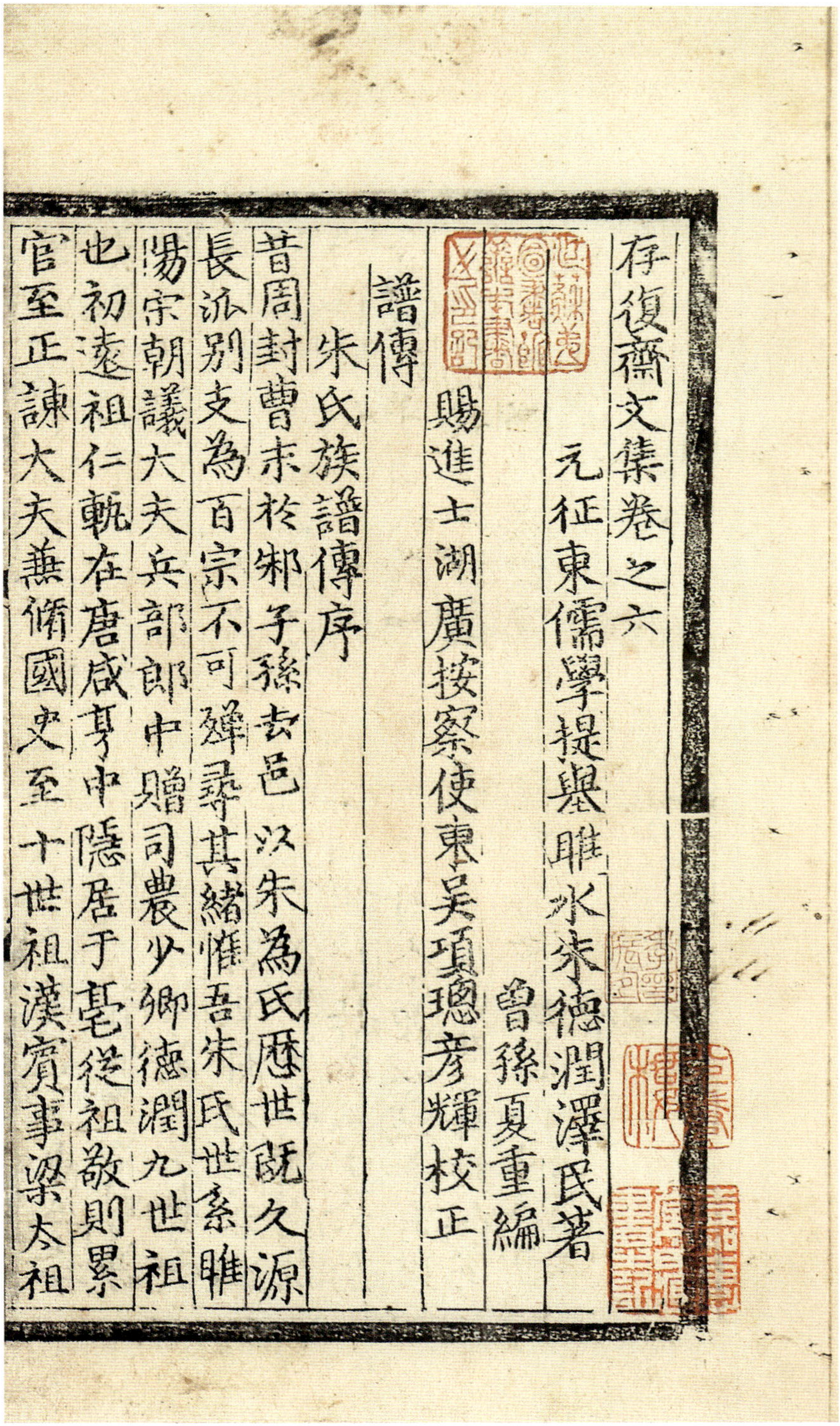

存復齋文集卷之六

元征東儒學提舉睢水朱德潤澤民著

曾孫夏重編

賜進士湖廣按察使東吳項璁彥輝校正

譜傳

朱氏族譜傳序

昔周封曹朿於邾子孫去邑以朱為氏歷世既久源長派別支為百宗不可殫尋其緒惟吾朱氏世系睢陽宋朝議大夫兵部郎中贈司農少卿德潤九世祖也初遠祖仁軌在唐咸亨中隱居于亳從祖敬則累官至正諫大夫兼脩國史至十世祖漢賓事梁太祖

存復齋文集十卷　元朱德潤撰　附録一卷

明成化十一年（1475）項璁刻本（卷一至五配清抄本）。丁丙跋。半葉 11 行，行 20 字，黑口，四周雙邊，框高 21.7 厘米，寬 12.8 厘米。南京圖書館藏。國家名録號 12782。

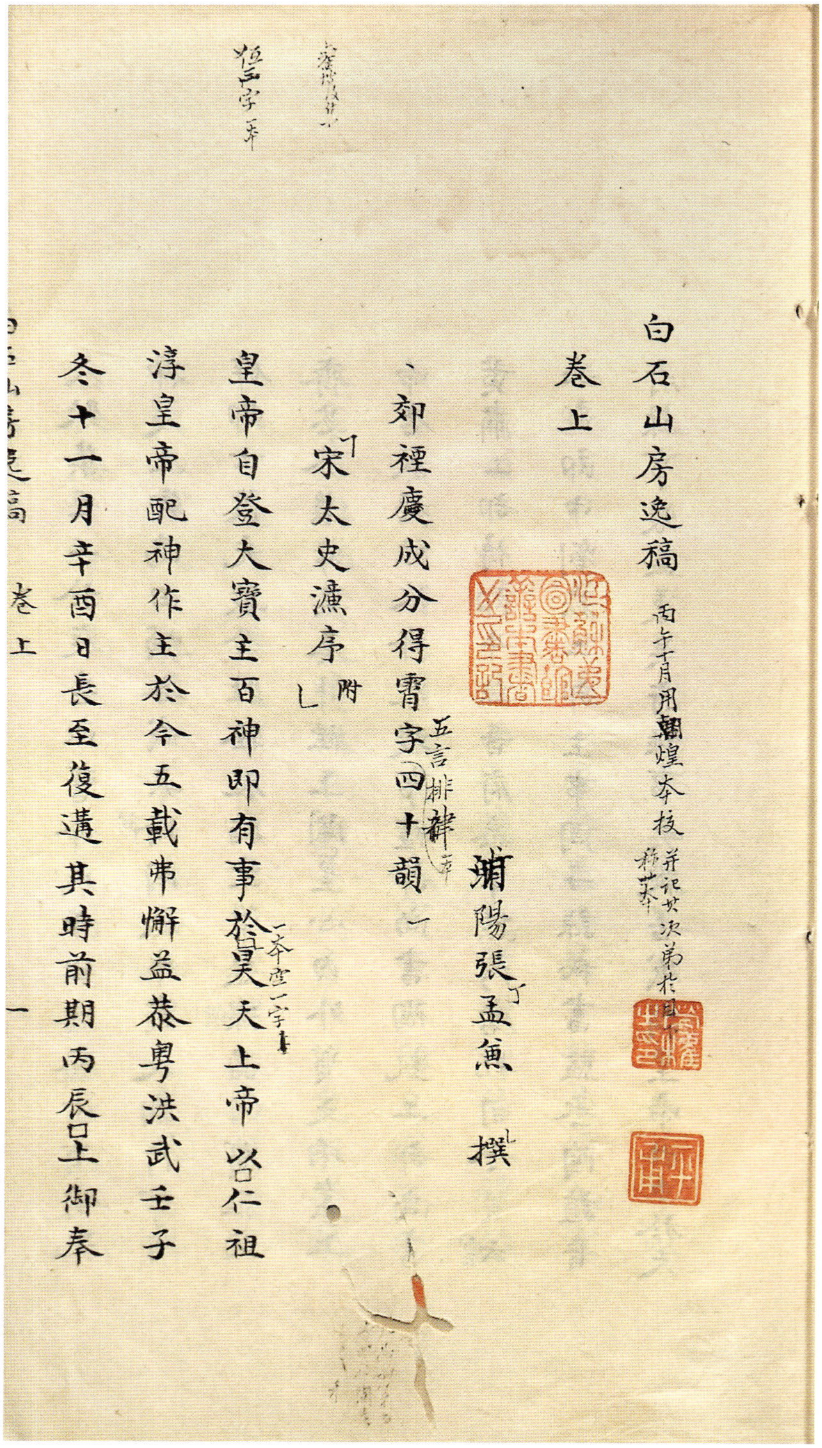

白石山房逸稿

卷上

浦陽張孟兼　撰

宋太史濂序　附

郊禋慶成分得霄字四十韻

皇帝自登大寶主百神即有事於昊天上帝以仁祖

淳皇帝配神作主於今五載弗懈益恭粵洪武壬子

冬十一月辛酉日長至復遘其時前期丙辰上御奉

白石山房逸稿　卷上　一

白石山房逸稿二卷　明張丁撰　附録一卷

清抄本。劳權校補並跋，丁丙跋。半葉8行，行21字。南京圖書館藏。國家名録號12787。

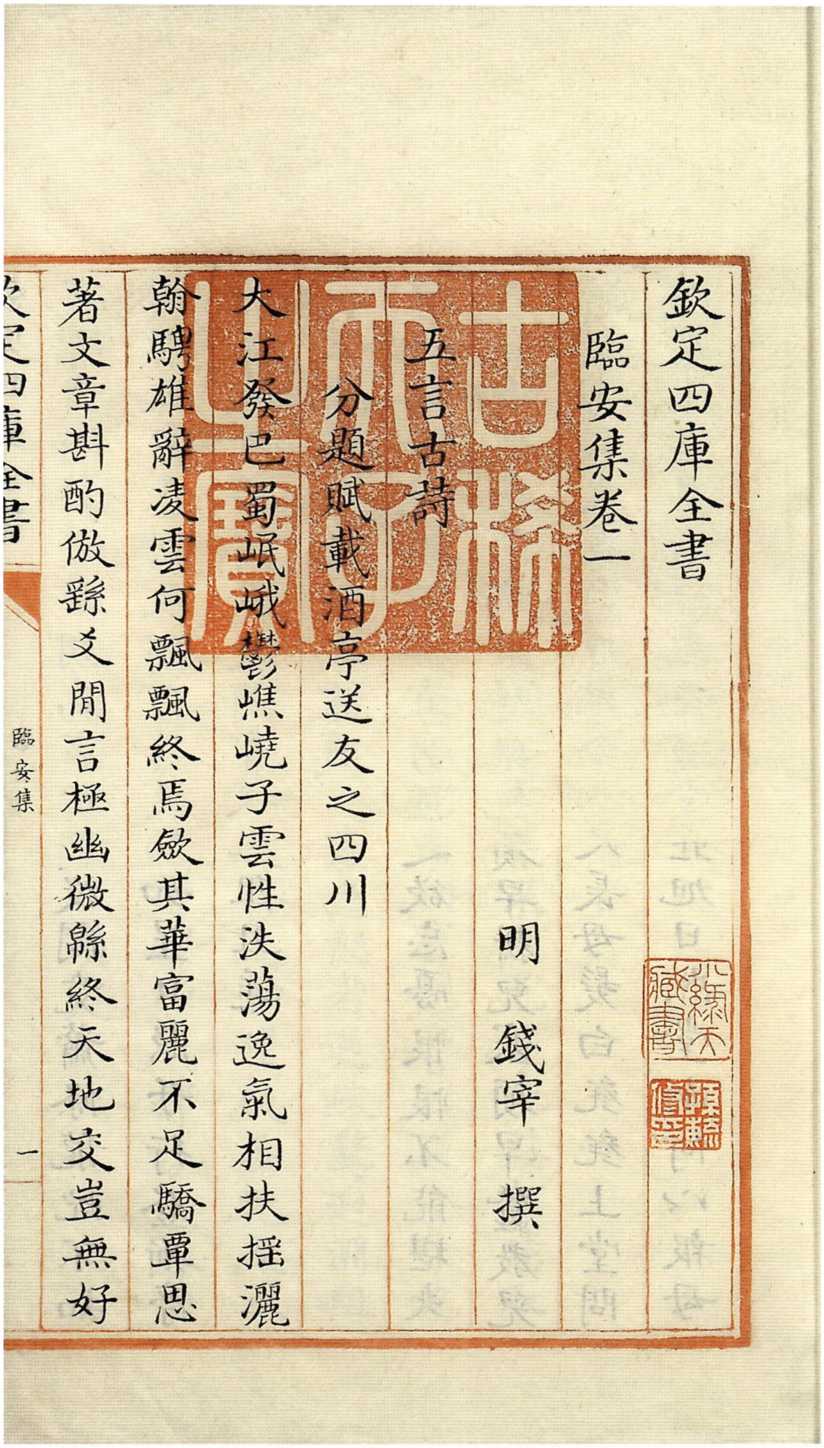
欽定四庫全書
臨安集卷一
明　錢宰　撰
五言古詩
分題賦載酒亭送友之四川
大江發巴蜀岷峨鬱嶕嶢子雲性泆蕩逸氣相扶摇灑
翰騁雄辭凌雲何飄飄終焉斂其華富麗不足驕覃思
著文章斟酌倣縣爻闡言極幽微緜絡天地交豈無好
欽定四庫全書　臨安集　一

臨安集六卷　明錢宰撰

清乾隆内府寫南三閣四庫全書本。存三卷：一至三。半葉 8 行，行 21 字，白口，四周雙邊，框高 20.9 厘米，寬 13.8 厘米。南京圖書館藏。國家名録號 12788。

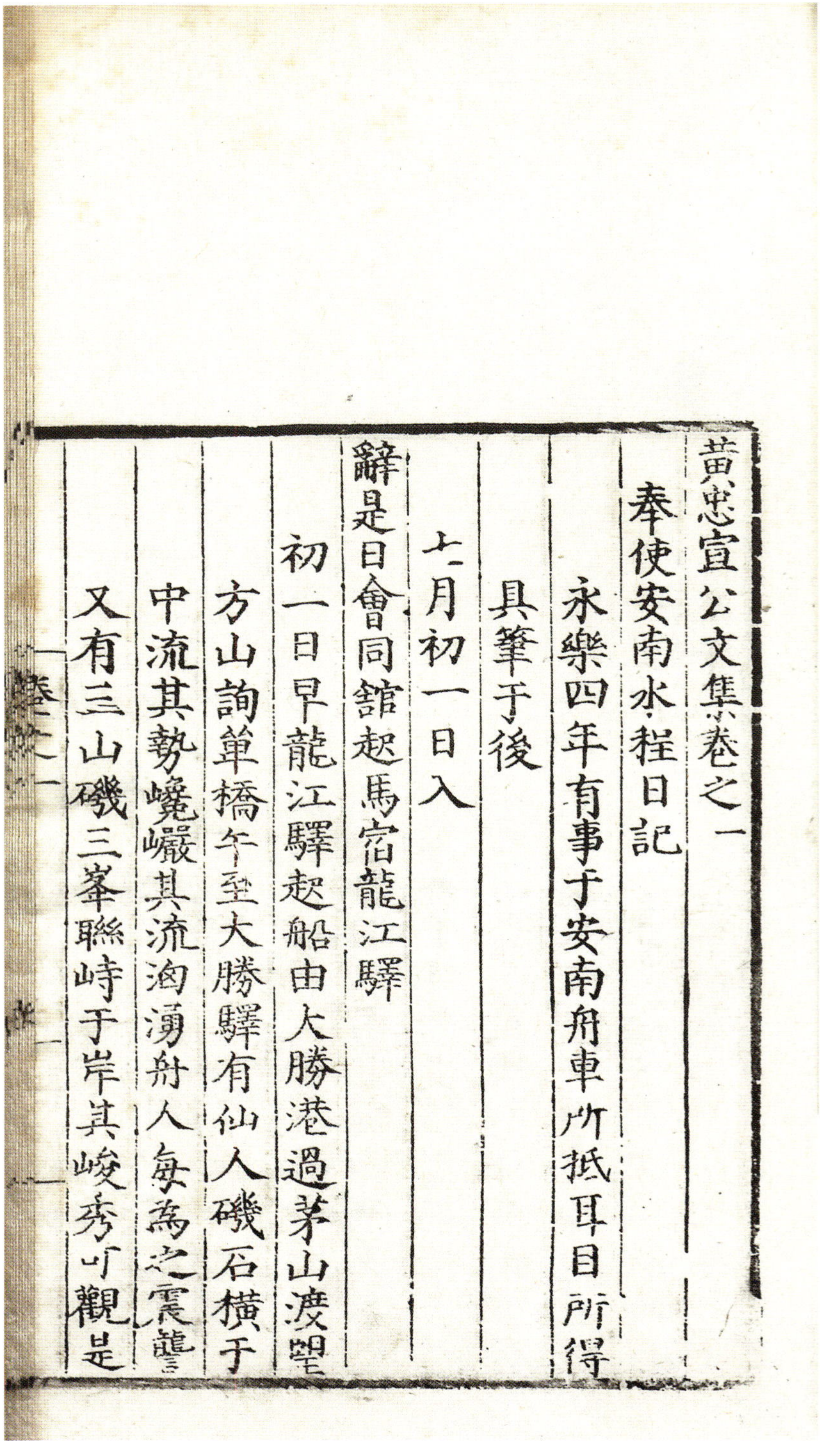

黄忠宣公文集卷之一

奉使安南水程日記

永樂四年有事于安南舟車所抵耳目所得

具筆于後

七月初一日入

辭是日會同館起馬宿龍江驛

初一日早龍江驛起船由大勝港過茅山渡望

方山詢單橋午至大勝驛有仙人磯石横于

中流其勢巉巖其流洶湧舟人每為之震讋

又有三山磯三峯聯峙于岸其峻秀可觀是

黄忠宣公文集十三卷　明黄福撰　别集六卷

明嘉靖馮時雍刻本。半葉10行，行20字，白口，四周單邊，框高19.2厘米，寬14厘米。南京圖書館藏。國家名録號12793。

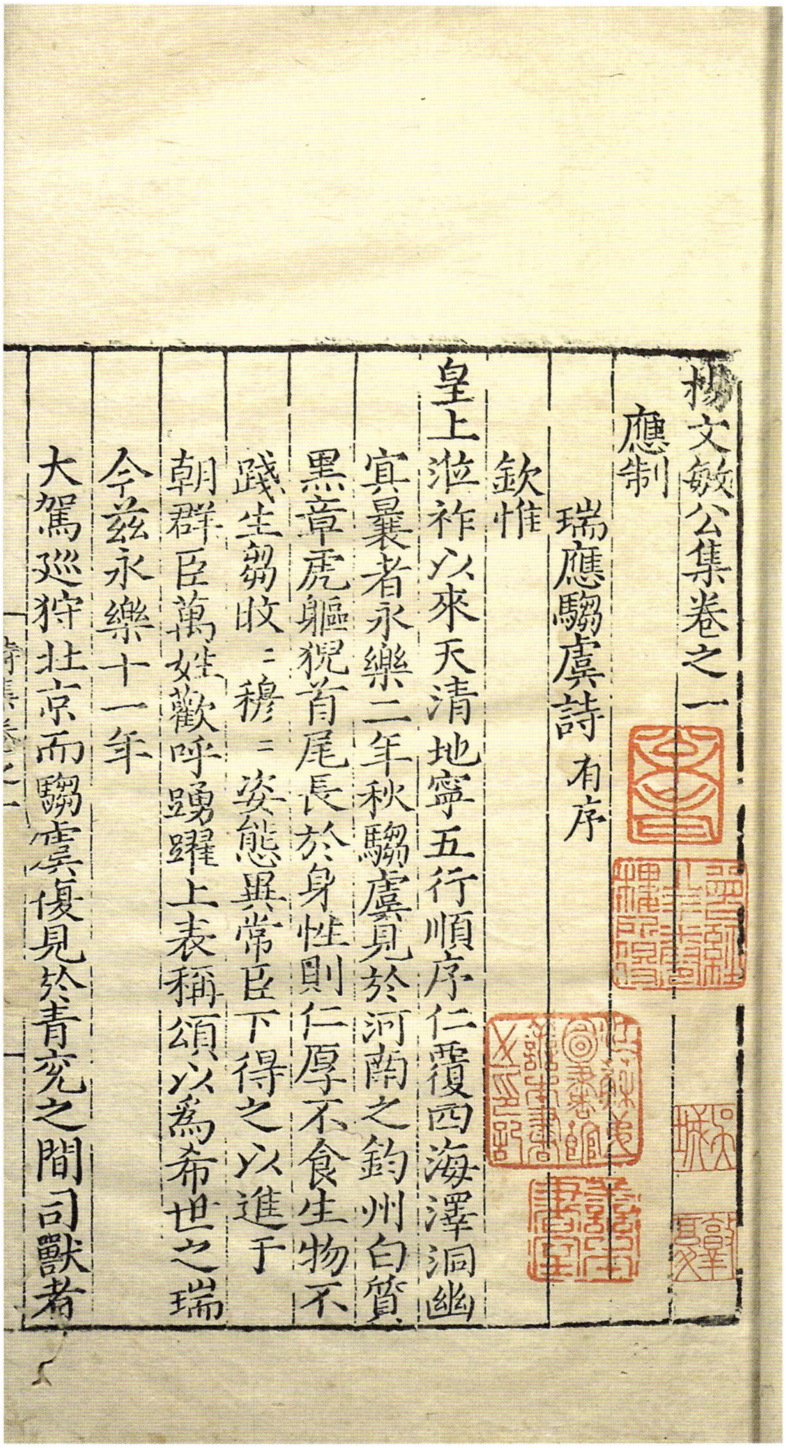
楊文敏公集卷之一
應制
瑞應騶虞詩 有序
欽惟
皇上涖祚以來天清地寧五行順序仁覆四海澤洞幽
冥曩者永樂二年秋騶虞見於河南之鈞州白質
黑章虎軀猊首尾長於身性則仁厚不食生物不
踐生芻皎皎穆穆姿態異常臣下得之以進于
朝群臣萬姓歡呼踴躍上表稱頌以爲希世之瑞
今茲永樂十一年
大駕巡狩北京而騶虞復見於青兖之間司獸者

楊文敏公集二十五卷　明楊榮撰　附録一卷

明正德十年（1515）刻本。丁丙跋。半葉 11 行，行 21 字，白口，四周單邊，框高 17.3 厘米，寬 12.6 厘米。南京圖書館藏。國家名録號 12794。

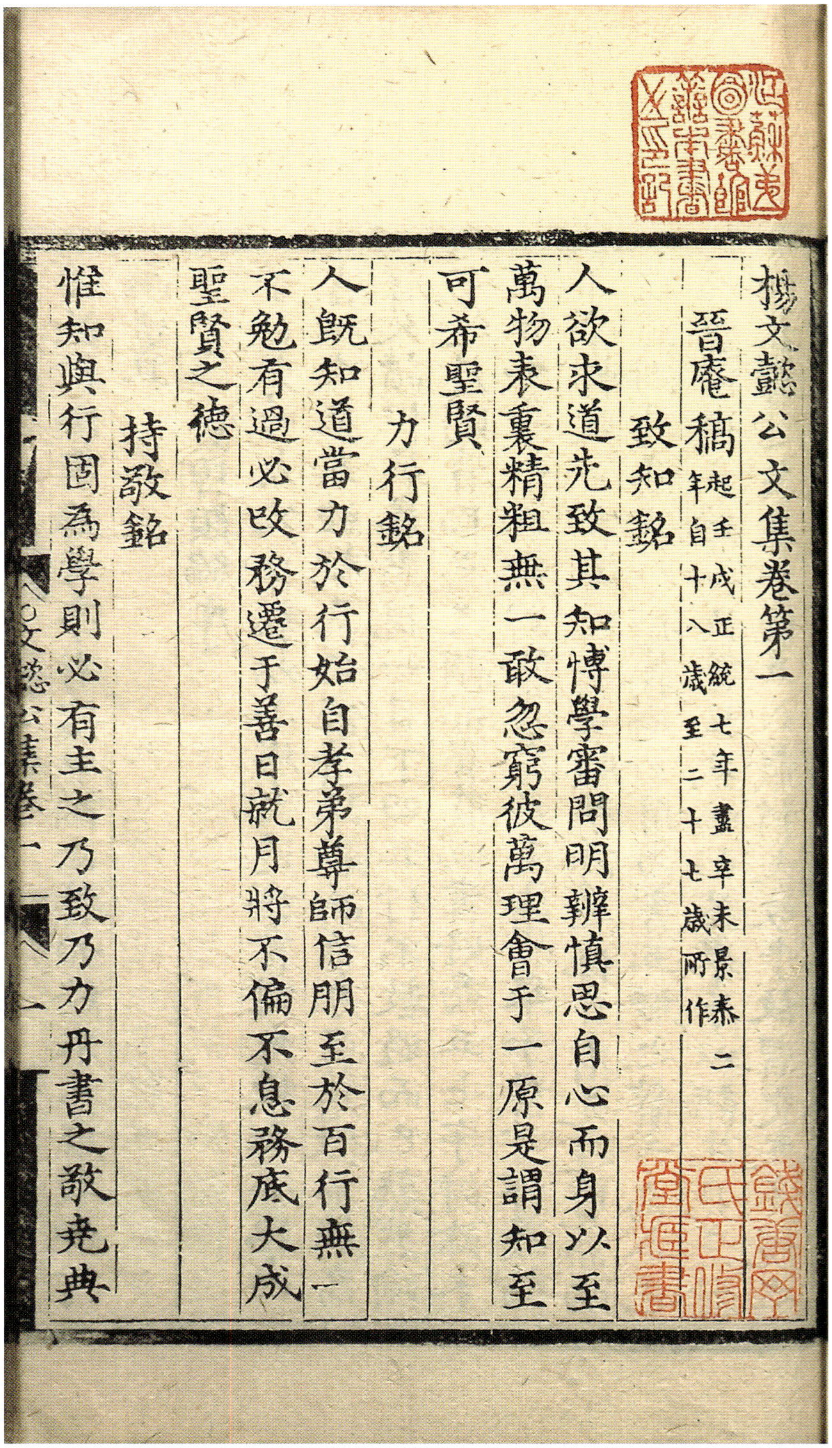

楊文懿公文集卷第一

晉菴稿 起壬戌正統七年盡辛未景泰二年自十八歲至二十七歲所作

致知銘

人欲求道先致其知博學審問明辨慎思自心而身以至萬物表裏精粗無一敢忽窮彼萬理會于一原是謂知至可希聖賢

力行銘

人既知道當力於行始自孝弟尊師信朋至於百行無一不勉有過必改務遷于善日就月將不偏不息務底大成聖賢之德

持敬銘

惟知與行固為學則必有主之乃致乃力丹書之敬堯典

楊文懿公文集三十卷　明楊守陳撰

明弘治十二年（1499）楊茂仁刻本。丁丙跋。半葉 12 行，行 22 字，小字雙行，字數同，白口，四周雙邊，框高 19.5 厘米，寬 13.6 厘米。南京圖書館藏。國家名録號 12799。

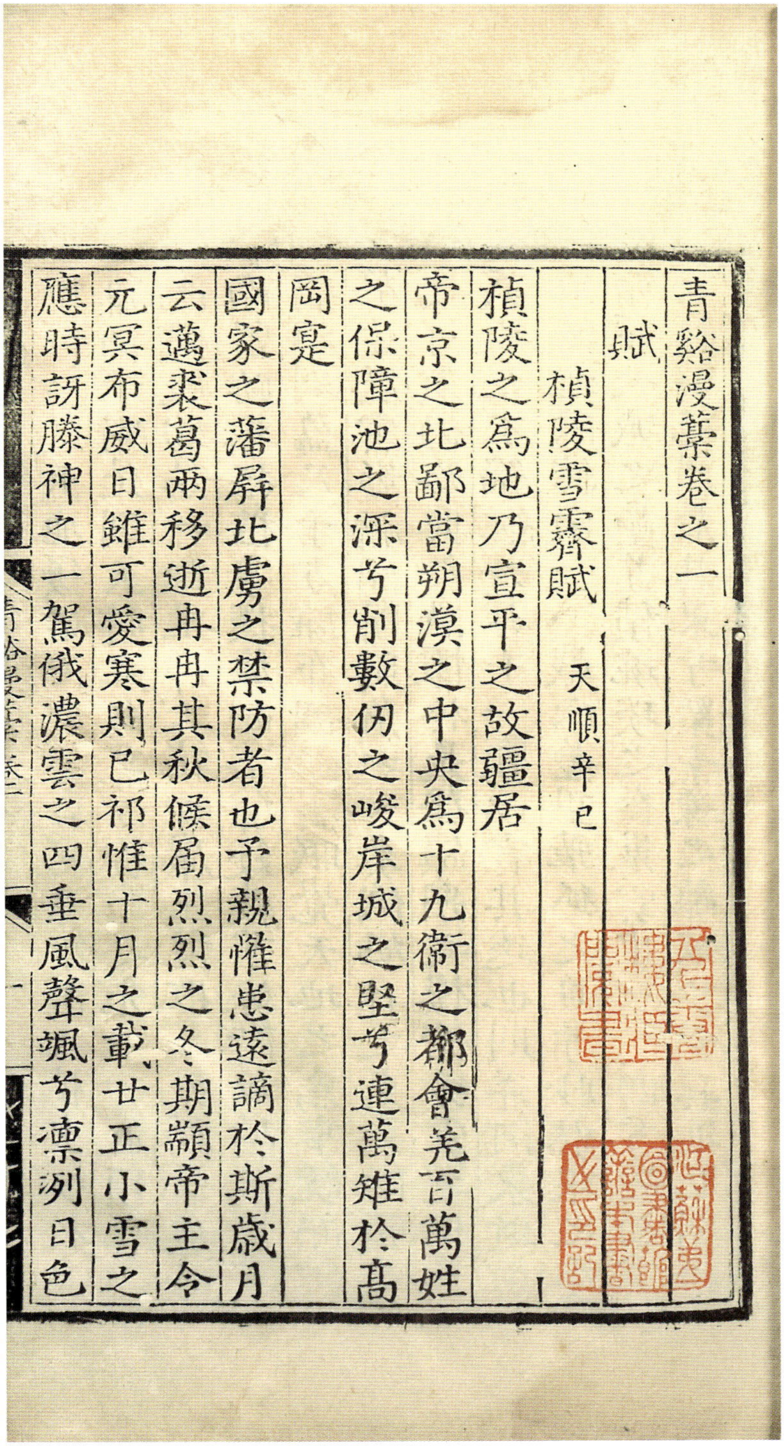

青谿漫槀卷之一

賦

楨陵雪霽賦 天順辛巳

楨陵之爲地乃宣平之故疆居

帝京之北鄙當朔漠之中央爲十九衛之都會羌百萬姓

之保障池之深兮削數仞之峻岸城之堅兮連萬雉於高

岡寔

國家之藩屏北虜之禁防者也予覯惟忠遠謫於斯歲月

云邁裘葛兩移逝冉冉其秋候届烈烈之冬期巔帝主令

元冥布威日雖可愛寒則已祁惟十月之載廿正小雪之

應時訝滕神之一駕俄濃雲之四垂風聲颯兮凜冽日色

青谿漫稿二十四卷　明倪岳撰

明正德九年（1514）熊桂刻本。丁丙跋。半葉 11 行，行 22 字，小字雙行，字數同，黑口，四周雙邊，框高 19.2 厘米，寬 12.9 厘米。南京圖書館藏。國家名録號 12802。

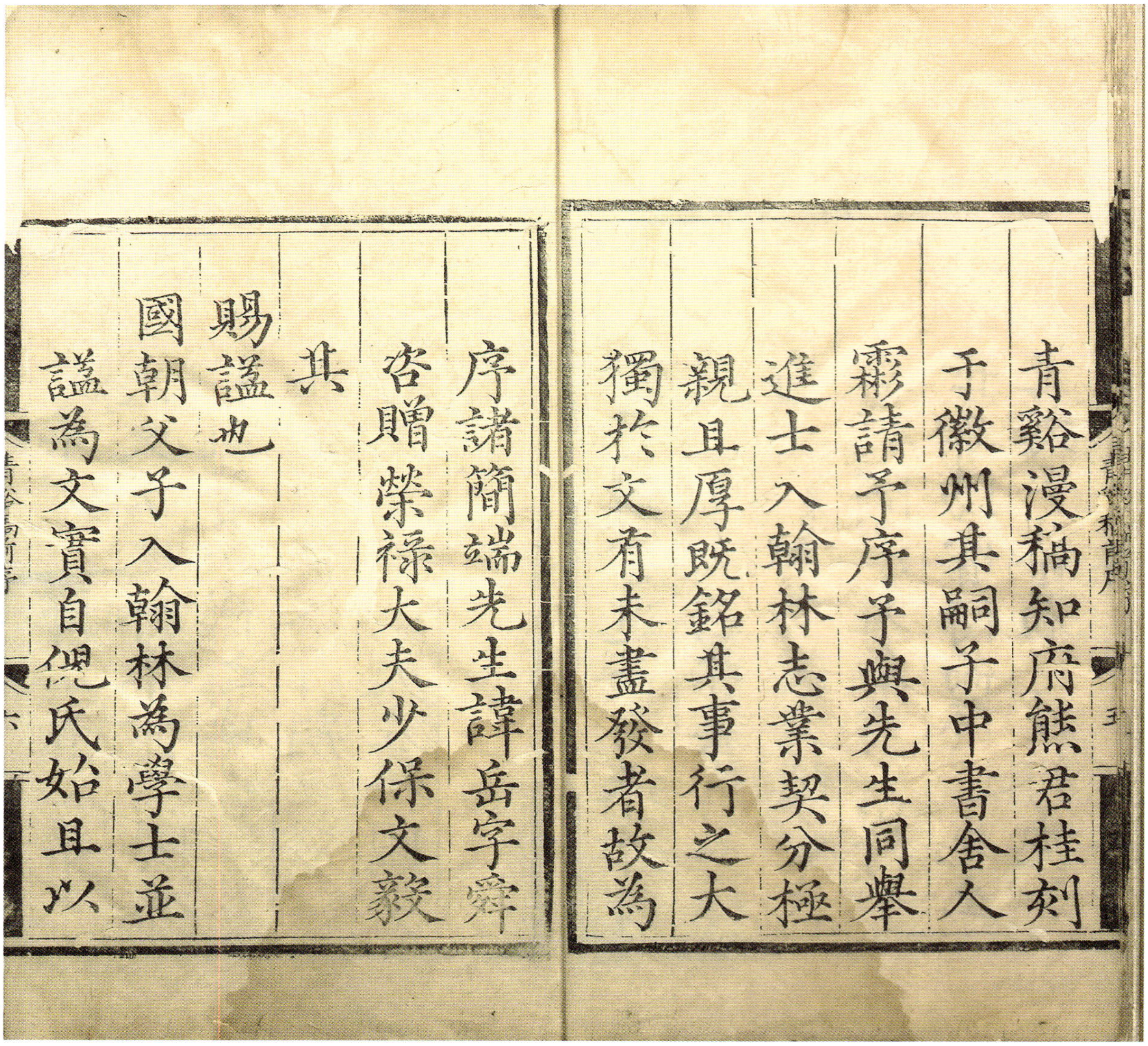

青谿漫稿知府熊君桂刻
于徽州其嗣子中書舍人
霦請予序予與先生同舉
進士入翰林志業契分極
親且厚既銘其事行之大
獨於文有未盡發者故為
序諸簡端先生諱岳字舜
咨贈榮祿大夫少保文毅
其
賜謚也
國朝父子入翰林為學士並
謚為文實自倪氏始且以

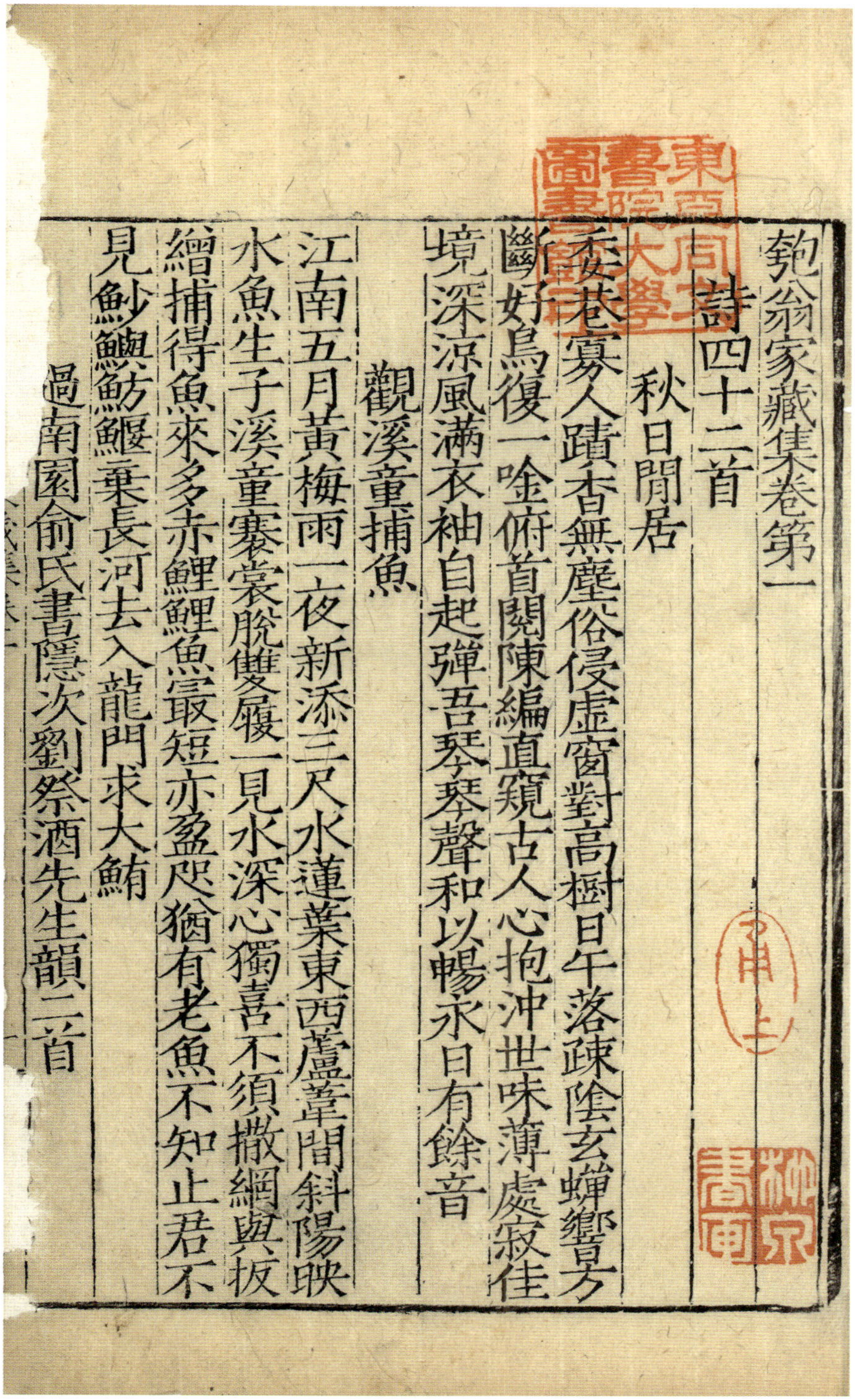

匏翁家藏集卷第一

詩四十二首

秋日閒居

委巷寡人蹟杳無塵俗侵虛窗對高樹日午落疎陰玄蟬響方斷好鳥復一唫俯首閱陳編直窺古人心抱冲世味薄處寂佳境深涼風滿衣袖自起彈吾琴琴聲和以暢永日有餘音

觀溪童捕魚

江南五月黃梅雨一夜新添三尺水蓮葉東西蘆葦間斜陽映水魚生子溪童褰裳脫雙履一見水深心獨喜不須撒網與扳繒捕得魚來多赤鯉鯉魚最短亦盈咫猶有老魚不知止君不見鯋鱮魴鰋乗長河去入龍門求大鮪

過南園俞氏書隱次劉祭酒先生韻二首

匏翁家藏集七十七卷　補遺一卷　明吴寬撰

明正德三年（1508）吴奭刻本。徐時棟跋。半葉 12 行，行 24 字，小字雙行，字數同，白口，左右雙邊，框高 19.2 厘米，寬 14.7 厘米。南京圖書館藏。國家名録號 12805。

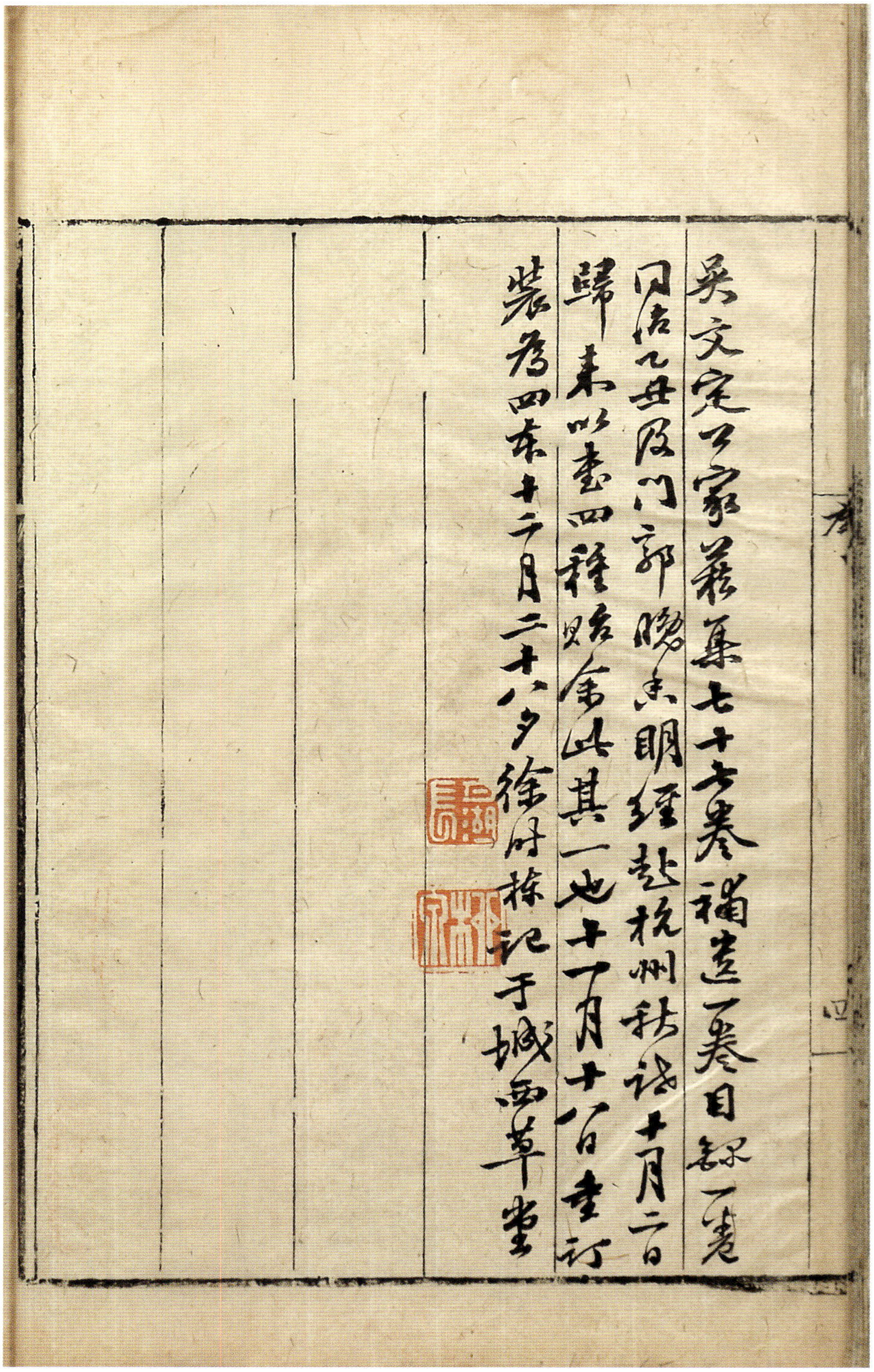
吳文定公家藏集七十七卷 補遺一卷 目録一卷
同治乙丑及門郭曉泉明經赴杭州秋試 十月二日
歸來以書四種貽余 此其一也 十一月十日重訂
裝為四本 十二月二十八夕 徐時棟記于城西草堂

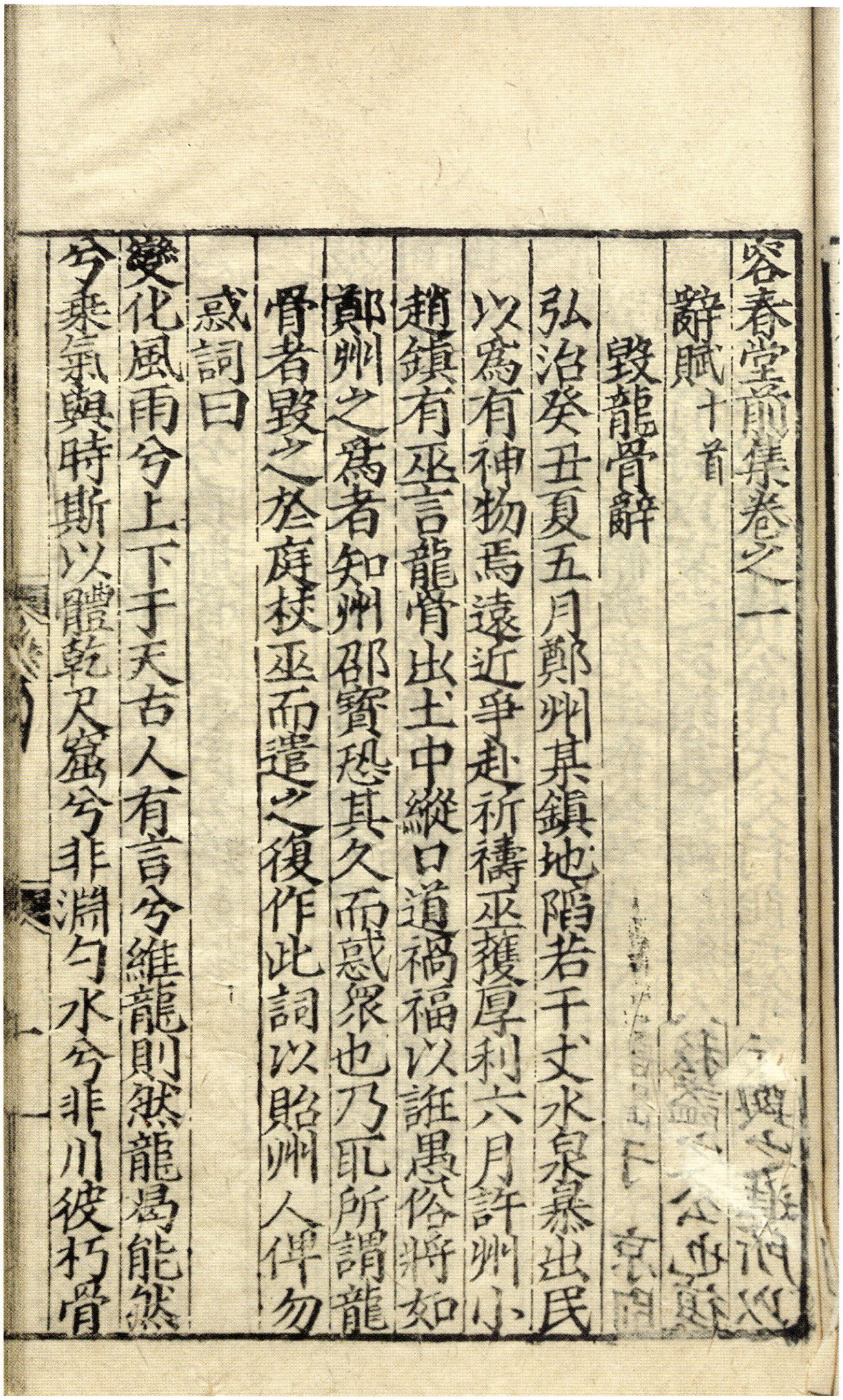

容春堂前集卷之一

辭賦十首

毀龍骨辭

弘治癸丑夏五月鄭州某鎮地陷若干丈水泉㬥出民以爲有神物焉遠近爭赴祈禱巫獲厚利六月許州小趙鎮有巫言龍骨出土中縱口道禍福以誑愚俗將如鄭州之爲者知州邵寶恐其久而惑衆也乃取所謂龍骨者毀之於庭杖巫而遣之復作此詞以貽州人俾勿惑詞曰

變化風雨兮上下于天古人有言兮維龍則然龍曷能然兮乘氣與時斯以體乾尺窟兮非淵勺水兮非川彼朽骨

容春堂集六十六卷　明邵寶撰

明嘉靖十三年（1534）慎獨齋刻本。丁丙跋。半葉 11 行，行 22 字，小字雙行，字數同，下黑口，四周單邊，框高 18.1 厘米，寬 12.3 厘米。南京圖書館藏。國家名録號 12806。

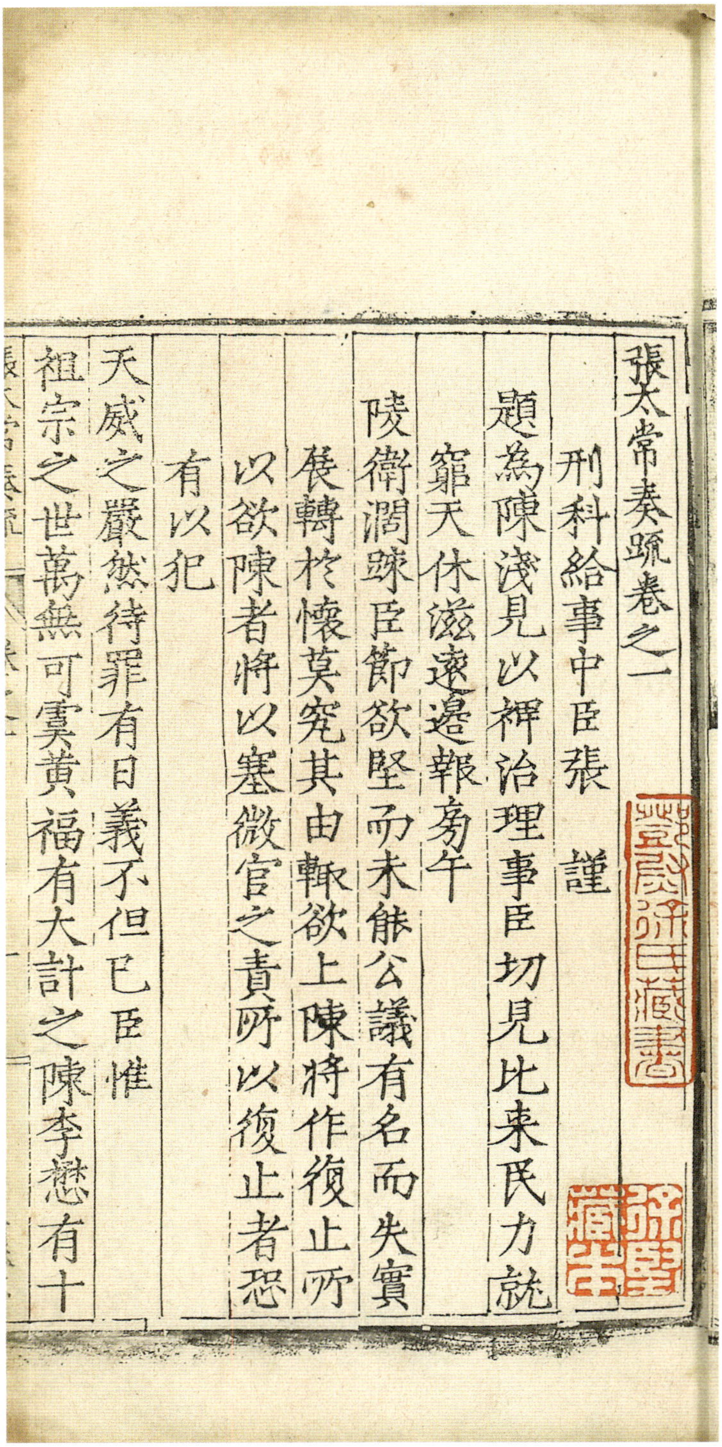
張太常奏疏卷之一
刑科給事中臣張　謹
題為陳淺見以裨治理事臣切見比來民力就
窮天休滋遠邊報旁午
陵衛凋殘臣節欲堅而未能公議有名而失實
展轉於懷莫究其由輒欲上陳將作復止所
以欲陳者將以塞微官之責所以復止者恐
有以犯
天威之嚴然待罪有日義不但已臣惟
祖宗之世萬無可冀黄福有大計之陳李懋有十

張太常奏疏二卷　文集二卷　明張翀撰

明隆慶六年（1572）張正道刻本。屈彊跋。半葉10行，行19字，白口，四周雙邊，框高19.7厘米，寬13厘米。南京圖書館藏。國家名録號12832。

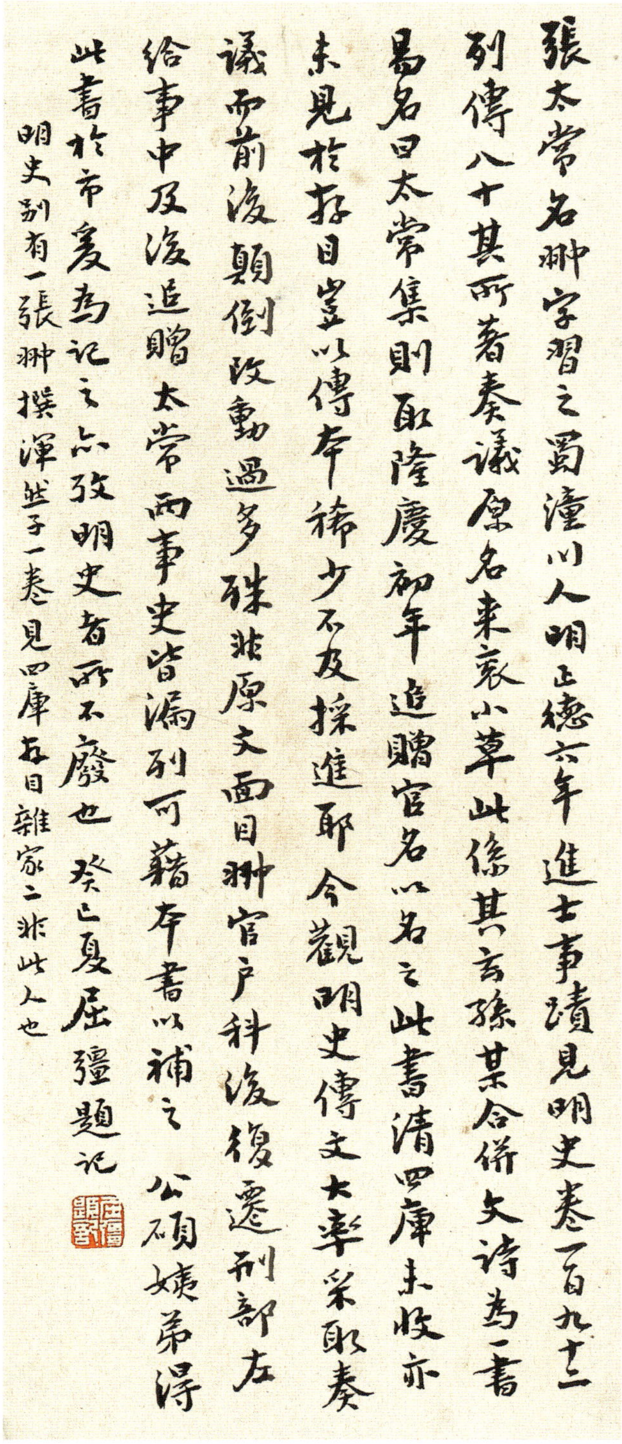
張太常名琳字習之蜀潼川人明正德六年進士事蹟見明史卷二百九十二列傳八十其所著奏議原名來家小草此係其玄孫某合併文詩為一書易名曰太常集則取隆慶初年追贈官名以名之此書清四庫未收亦未見於存目豈以傳本稀少不及採進耶今觀明史傳文大率采取奏議而前後顛倒改動過多殊非原文面目琳官户科後復遷刑部左給事中及後追贈太常兩事史皆漏列可藉本書以補之 公碩姨弟得此書於市爰為記之亦致明史者所不廢也 癸巳夏屈彊題記
明史別有一張琳撰渾然子一卷見四庫存目雜家二非此人也

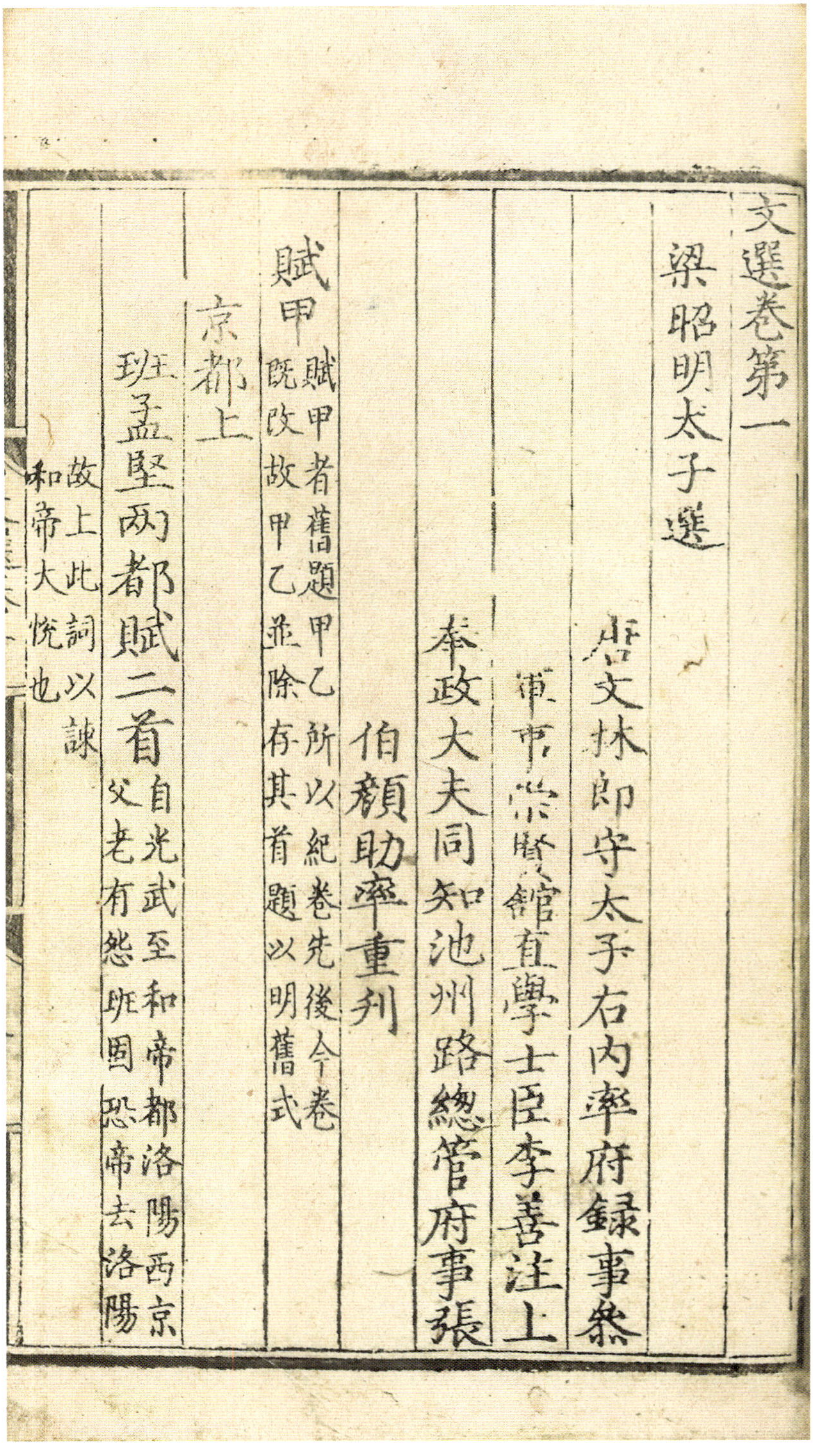
文選卷第一
梁昭明太子選
唐文林郎守太子右内率府録事參
軍事崇賢館直學士臣李善注上
奉政大夫同知池州路總管府事張
伯顏助率重刊
賦甲 賦甲者舊題甲乙所以紀卷先後今卷既改故甲乙並除存其首題以明舊式
京都上
班孟堅兩都賦二首 自光武至和帝都洛陽西京父老有怨班固恐帝去洛陽故上此詞以諫和帝大悅也

文選六十卷　梁蕭統輯　唐李善注

明成化二十三年（1487）唐藩朱芝址刻本。半葉10行，行22字，小字雙行，字數同，黑口，四周雙邊，框高22.5厘米，寬15厘米。南京圖書館藏。國家名録號12844。

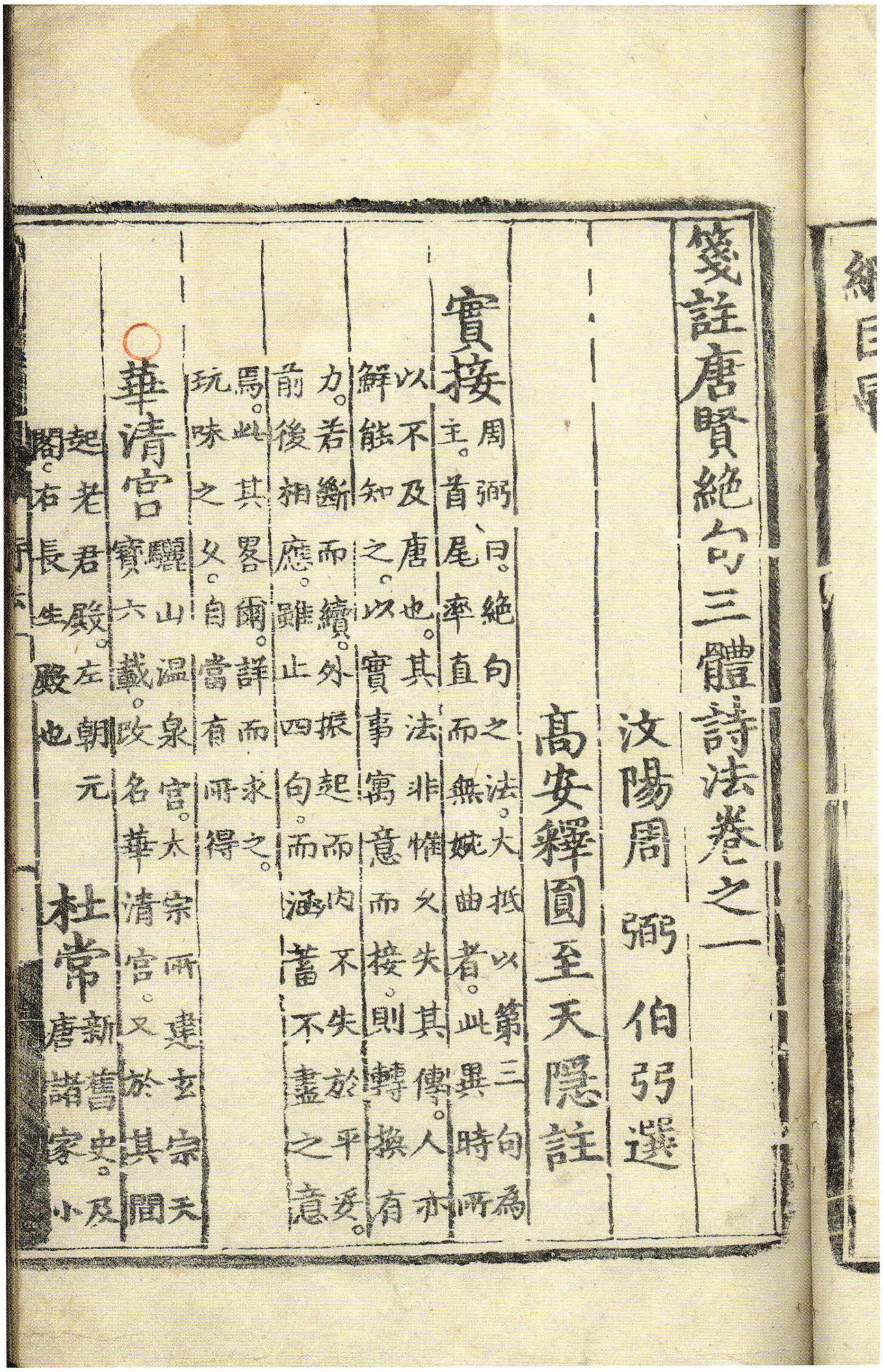

箋注唐賢絶句三體詩法二十卷　宋周弼輯　元釋圓至注

明前期刻本。半葉 9 行，行 17 字，黑口，四周雙邊，框高 24.8 厘米，寬 17 厘米。無錫市圖書館藏。國家名録號 12859。

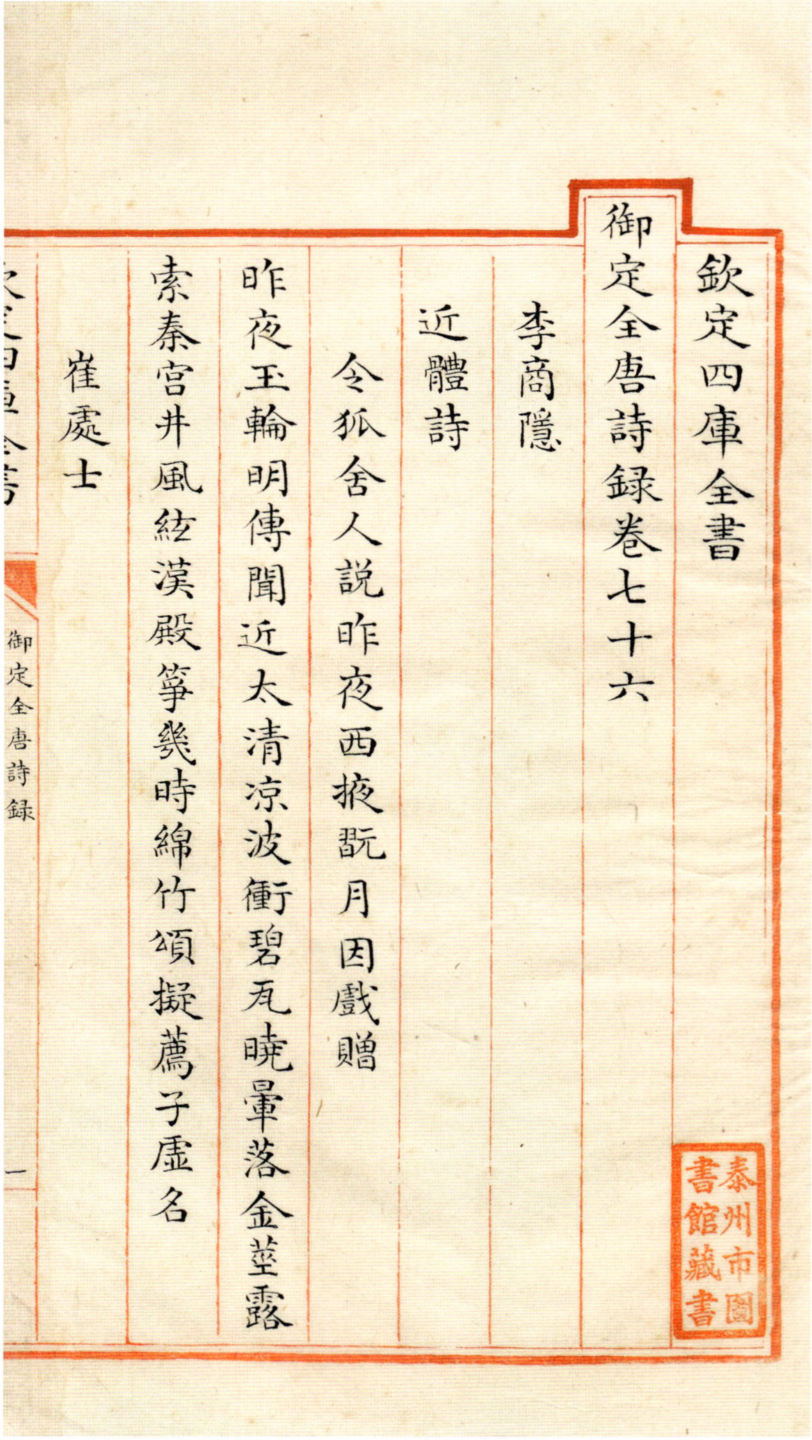
欽定四庫全書
御定全唐詩録卷七十六
李商隱
近體詩
令狐舍人說昨夜西掖翫月因戲贈
昨夜玉輪明傳聞近太清涼波衝碧瓦曉暈落金莖露
索秦宮井風絃漢殿箏幾時綿竹頌擬薦子虛名
崔處士
欽定四庫全書
御定全唐詩録 一

御定全唐詩録一百卷　清徐倬輯

清乾隆内府寫南三閣四庫全書本。存一卷:七十六。半葉8行,行21字,小字雙行,字數同,白口,四周雙邊,框高20.8厘米,寬13.8厘米。泰州市圖書館藏。國家名録號12861。

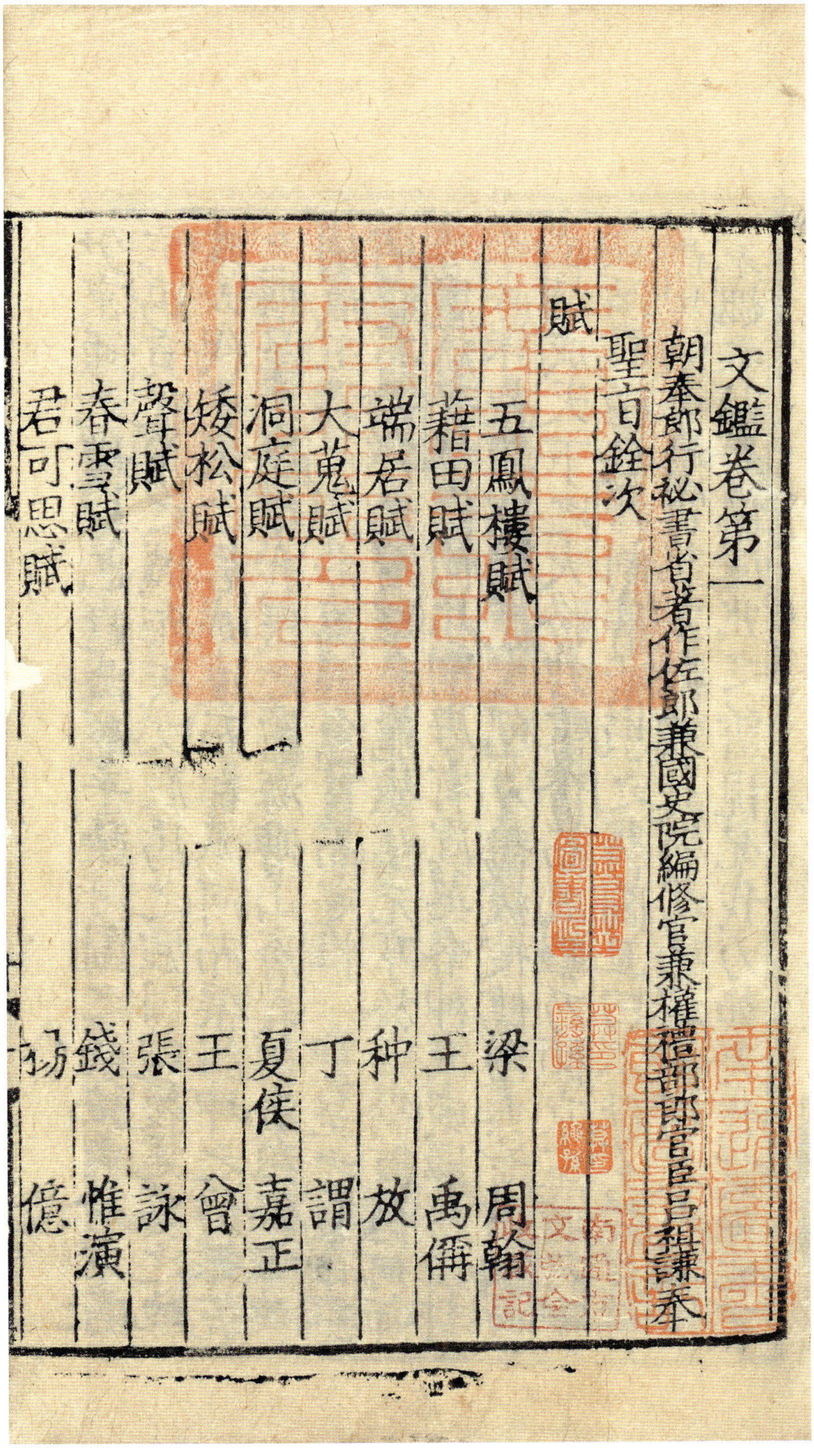

文鑑卷第一
朝奉郎行秘書省著作佐郎兼國史院編修官兼權禮部郎官臣呂祖謙奉
聖旨銓次
賦
五鳳樓賦　梁　周翰
藉田賦　王　禹偁
端居賦　种　放
大蒐賦　丁　謂
洞庭賦　夏侯　嘉正
矮松賦　王　曾
聲賦　張　詠
春雪賦　錢　惟演
君可思賦　楊　億

新雕宋朝文鑒一百五十卷目録三卷　宋吕祖謙輯

明天順八年（1464）嚴州府刻弘治十七年（1504）胡韶重修本。半葉13行，行21字，黑口，左右雙邊，框高12.4厘米，寬19.2厘米。南通市圖書館藏。國家名録號12863。

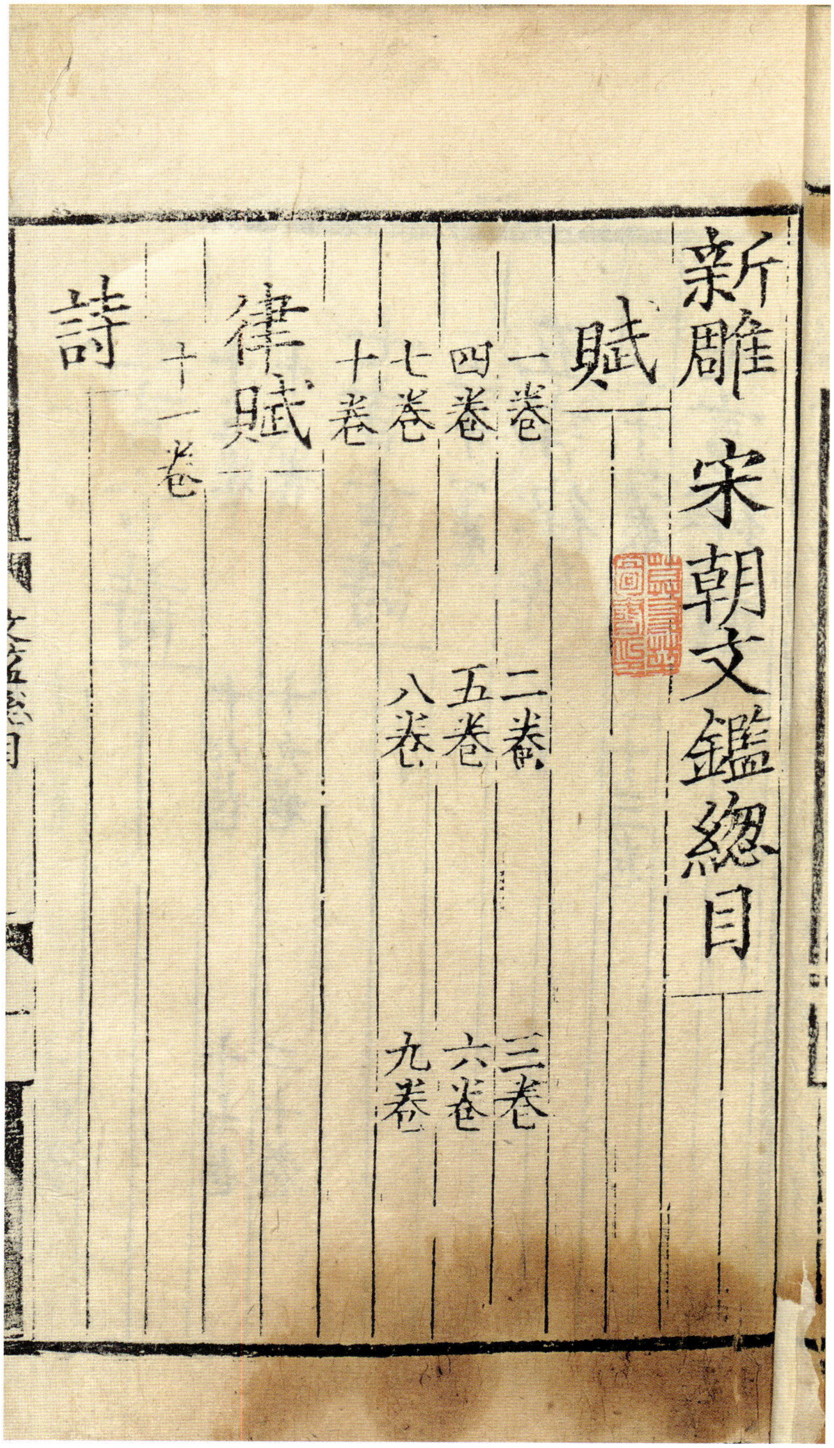

新雕宋朝文鑑總目

賦

一卷 二卷 三卷

四卷 五卷 六卷

七卷 八卷 九卷

十卷

律賦

十一卷

詩

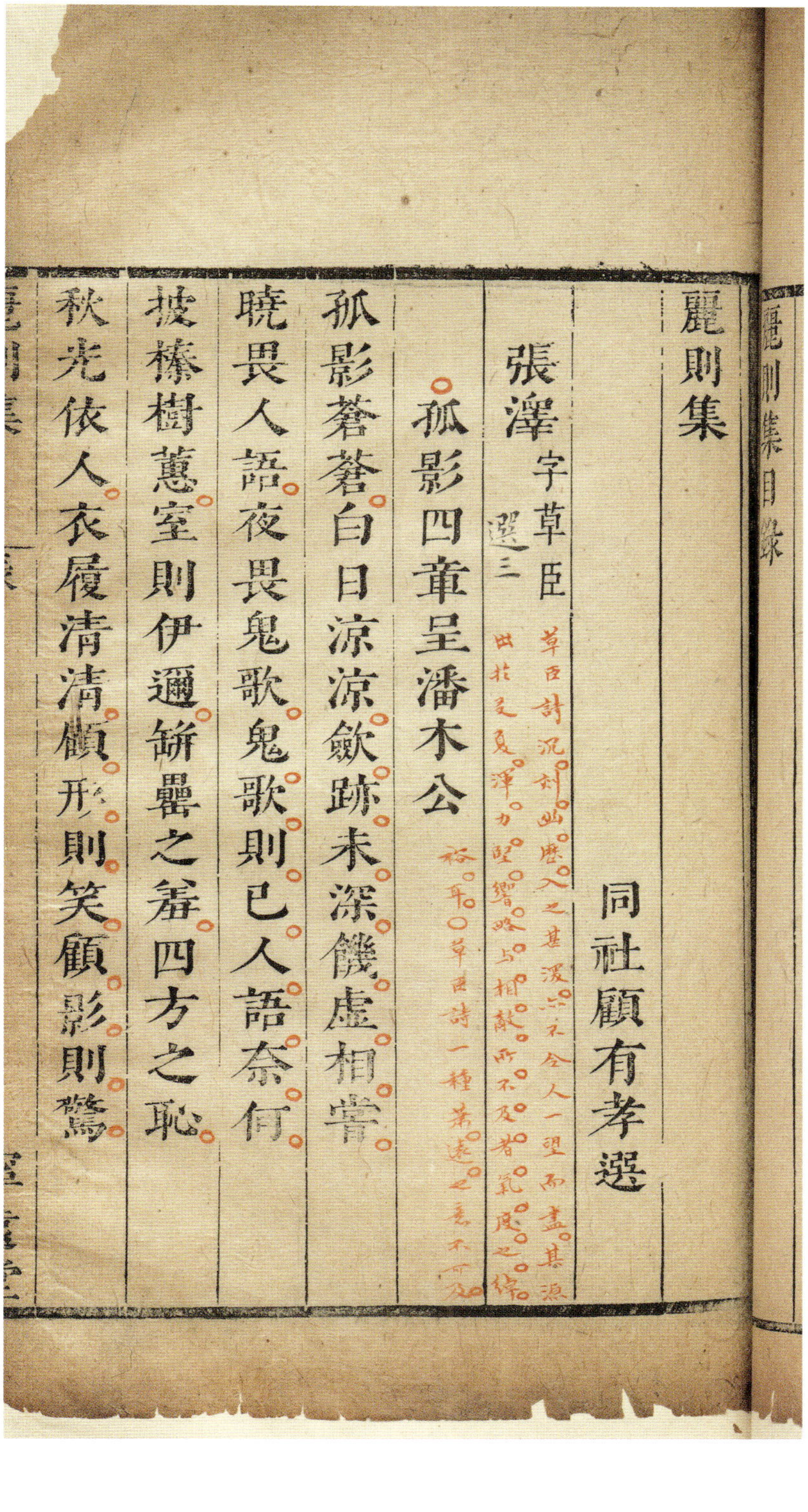

麗則集十二卷　明顧有孝輯

清初寧遠堂刻本。王士禛批。半葉8行，行19字，白口，左右雙邊，框高13.6厘米，寬18.8厘米。鎮江市圖書館藏。國家名録號12866。

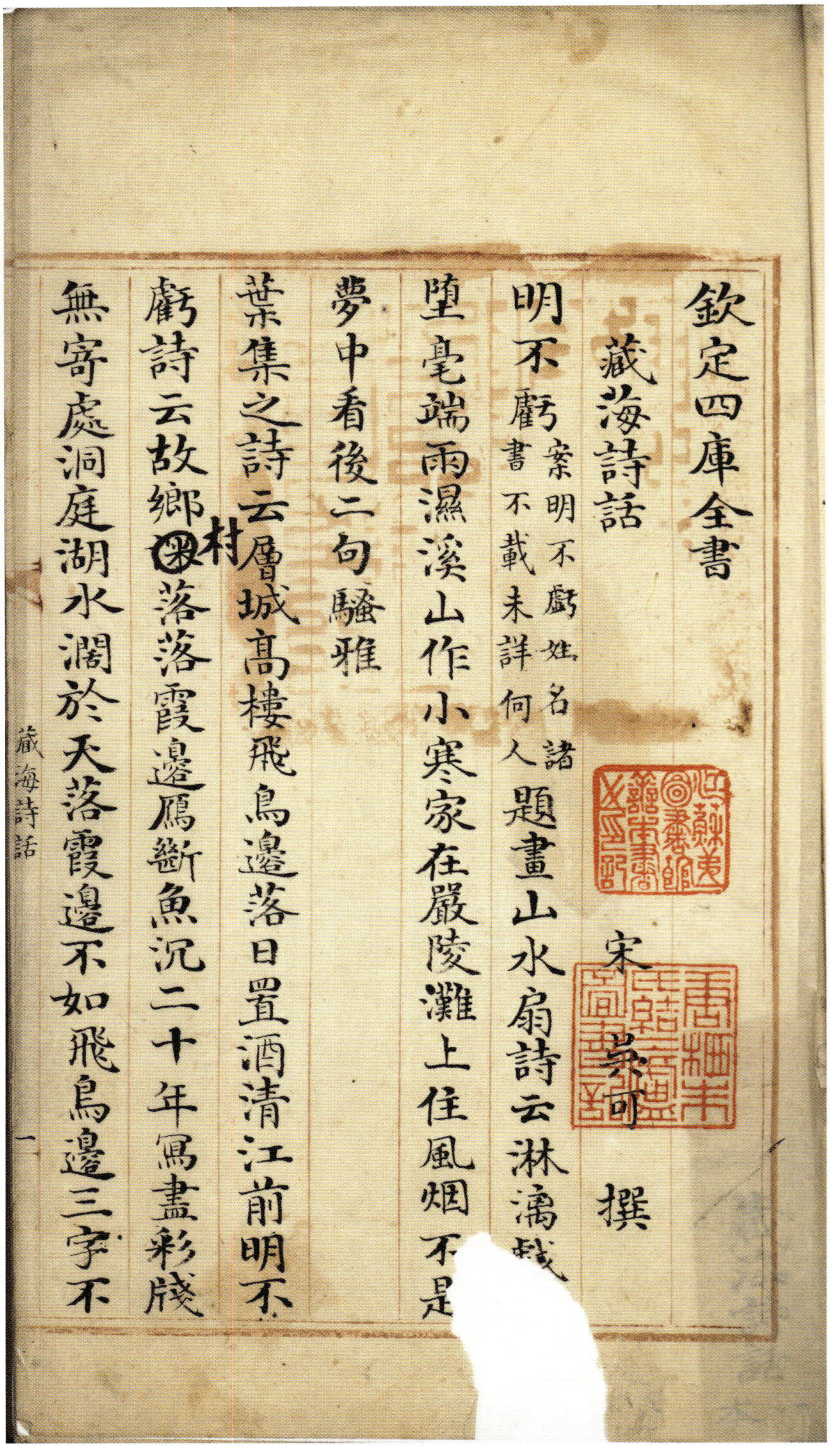
欽定四庫全書

藏海詩話　　宋　吴可　撰

明不虧（案明不虧姓名諸書不載未詳何人）題畫山水扇詩云淋漓戲墮毫端雨濕溪山作小寒家在嚴陵灘上住風烟不是夢中看後二句騷雅

葉集之詩云層城高樓飛鳥邊落日置酒清江前明不虧詩云故鄉村落落霞邊鴈斷魚沉二十年寫畫彩牋無寄處洞庭湖水闊於天落霞邊不如飛鳥邊三字不

藏海詩話　一

藏海詩話一卷　宋吴可撰　環溪詩話一卷　宋吴沆撰

清乾隆四庫全書館抄本（四庫底本）。丁丙跋。半葉 8 行，行 21 字，小字雙行，字數同，白口，四周雙邊，框高 22.5 厘米，寬 15.2 厘米。南京圖書館藏。國家名録號 12868。

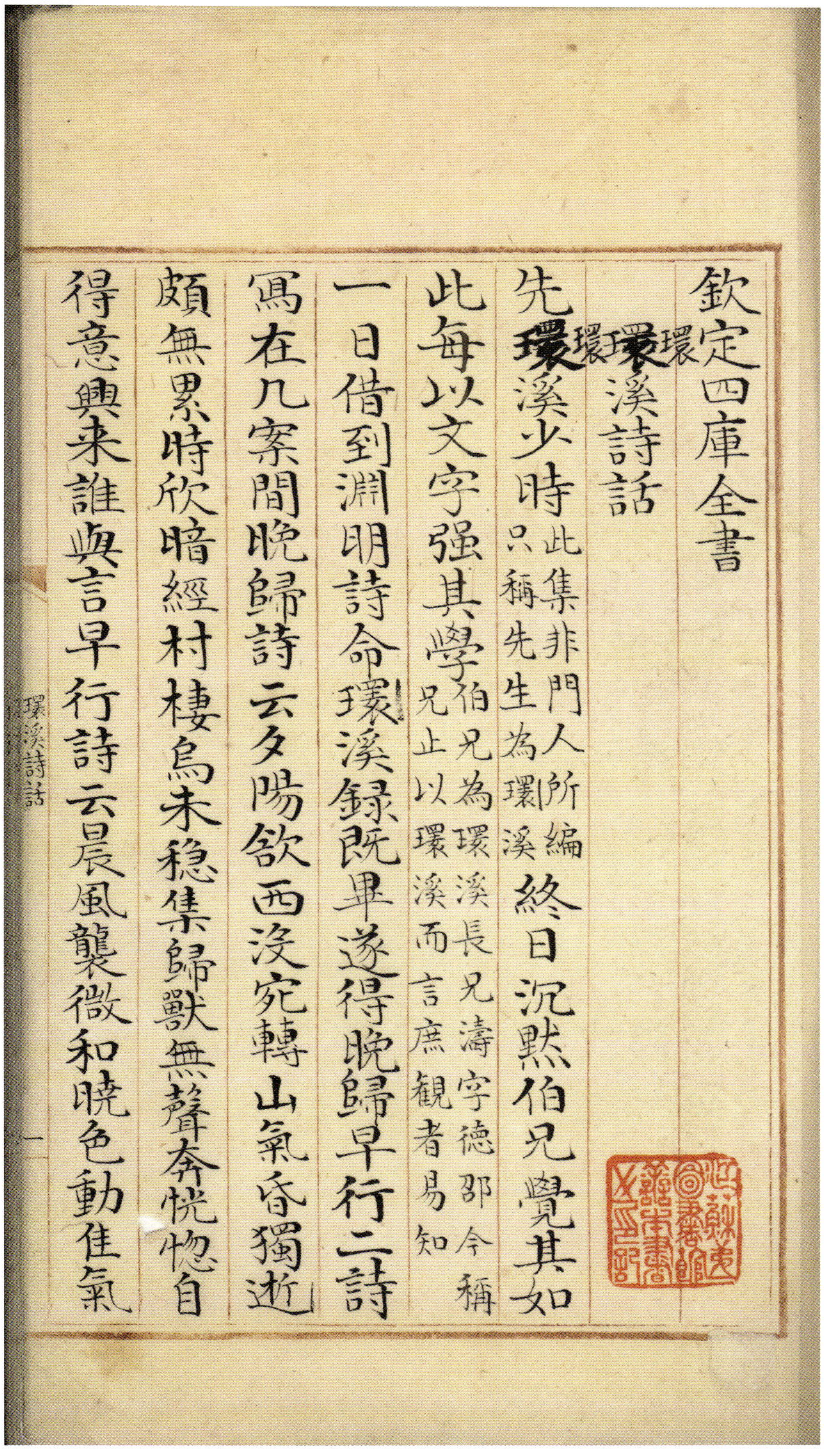
欽定四庫全書

環溪詩話

先環溪少時此集非門人所編只稱先生為環溪終日沉默伯兄覺其如此每以文字强其學伯兄為環溪長兄濤字德邵令稱兄止以環溪而言庶観者易知一日借到淵明詩命環溪録既畢遂得晚歸早行二詩寫在几案間晚歸詩云夕陽欲西沒究轉山氣昏獨逝頗無累時欣暗經村棲烏未穩集歸獸無聲奔恍惚自得意興来誰與言早行詩云晨風襲微和曉色動佳氣

環溪詩話　一

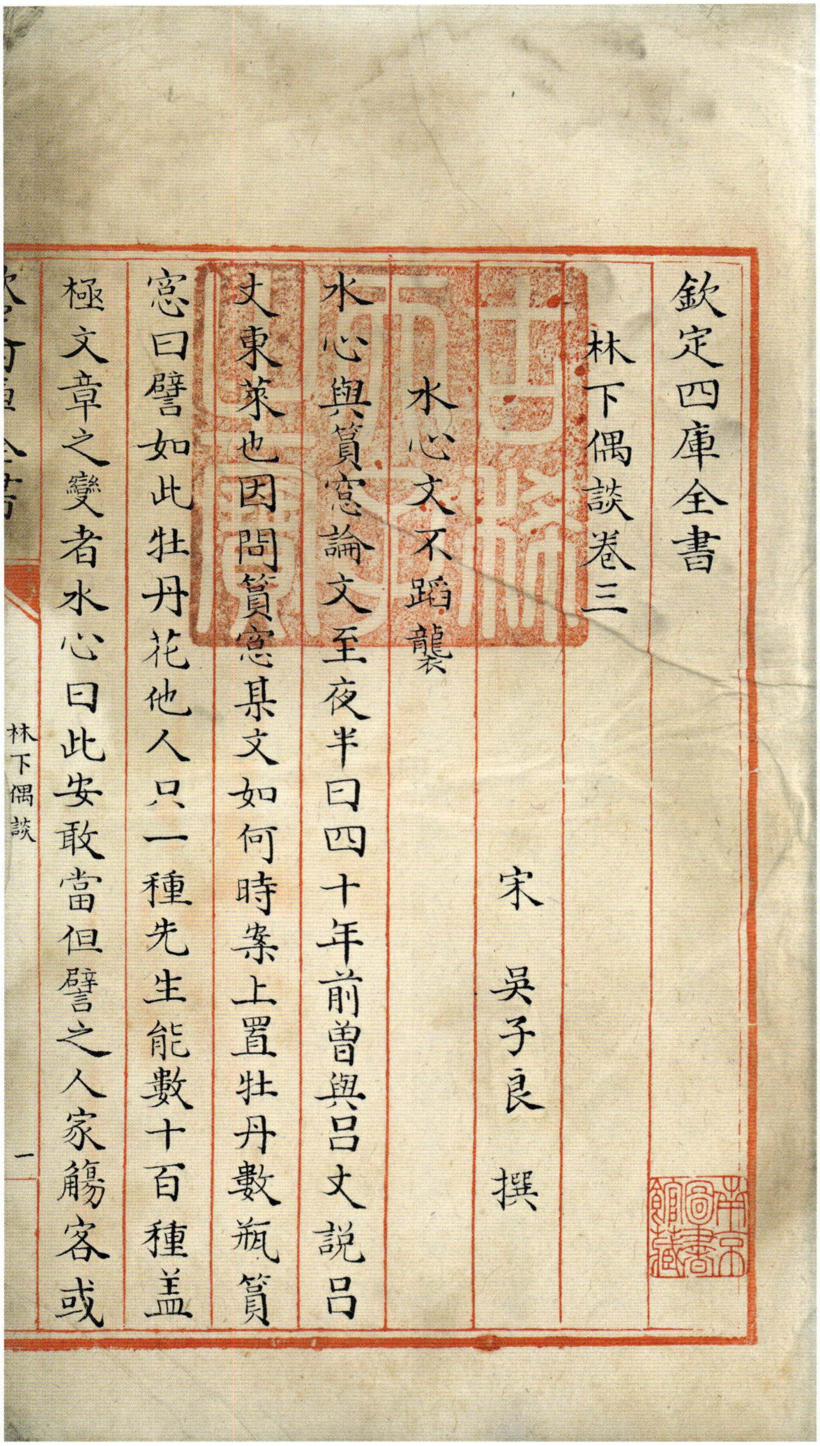

欽定四庫全書

林下偶談卷三

宋　吴子良　撰

水心文不蹈襲

水心與篔窻論文至夜半曰四十年前曾與吕文説吕

丈東萊也因問篔窻某文如何時案上置牡丹數瓶篔

窻曰譬如此牡丹花他人只一種先生能數十百種盖

極文章之變者水心曰此安敢當但譬之人家觴客或

林下偶談　一

林下偶談四卷　宋吴子良撰

清乾隆内府寫南三閣四庫全書本。存二卷：三至四。半葉8行，行21字，白口，四周雙邊，框高21.2厘米，寬13.9厘米。南京圖書館藏。國家名録號12869。

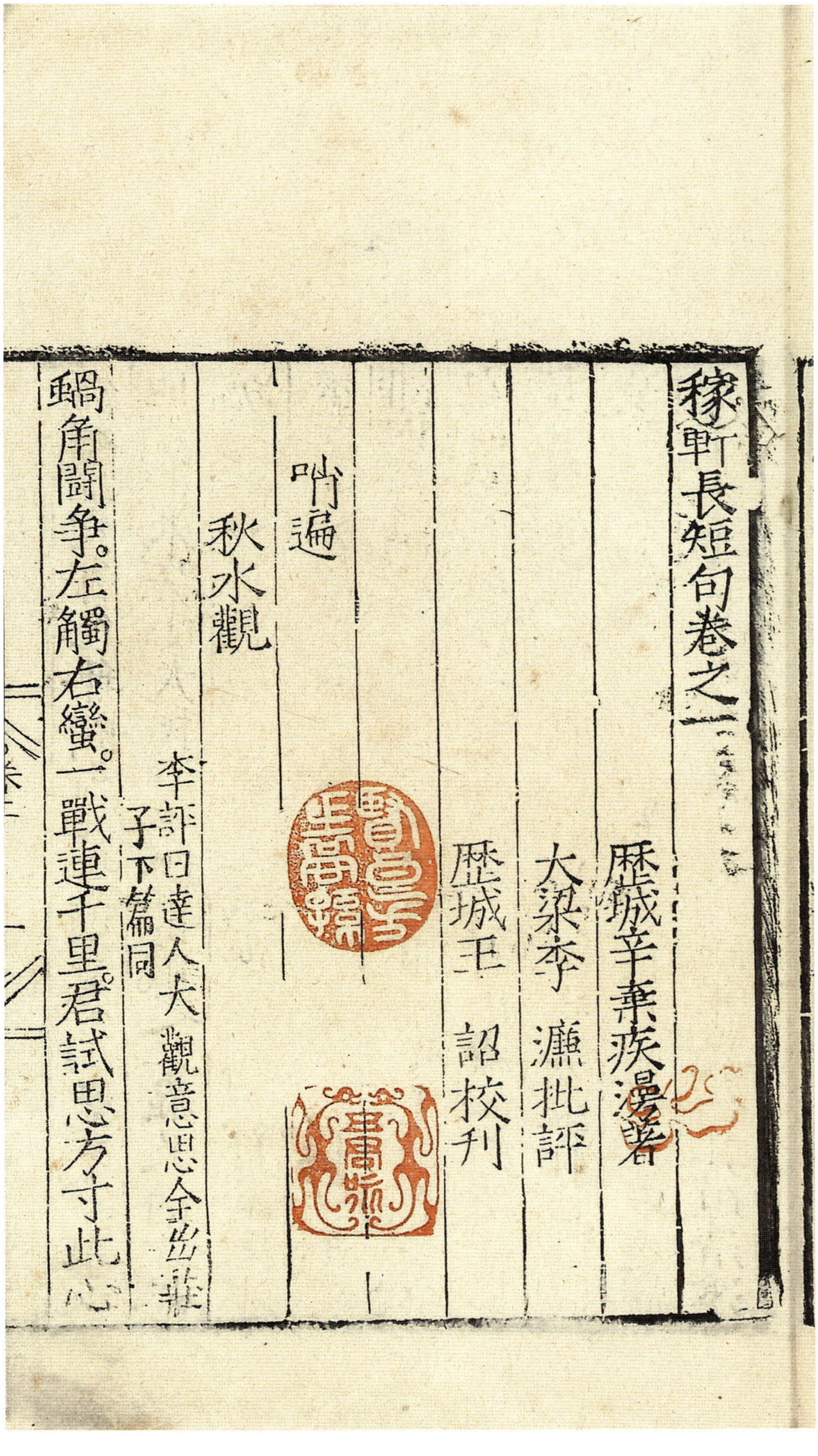

稼軒長短句十二卷　宋辛棄疾撰　明李濂評

明嘉靖十五年（1536）王詔刻本。半葉9行，行20字，小字雙行，字數同，白口，四周單邊，框高16.6厘米，寬12.7厘米。南京圖書館藏。國家名録號12875。

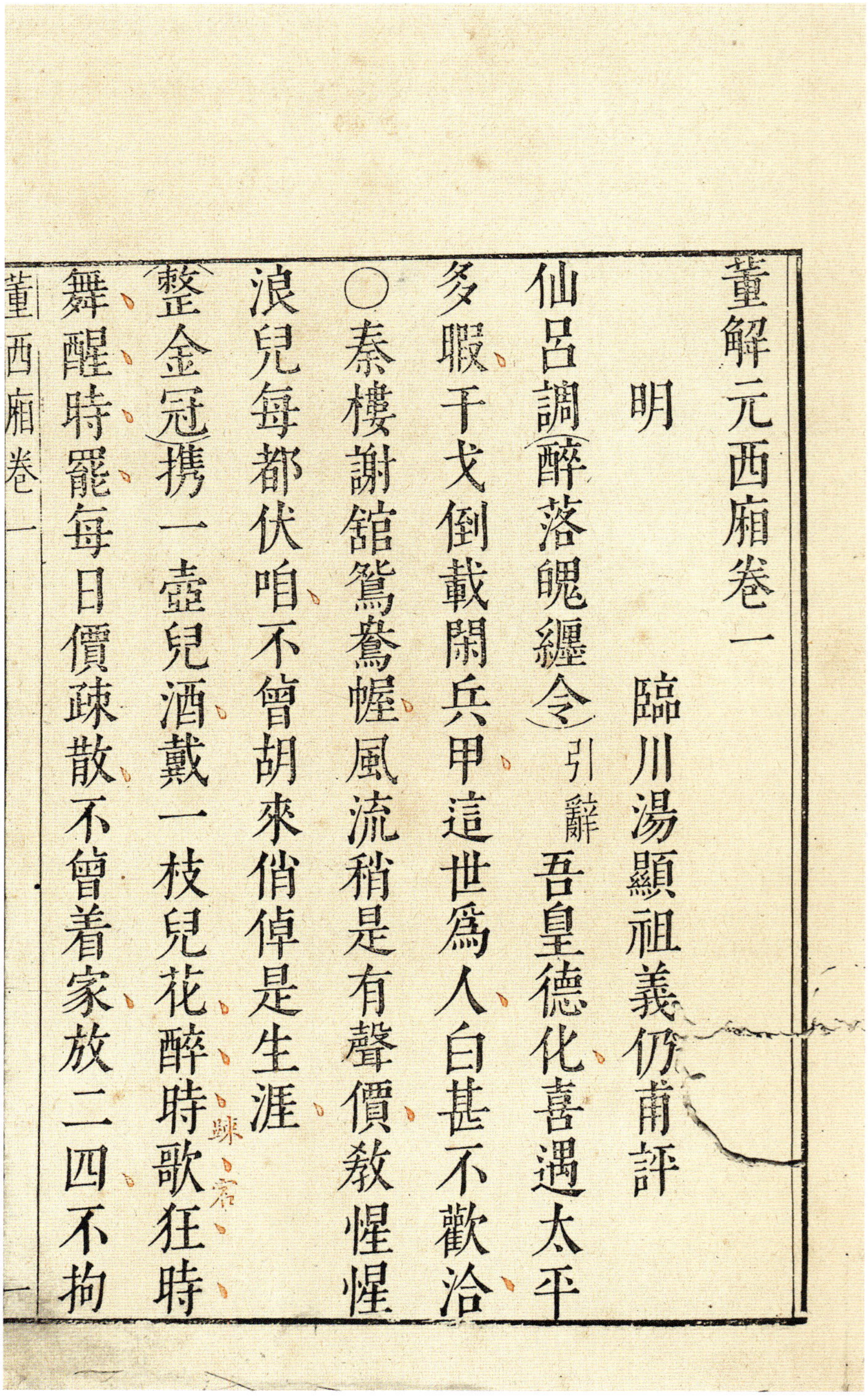
董解元西廂卷一
明　臨川湯顯祖義仍甫評
仙呂調醉落魄纏令引辭　吾皇德化喜遇太平
多暇干戈倒載閑兵甲這世爲人白甚不歡洽
○秦樓謝館鴛鴦幄風流稍是有聲價教惺惺
浪兒每都伏咱不曾胡來俏倬是生涯
整金冠攜一壺兒酒戴一枝兒花醉時歌狂時
舞醒時罷每日價疎散不曾着家放二四不拘
董西廂卷一　一

董解元西廂四卷　明湯顯祖評

明刻朱墨套印本。半葉8行，行18字，小字雙行，字數同，白口，左右雙邊，框高21.6厘米，寬14.8厘米。南京圖書館藏。國家名録號12878。

古籍

圖録